高等学校小学教育专业教材

U0661123

教育研究方法

（第二版）

华国栋　主编

南京大学出版社

高等学校小学教育专业教材
编写委员会名单

主 任 委 员：周德藩

副主任委员：朱小蔓　邱坤荣　杨九俊　朱嘉耀

　　　　　　　王伦元　李吉林　鞠　勤　刘明远

委　　　员（以姓氏笔画为序）：

丁　帆	丁柏铨	马景仑	王铁军	许　结
师书恩	朱永新	华国栋	汪介之	陈书录
陈敬朴	吴仁林	吴顺唐	何永康	李庆明
李复兴	李敏敏	单　墫	金成梁	周明儒
周建忠	郁炳隆	林德宏	赵炳生	俞　瑾
姚文放	姚娘强	胡治华	郭亨杰	殷剑兴
唐忠明	唐厚元	葛　军	辜伟节	彭坤明
詹佑邦	缪建东	缪铨生	谭锡林	樊和平

前　言

　　为了适应 21 世纪小学教育对师资的要求,加快大学程度的小学教师的培养,原江苏省教委师范处组织编写了高等学校小学教育专业教材。本书是该套教材中的一本。现在 2005 年版的基础上再做全面修订。

　　本书在编写中力求体现时代性、学术性、师范性和操作性,努力反映现代教育研究的观点和方法,对教育实验等概念都有新的认识,计算机在教育研究中的运用也予以加强。书中内容的选择和编排,有利于师范生主动学习,各章内容基本上是按教育研究的实际顺序展开,便于学以致用。书中有关教育研究的理论力求深入浅出,便于师范生自学和理解,并着重介绍了教育研究的一些具体操作方法。本书各章节列举了诸多小学教育研究案例,从而有利于师范生学习时理论联系实际和了解我国小学教育改革及小学教育研究的现状和特点。本书是组块式结构,各章既相互独立,又互有联系,既可分周教学,也可集中教学,内容丰富,可根据需要选择。

　　本书由中国教育科学研究院华国栋主编。编写人员有:北京师范大学裴娣娜教授(第十一章)、泰州学院李如齐老师(第二章、第八章)、江苏如皋高等师范学校季银泉老师(第三章、第九章)、江苏苏州高等幼儿师范学校张春霞老师(第七章、第十四章)、江苏宿迁高等师范学校许运南老师(第五章)、中国教育科学研究院研究人员张苊、郭伯良(第十三章)、马延伟(第十章)、史亚娟(第六章)、北京联合大学华京生(第十二章(选学)、华国栋(第一章、第四章),全书由华国栋负责统稿。

　　我们希望通过本课程的学习,使师范生能进一步了解教育研究和深化教育改革、提高教育质量的关系,初步学会课题选择、研究过程设计的基本方法,基本掌握资料搜寻、教育经验总结、调查、观察测量、实验等研究方法和基本的数据分析方法,增强科研意识和创新意识,自觉地运用科学研究的方法,研究和解决教育教学中的实际问题。

　　由于我们编写经验不足,水平有限,书中疏漏之处在所难免,欢迎广大师生批评指正。

编者

2013 年 7 月

目　录

第一章　教育研究概述

教育要改革,教育要发展,就需要加强教育研究。从事教育研究,就需要学习教育研究方法。而学习教育研究的基本概念,又是学习教育研究方法的基础。

第一节　教育研究及其特点和分类

一、教育研究

什么是教育研究? 教育研究是以拓展教育知识和解决教育中的问题为目的,以教育理论做指导,采用科学的方法和手段,按照一定的系统和步骤进行的一种活动或认识过程。

教育研究同其他科学研究一样,由三个基本要素组成,即客观事实、科学理论和方法技术。教育研究也具有解释、预测和控制的功能。但是教育研究以教育现象为研究对象,以发现和发展教育知识为导向,解决教育实践中的问题,推进教育发展为目的。教育研究同时也是一种认识活动或过程。我们在教育实践中虽然存在大量的认识活动,通过这些活动程度不同地认识着教育现象的属性、本质和规律。但这种认识活动往往不够系统,目的性不够明确,也常带有主观色彩。而教育研究作为一种认识活动,它具有很强的目的性和计划性,其宗旨是揭示教育现象的本质,反映教育过程的客观规律,解决教育实践中的问题。

二、教育研究的过程和基本特点

教育研究作为一个特殊的认识活动过程,它有以下几个基本特点。

(一)系统性

教育研究是有目的、有组织、有系统、有秩序的活动过程,尽管教育研究有不同的类型,但一般都包括以下几个步骤:

1. 确定研究问题

在研究中首先要明确研究问题的性质,研究的范围框架,有时要提出必要的研究假设,以及明确与研究问题有关的条件。

2. 查阅文献资料

大多数研究都是建立在前人研究的基础上,我们通过查阅文献资料,可以系统全面地了解他人的研究成果,借鉴他人的经验,了解他人研究中的不足和空白,从而进行新的有价值的研究。

3. 研究的设计、计划和实施

在教育研究的设计和计划中要努力控制研究差异,挑选研究对象,选择研究方法,明确研究的程序,并将这些付诸实施,进行实际操作。

4. 收集资料、分析资料

在研究中收集资料愈全面准确,就愈容易得到正确结论。资料收集不能是随意的,应有组织有计划地进行,并针对研究的问题对资料进行科学分析,去伪存真,由表及里,从而把握内在的规律。

5. 得出结论

在收集资料和对资料分析的基础上,得出研究的结论。

教育研究是有系统的,但研究过程并不是死板的,由于研究类型的不同,研究的步骤是可以跳跃和交叉的,不同类型的研究在完成这些步骤上也有较大弹性。

(二) 有效性

教育研究应是有效的,也就是说研究结果可以在一定范围内被精确解释,"能够被证明",而且研究结果在一定条件下可以推广。有效性可以用内在效度、外在效度表示。内在效度是指研究结果能被有把握精确解释的程度,外在效度就是研究结果能被推广到的人群和条件的程度。例如我们研究数学实验教材和原数学教材对学生学习数学的影响。分别在两个不同学校用不同教材教学,A 学校由甲教师在四年级 3 个班使用数学实验教材,B 学校由乙教师在四年级 3 个班使用原教材,一学期后教师各自出试卷,然后分别计算出使用两种教材的数学平均分数。这时,即使 A 学校四年级 3 个班的平均分数高,我们也不能据此得出两种数学教材的相对效果。我们说不清楚,是数学实验教材好? 是 A 学校学生能力强? 是 A 学校教师教得好? 还是甲教师出的试卷容易? 我们不能从结果中得到有效解释。这项研究就不是有效的。但是如果在同一学校由同一位教师在学生的能力和数学基础相当的班级(如可能,随机抽取学生组成班级）采用不同数学教材教学，最后用同样试卷测试，这时如果实验班平均分数高于另一班，我们就能解释这是由于数学实验教材好，这个研究是有效的。

再如，一个学区有 10 所小学，进行一项学生家长对学校教育质量看法的调查，设计的调查提纲涵盖了学生家长关心的教育质量的主要方面。每所学校有 25 个学生家长被随机选出进行会谈。对于那些找不到或不愿会谈的，有一个随机取代的规定程序。会谈结束后，这 250 个会谈者中，只有 12 个是因为父母找不到而被重新替代的。这项研究结果可被推广的人群是这 10 所小学学生的家长。这是有效的。但是把这项研究结果推广到其他学区的中小学就不会有多少意义。（如果要这样做，需要一个逻辑基础，即以该学区学生家长与其他学区学生家长相似为条件）假如上述的调查，在预计调查的 250 名家长中，只同其中的 20％即 50 名面谈，我们则不能认为这 50 位家长代表了这学区所有学生的家长，可能有不知道的因素在起作用，导致这个很低的会谈率。

在研究中要努力使某一结果得到合理解释，同时又具有某种程度的推广价值。

（三）可靠性

可靠性就是指研究前后的一致性，以及研究能在多大程度上重复。在研究中，可靠性用信度表示。信度指研究的方法、条件和结果是否可重复，是否具有前后一贯性。例如几个观察者在同时观察一位教师的课堂教学行为，几个观察者收集的资料如果能达成一致意见，能反映课堂教师行为的真实情况，这个研究可靠性就高，反之如不能达成一致意见，不能反映课堂教师行为的真实情况，可靠性就不高。如果研究是可靠的，一个使用相同方法、相同条件的研究者应得到与先前研究相同的结果。为保证研究的可重复性，研究中必须对研究过程和条件充分界定，当然，不同的研究所需界定的方面也不一样多。

一项研究如果没有可靠性，也就谈不上有效性。如果一项研究不可靠，我们也就不可能有信心去解释结果，并将它推广到其他人群和条件中去。

（四）创新性

教育研究同其他科学研究一样，是一项开拓性的活动，研究的价值就在创新，如只是重复别人的劳动，教育研究就失去了意义。所谓创新就是要新颖、独特，创新是多形式、多层次的，可以反映在课题选择上，可以反映在研究的内容上,可以反映在研究的方式方法上,也可以反映在研究的成果上。这就要求研究者加强情报研究,了解有关领域的已有成果,把握研究动态,使自己站在研究领域的前沿,不重复别人的劳动,另一方面注意从新角度、新侧面,运用新方法、新手段去研究问题。现在我国基层教育研究存在大量重复研究的现象,这不仅使得有限的教育研究条件没有得到充分利用,造成浪费,而且也影响了我国教育研究成果的质量和教育改革的发展。

(五)综合性

教育研究的对象是教育现象,而教育与经济、文化、社会、科学技术等有着十分广泛的联系,教育现象与社会环境中各种因素处在复杂关系中。同时教育的对象是人,教育现象与人的生理、心理活动密不可分,所以研究教育现象,往往需要教育学、心理学、伦理学、社会学、哲学、生理学等多学科的结合,从多角度采用多种方法综合进行研究。

另一方面,教育作为培养人的系统工程,其内在结构也是复杂的、有层次的,有宏观的教育研究,也有中观的和微观的教育研究,这三方面的研究也是互相联系、互相影响,只有综合考虑,才能通过我们的研究推动教育改革的发展。

(六)长期性

教育效果的显示具有滞后性,从而决定教育研究周期性长的特点。例如我们研究超常教育,往往要对超常学生追踪研究几十年,才能看出我们教育的效果。教育本身的复杂性,教育对象的差异性、活动性、能动性,在研究过程中条件难以控制等等,也使教育研究不是一、二次就能显示效果,往往需要多次研究、多次实践。另外,教育研究往往是建立在教育经验的基础上,而教育经验的积累是个长期过程,不是一蹴而就的,这些都决定了教育研究的周期较长。所以从事教育研究不能急于求成,要讲求科学,锲而不舍,当然,不同类型的研究题目的研究周期长短也是不一样的。

以上是教育研究的一些主要特点,教育研究还有其他的一些特点,如它的群众性、实践性,以及伦理道德要求等等,只有了解和把握这些研究特点,我们才能更好地驾驭教育研究,提高研究质量。

三、教育研究的分类

教育研究可以从不同角度分类,形成不同的分类系统,本节主要介绍五种系统。

（一）基础研究和应用研究

基础研究和应用研究是根据它们的研究目的来区分的。基础研究的基本目的是扩展知识，例如对教育功能、本质的研究，对小学生学习相关因素的研究等。应用研究的基本目的是解决当前要解决的实际问题，例如小学生自理能力调查研究、某种小学语文教材的实验研究等。但这两者也无绝对界限，基础研究有时也有实用价值，应用研究有时也有助于一般领域扩展，事实上许多前沿的研究成果都来源于实际问题。这两种研究都是重要的，不能认为应用研究是简单低级的、粗糙的，基础研究是复杂高级的、精细的，它们只是从研究目的区分，应用研究也需要理论指导，需要科学设计，同样也需要讲究研究方法。

行动研究是应用研究的一种。它不是某一种具体的研究方法。在行动研究中可运用多种研究方法。行动研究的特点是研究者同时也是行动参与者，它是由教师或行政官员来操作的。行动研究可以帮助实践教育工作者成为研究者。实践教育工作者也是"科学共同体"中平等的一员，而不只是聆听"权威"的教诲。行动研究强调对基层日常教育问题的研究解决，它很少关心研究结果是否对教育情境具有普遍适用性。行动研究的过程也是实践教育工作者学习提高的过程。在研究的设计和方法上它也不像其他研究要求那么苛刻。行动研究没有整齐划一的模式，但行动研究一般包括"计划"、"实施"与"反思"三个环节。

（二）现状研究和发展研究

这是以研究的内容性质来划分。现状研究即研究某一类学生或某一类对象的当前的特征，如新时期小学生思想特点调查等等。

现状研究也研究两种教育现象间有关联系或联系是否密切。如对成绩好的学生和成绩差的学生进行学习兴趣的比较研究等，通过比较，找出对象间的共同点和不同点或造成研究对象具有某种特点的可能原因是什么，研究两种特征之间关系的密切程度。例如学生的学习情绪与学习效果，把每个学生的学习情绪按一定标准划入一个等级，将每个学生的学习效果也按一定标准划入一定等级，用求相关系数或画直观相关图的方法，即可确定学习情绪高低与学习效果好差之间的关系如何。

发展研究，关心的是心理或教育现象的过程和发展变化，如儿童品德发展的研究等。

（三）个案研究和成组研究

这种分类是以研究对象的数量来划分的。个案研究是对一个或少数

5

几个对象一个一个地进行研究,研究对象可以是个别学校、个别学生,也可以是一节课,……此类研究可对对象进行全面、深入地研究,取得可靠资料,针对性强,但其代表性较小。个案研究的目的不是追求研究的普遍价值和能否推广,而是通过研究发现被研究对象的问题及出现问题的原因,以便采取针对性措施。个案研究关注个案的具体情况,发展的动态过程。个案研究有助于教师通过鲜活案例将教育理论与教育实际结合起来,很适合教师运用。

成组研究是对多数的对象(又分为大样本和小样本)进行研究。由于研究对象数量多,可进行定性、定量分析处理,易得出科学结论,但不便对个别对象深入研究。这两类研究常结合使用。

(四)定性研究和定量研究

定性研究和定量研究是按研究分析方法区分的。定性研究的目的主要是为了理解社会现象,定性研究的过程本质上是一个归纳过程,即从特殊情境中归纳出一般性结论。定性研究并不强调在开始研究时对所研究的问题有明确的理论基础,一个理论可在研究过程中逐渐形成和改变。定性研究往往在自然情景中进行,注重过程的影响,进行整体探究。定性研究强调事实和价值无法分离。定性研究比较灵活,往往采用多种方法,在研究中用文字叙述和描述现象。定性研究所得的结论往往只适用于特定的情境和条件。

近年来盛行的质的研究是以研究者本人作为研究工具,在自然情境下,采用多种资料收集的方法,对社会现象进行整体性探究,使用归纳法分析资料形成理论,通过与研究对象互动对其行为和意义建构获得解释性理解的一种活动。其本质和定性研究是一致的,可以看作是定性研究的发展。但是质的研究更强调研究结果可能不唯一,强调研究者和研究对象的互动,强调要以现象学、阐释学等做研究基础。

定量研究根源于实证主义,相对于定性研究,它的主要目的是确定关系、影响和原因。定量研究与演绎法更接近,即从一般原理推广到特殊情境中,所以研究一开始就往往要考虑以什么理论做基础。定量研究更强调标准的研究程序和预先研究设计,在研究中更多注意个别的变量和因素,而不是关心整体作用。在定量研究中强调事实和价值的分离,更关心研究的结果和产品,而不是研究的过程。研究者也不介入过程。定量研究主要通过数据的展现说明统计结果。

对于教育研究来说,定性、定量研究都是有价值的,在研究中它们常混杂在一起,相辅相成,形成一个连续的研究过程。

（五）教学研究和教育研究

教学研究和教育研究就是我们通常简称的"教研"和"科研"。

教学研究主要指学校教学工作研究,它往往侧重于解决教学中某些具体问题,研究目的是为了更好地完成教学任务,提高教学质量。教学研究比较多的是运用研讨的方法、总结的方法,得到的结果往往是局部的带有地区性的经验,不一定能在更大范围推广。

教育研究所研究的范围很广,研究的目的是为了探索教育的规律,研究中要采用科学的方法,强调研究的科学性、有效性、可靠性,研究的结果一般可以推广,常用论文、专著形式反映出来。

教学研究具有广泛的群众性、普及性和实用性,从"教研"入门,逐步过渡到"科研"层次,被实践证明是一条成功经验,在研究中,教研和科研也往往是交织在一起,有融合的趋势。

教育研究还有其他分类方法,如按研究时间延续性划分为纵向研究和横向研究,按研究途径划分为直接研究和间接研究等等,这里不再赘述。

第二节　小学教育研究的意义和条件

小学教育研究是以小学教育现象为研究对象,在教育理论指导下,运用科学的方法去研究小学教育的本质和规律的认识活动。

一、从事小学教育研究的意义

从事小学教育研究的目的主要是为了把握小学教育的规律,解决教育实践中的问题,提高小学教育的质量。小学教师从事教育研究的意义具体有以下几方面:

1. 促进小学教育改革

党的十一届三中全会以来,改革发展成为我国的主旋律。教育要适应社会主义市场经济,为社会主义经济建设服务,培养 21 世纪需要的人才,就必须进行改革。这个改革是全方位的,从教育的思想观念到教育的体制、结构以及教学的课程、教材、方法等等,小学教育是培养人才的基础教育,也面临深刻的变革。教育是培养人的社会活动,是极为复杂的,因此教育改革不能是盲目的,要以教育研究为先导,通过研究促进教育改革的深入发展。当前小学教育改革的主要目标是为全面提高学生素质打好基础,培养学生的创新精神,以适应 21 世纪对人才的需要。作为小学教师要加强教育研究,通过深入的研究,切实转变那些传统的、习以为常的、不适应当前时代要求的教育观念,改革那些已驾轻就熟的、传统的、低效的教学方法,促进小学教育改革的深入发展。

2. 提高小学教育质量

为了提高小学教育质量,就必须按教育规律进行教育教学,将教育理论应用于教育实践,而人们对教育规律的每一点认识,教育实践水平的每一次提高,都往往先来自教育研究。教育实际是复杂的,学生也不是千人一面,再好的教育理论应用于教育实际,都有一个联系实际研究和转化推广的过程。当前我们要提高小学教育质量,又要减轻小学生负担,更要通过教育研究,把握教育规律,提高教育的效率。有的教师认为小学教师教学工作忙,没有时间搞研究,而实际上如果我们不按教育规律办事,尽管加班加点,教育质量也难提高,而且加重了师生的负担。有的教育工作者在自己亲身经历中体会到教育研究的重要,并提出科研兴教的口号,通过加强教育研究,以研促教,来提高教育质量。

3. 提高教师自身素质

教育研究的过程是教师学习提高的过程。在研究中,教师要大量查阅资料,学习新的理论、先进的教育思想和观点,不断更新知识。在教育研究中,教师需要正确的研究方法论指导,这有助于提高教师自身的科学素养和能力。在教育研究中,教师要积极探索,不断创新,而这正是一位优秀教师必不可少的素质要求。通过教育研究也有助于我们科学地总结自己和优秀教师的教育经验,使之上升为理论,克服经验的局限性、片面性。事实上,我国优秀的教师无一例外地在教育教学的同时都在积极开展教育教学研究,从经验型的教师逐渐成为研究型的教师,成为专家型的教师。

4. 丰富教育理论

我们要构建具有中国特色的社会主义教育体系,就必须建立教育科学的理论体系。这就要求我们在批判继承传统教育理论和经验、借鉴国外教育研究成果的同时,深入调查研究我国教育的现状,认真总结教育改革中的经验教训,积极开展教育实验,这样才能不断丰富我国社会主义教育理论,逐步完善教育理论体系,而这些研究都离不开第一线教师的积极参与和配合,需要基于小学教师教育教学实践研究的理性提升。建立的教育理论也需要在教育实践中进行检验、发展和完善，这也同样需要教师的支持和参与。

二、教育研究人员的基本条件

要搞好教育研究也需要研究人员具备一定的基本条件。

作为一个教育研究人员，首先要有清晰的教育研究意识，了解什么是教育研究，它有什么特点，认识教育研究在教育改革和发展中的地位和作用，认识教育研究在提高教师素质和提高教育质量中的作用，从而产生强烈的教育研究的需要和动机。其次作为一个教育研究人员还需要具备一些基本素质，如具备一定的文化科学知识、专业知识，特别是教育学、心理学、社会学、哲学、方法论等方面的知识以及教育教学的经验；具有一定的认识能力，以及在教育研究中需要的选题定向能力、研究设计能力、理论思维能力、定性定量分析能力、组织研究活动的能力等。作为一个教育研究人员还应该掌握教育研究的一些基本方法。当然，研究人员的素质中还应包括科研的道德，从事教育研究的坚强意志力等等。

三、小学教师从事教育研究的优势和不足

作为一名未来的小学教师应当是一个研究型的小学教师。小学教师有许多从事教育研究的有利条件，例如，由于教师在教育教学的第一线，因而最了解教育的需求，最清楚为了推动教育改革的发展，需要研究什么。教师在自己的教育实践中，积累了许多教育的经验，有大量教育教学的感性认识，也最便于开展现场研究，同时也最便于将研究结果运用于实践，并在实践中加以检验。可以说，只有广大教师积极参加教育研究，才能使教育研究成为推动教育改革和发展的一个巨大动力。因此，教育研究对于小学教师来说并不是高不可攀的。许多优秀的小学教师，如李吉林老师等在教育研究中都已取得了丰硕的成果。

当然，为了搞好研究，小学教师也要具备运用教育理论与方法分析解决教育问题的能力，具体表征为"实践反思基础上的问题意识，理论认知基础上的问题分析和系统逻辑框架下的问题解决"。[①] 努力克服那种不重视资料查阅和理论学习的倾向，努力克服研究方法简单粗糙的倾向，在

---

① 杨茂庆、孙杰远：聚焦于教育研究能力的教师教育模式探析，《教育研究》，2002 年第12 期。

理论和实践的结合上下工夫,不断提高自身的教育研究水平。

四、为教师从事教育研究提供必要的条件

一个地区,一个单位或学校,应积极鼓励教师从事教育研究。有条件的学校可以成立教科室作为学校教育研究的中心,并逐步形成结构合理的研究队伍。学校应结合自身改革的需要,制定教育研究的计划,组织教师进行教育研究,将研究和教育教学有机结合起来。学校应为教师提供一定的研究时间、资料、设备和经费,定期组织教师学习教育理论和研讨教育中的问题,组织研究成果的交流和推广,这样才能保证教育研究顺利进行,并对教育教学改革起到推动作用。

【巩固与思考】

1. 教育研究有哪些基本特点?

2. 小学教师为什么要从事教育研究? 怎样提高自身的教育研究水平?

3. 请说明在下列情形中教育研究的哪一种特点可能会受到影响,你认为应怎样防止?

(1)一项关于学生学习态度的调查研究,有 10 名教师在不同的时间进行调查。

(2)为了调查学生对教师教学的反映,由 10 名学生志愿来回答调查问卷。

(3)实验发现对于结果有 4 种同样有道理的解释。

4. 你是怎样理解"定性研究的一般方法是归纳性探究"的?

【应用与实践】

向一位特级教师调查了解,他是怎样进行教育研究的。

第二章　选题和论证

研究者不仅要掌握教育研究的基本概念,了解从事教育研究的基本条件,还必须知晓教育研究工作中选题与论证的有关常识,这不仅因为选题与论证工作的重要,更因为任何研究工作都是从选题和论证开始的。

第一节　课题的选择

选题即课题选择,指研究者确定研究问题,这是教育研究过程的第一个环节。能否恰当地选择好课题意义重大,它直接关系到研究的价值和研究能否顺利进行。

一、课题选择的意义

(一)选题决定研究价值

表面看来,选择研究问题并不困难,因为教育研究领域蕴藏着丰富的题源,亟待解决的问题与尚未验证的理论比比皆是。实际上,选择研究问题却不那么轻松,因为选题受许多主客观因素的制约,往往难以同时兼顾。所以人们才说提出一个问题往往比解决一个问题更重要、更困难。

在亟待解决与验证的问题和理论中,有的是全局性的,有的则是局部的;有的具有普遍适用性,有的则是具体的;有的难度大,有的难度相对较小;有的目前不解决就会对教育发展造成严重阻碍,有的则不那么迫切,拖一拖也可以。教育研究者必须根据问题解决的价值及本身的条件,尽量选择那些带有全局意义并反映规律性的问题,因为只有抓住教育内在的本质问题展开研究,才能真正发挥教育研究的价值。

(二)选题制约研究成效

通常情况下,确定了研究问题就确定了研究的目标,即研究的主攻方向。因此,问题选择好坏,往往制约着研究工作的成败、进展的快慢以及成果的大小。若选题恰当,会使研究工作节节胜利;反之,则令研究工作陷入困境,处处受阻。

例如,有位教师上世纪 80 年代初看到我国中小学生学习负担过重,决定研究减轻学生负担问题。应该说这确实是我国教育亟待解决且具有重要现实意义的课题。但当时对这一问题展开研究,难度是极大的。它涉及社会文化观念、教育价值观念的转变,学校招生考试制度和社会用人制度的改革,师资教育教学水平的提高以及社会风气的根本好转等一系列客观条件。要对以上诸方面逐一研究,仅凭一两个人是不现实的。由于选题不恰当,该研究未能进行到底。

（三）选题制约研究者水平的提高

参与教育研究活动,不仅可以解决现实的教育问题和验证发展教育理论,还可以显著提高研究者的教育理论水平,促进研究主体的成长。

对于不同的研究者而言,选择适合自己的研究课题,也就确定了研究的对象、内容和目标,于是就可沿着这一课题展开学习、观察、调查、实验、分析、搜集并整理资料,撰写研究报告。在这一过程中研究者会遇到精力与时间不足、资料缺乏、他人配合与支持不够、经费短缺等各种矛盾和困难,这些矛盾和困难不仅考验着研究者,也制约着研究工作的开展。如果课题选择不恰当,反反复复,或中途不得不更换选题,或赶时髦,盲目跟着"热点"走,就会使研究工作的难度加大,困难增多,从而导致研究者信念动摇,一系列工作就会大打折扣,最终影响课题研究的成果质量,也影响研究者本人水平的提高。所以,在某种意义上说,课题选择是从事教育研究活动的一项基本功,师范生努力掌握好这一基本功,对于未来从事的教育工作是大有益处的。

二、课题选择的路径

对于刚参加教育研究活动的新手来说,往往不知到哪里去选择课题。事实上,研究问题的来源是多方面的,可通过多种路径去选择。

（一）从教育实践中寻找课题

这是我国当前教育研究最重要的选择路径,更是广大非专业教育研究工作者最重要的选题路径。教育研究最迫切的任务是要解决当前教育实际工作中亟待解决的问题。当前,我国教育事业正处于改革发展新时期,出现的新情况新问题很多,这为有志于教育科学研究的同志创造了新的机遇。

在实践中寻找课题,应做到多角度、多层面地进行。从宏观上看,教育如何适应我国市场经济的发展,如何建立充满活力的办学体制与管理体制,如何实施与巩固普及九年义务教育等;从中观看,怎样强化社区的教育功能,在新的历史条件下家庭、学校各自承担的教育任务是什么,如何相互配合,素质教育与考试的关系怎样,如何解决学校中片面追求升学率问题,农村小学办学规模多大为好,怎样解决既让小学生入学方便又保证小学办学具有一定的规模;撤点并校的可行性与操作原则各是什么;男女生是分班学习好还是合班学习好等;从微观看,学校德育如何开展才能收到实效,为什么年级愈高德育效果愈差;怎样对小学生实施心理素质教育;如何在教学中有效地训练、提高小学生的非智力因素;有效矫正多动症的手段有哪些;怎样纠正儿童的厌学情绪;小学外语教学从哪个年级开始好;解决小学语文教学高耗低效的根本办法是什么;如何诊断学生的心理发展水平等。这里尤其值得一提的是新课改实施过程中出现的大量新矛盾、新问题亟待教育工作者去探索和研究。例如,怎样从不顾学生差异的大一统教育走向个性化教育;从完全的灌输教育走向学生自主探究;从学生个别学习走向合作学习;从知识传授到学生构建。又如,在课改背景下,如何处理让学生自主探究与教学时间不足的矛盾;个性化教育与统一考试的矛盾等等。只要我们用心观察,注重调查,就不难提出值得研究探索的问题。特别是当我们走上工作岗位后,可以直面教育实践,与学生朝夕相处,对教育实践和儿童世界会有深切的了解和体验,掌握到许多第一手资料,这为我们选择研究课题、积极投身教育研究活动创造更多的条件。

教师在实践中选择课题可以从以下几方面进行:(1)可将先进的教育思想、教育理念与具体的教育实践相结合,在理论的指导下发现实践中存在的问题,从而提炼出研究的课题。(2)可在不断的经验积累中,分析比较,发现问题,确定课题。(3)可通过对教育的反思,多角度思考,寻找突破点,挖掘课题。

(二)从教育理论中演绎课题

现有的教育理论,是前人对教育实践经验的概括与总结。当研究者具备了一定的水平,就可以从一些教育理论中推演出种种预测,这些新预测,就成为可研究问题的重要来源。因此,若要发现可供研究的问题,研究者可对教育理论使用演绎推理的方法,找出一些可供研究的合乎逻辑的问题或作出一些可供研究的假设,然后再通过研究加以验证。例如,在艾肯逊的成就动机理论中,他主张个人追求成功动机视个人对工作成功可能性的认知而定。当个人依据本身能力与经验认定工作成功的可能性

13

很高或很低时,其追求成功的动机不会太强,但如果认定工作的成功机会在 50％时,则此时的动机最强。我们可根据艾肯逊的这一理论导出:父母的期望动机水准超过子女能力过多时,子女根据个人能力与经验认定学习成功的可能性很低,故其追求成功的动机会较低。同理,父母的期望水准低于子女的能力过大时,子女追求成功的动机也不高。反之,当父母的期望水平与子女的能力相吻合时,子女会认定自己成功的可能性有50％,因而会表现出较强的追求成功的动机。依上述推理,可导出下列研究问题:父母对子女的期望水准适中者和期望不切实际者(过高或过低),其子女追求成功的动机是否不同?[①]

通过教育理论选择课题除上述从演绎的角度入手外,还可从其他角度入手,如可从验证角度入手。前几年,有人研究了独生子女的发展状况,得出了"独生子女智力发展超过非独生子女,而人格发展落后于非独生子女"的结论。这一结论是否正确,在我们地区是否如此,这便成了值得研究的课题。有的问题也可以从批判、矫正的角度入手。由于时代的局限和研究者方法论的影响,已有的教育理论也可能存在一些缺陷。我们在认真学习并继承前人理论的基础上,以批判的态度分析已有理论的不足,进而提出研究的新课题。例如传统理论认为,小学阶段,男生的注意力不如女生,因此,教师组织课堂教学的重点应是男生。近来,有实践工作者对此结论产生了怀疑,于是进行了验证性研究,提出了相反的结论,引起了社会的普遍关注。

(三)从教育科研规划中选择课题

随着科教兴国战略的实施,教育研究愈来愈受到社会特别是教育行政部门的重视。近 30 年来,国家、省、市、县各级教育行政部门以及科研机构和学术团体,都从推动教育事业科学发展,建设人力资源强国的大局出发,定期制定出一批批教育科研规划,提出具体的教育科学研究目标和任务,并通过课题指南公布可供选择的研究课题。

由教育行政部门或教育研究机构、学术团体提供的研究课题一般都是立项课题。这些课题也有不同的级别,有的是一般课题,有的是重点课题。如果选择重点课题又能通过有关部门批准立项的,往往会得到更多的指导和帮助,有的还有研究经费资助。近十年来,为鼓励年轻教师积极投入教育科学研究活动,各级教育行政部门和科研管理机构以及学术团

[①] 李方:《现代教育科学研究方法》,广东高等教育出版社 1997 年版,第 36～37 页。

体还专门设立了青年资助课题,为年轻教师从事教育研究提供方便。

除上述途径外,还可以通过向从事教育研究的专家请教和咨询来发现与选择研究课题。

三、课题选择的原则

不论通过何种路径寻找研究课题,都要遵循下述基本原则。

(一)需要性原则

这是选择研究课题的基本原则,因为科学研究是一种极富目的性、针对性的探索活动,选题的需要性原则正充分体现了这种目的性和针对性。

一般说来,需要包括两方面。一是指教育实践的需要,二是教育理论完善的需要。但应该看到更多的是指第一方面的需要,因为任何科学研究都是在实践的推动下进行的,从实践需要来选择研究课题,又将研究的成果反作用于实践活动,促进教育活动的有效开展。同时,来自教育实践需要的研究课题不仅易使自己的研究得到社会的关注、重视和帮助,同时也会使研究成果直接产生社会效益,从而增强自己从事教育研究的动力和信心。著名小学语文特级教师李吉林正是在长期的语文教学实践中萌发了改革语文教学,充分发挥语文教学的育人功能,提高语文教学质量的念头,通过研究创立了情境教育理论,取得了显著的成绩,反过来激励她更加积极地投入到小学语文情境教育的研究中去,成为国内杰出的小学语文教育研究专家。而教育理论的完善是在教育实践需要得到满足、教育经验趋于成熟、教育理论体系需要进一步发展的层面上,一种对课题选择的深层次要求。

(二)量力性原则

该原则强调依据研究者个人的实际能力与需要选择研究课题。课题选择不可盲目行事,要考虑各种主客观条件,各种研究条件的成熟与否。事实上,教育实践中许多亟待解决的问题,例如关于改革高考制度的问题,关于遗传素质对人的影响面与影响程度问题等,单凭教师个人研究会有困难,因为单个教师的能力和条件有限,各种相关影响因素无法在研究中面面俱到,同时国家相关政策和社会各种影响因素也非单个人所能掌控,因此,需要集合各方面力量。而量力性原则的提出正是强调研究者必须根据实际具备的和经过努力可以具备的条件来选择研究问题,对预期完成问题研究的主客观条件应尽可能充分地估计,"不打无把握之仗"。

量力性原则要求选题时考虑以下几方面因素:

（1）研究这一问题，需要研究者具备哪些知识与能力以及非认知因素（如信心、意志等），本人是否已经具备或经过努力可以很快具备；

（2）研究这一问题，需要的设备与材料是否充足，如缺，是否易于获得；

（3）研究这一问题，所需的基本经费是多少，是否有可能解决；

（4）研究这一问题，所需要的时间是多少，自己能否保证；

（5）研究这一问题，上级领导特别是本单位领导是否同意与支持；

（6）研究这一问题，需要哪些单位或个人配合与支持，能否争取到他们的帮助。

根据这一原则，我们在选题过程中就不会贪大求全，好高骛远，而能从实际出发，充分分析各方面的条件，扬长避短，善于发挥自己的优势，量力而行，扎扎实实做好研究前的各项准备工作，对各方面的条件有了相当把握再确定研究题目。若不考虑可能性及自己的能力范围，盲目上马，轻易尝试，中途常会退下阵来。

当然，我们也不可唯条件论，不可因个别条件尚不完全具备就把一些极为重要的问题放弃，或专挑容易而平凡的问题，避重就轻。要辩证地看待条件，许多时候条件是可以通过主观努力创造的，勇于创造条件，才能善于解决问题。那种"前怕狼，后怕虎"的"小脚女人"、"懦夫"是不可能在教育研究中有所作为的。

（三）科学性原则

选题的科学性原则指的是选题要以科学思想为指导，立论根据应合理，思路方法要正确，防止偏向非科学或伪科学的道路上去。要做到选题的科学性，具体说应注意两点：一是选题以一定的事实为依据，使所选问题具有坚实的实践基础；二是以教育科学基本原理为依据，夯实选题的理论基础。

建立在实践基础和理论引导前提下的选题范围，必定是朝着科学的方向在发展，而凡被科学实践一再证明行不通的课题就不宜去选择，否则，难以保证课题的科学性。例如"凭两手老茧上大学"的推荐制度已被实践证明是不能再使用的，如果还要去以此为课题，研究如何发挥它在今天的育人功能就背离了科学原则的要求。

不过，确定某一课题是否具有科学性，往往需要一个探索的过程，要经过充分调查与反复论证。有的问题表面看起来荒谬绝伦，毫无意义，但未通过实际考察，在事实材料和理论依据还不足以断定它是错误时就不要轻易地加以否定。有些课题根据现有理论似乎应该认可,但在没有充分的事实证明时也不要轻易地绝对肯定。例如,现在对"珠心算"的研究就存在不同的看法。总之,判断一个课题是否符合科学性的要求,归根到底要建立在实证与考察的基础上,以科学事实为依据。

(四) 创新性原则

在教育科学研究中,研究者选择的课题应当是前人未曾解决或尚未完全解决的问题,具有新颖性才具有研究的价值,通过研究应有所创新,有新意和时代感。除验证性的研究外,一般不应重复别人的研究课题。这些年,我国教育研究领域低水平重复研究的现象普遍存在。低效率重复研究不仅失去了研究探索的意义,也造成人力物力的巨大浪费。

要达到选题符合创新性的要求,必须把研究课题的选择放在总结和发展过去有关学科领域的实践成果和理论发展成果的基础上,离开了前人的这个基础,任何新的突破与发展都是难以想象的。为此,研究者在选择课题过程中,应广泛深入的调查,如查阅教育研究文献档案,去教育研究部门咨询,或走访座谈,了解拟研究的课题是否有人已经或正在和将要研究它,如已有人研究,则要了解他们达到了何种水平,取得了哪些成果。假如本人想选择一个别人已经选择且进行研究的课题,则要从与别人不同的角度确定研究的着眼点,以保证研究有突破与创新。江苏省小学语文特级教师黄桂林在认真查阅了全国各地小学语文阅读教学改革研究方案后,从一个全新的角度创新性地提出了"用假设的方法引导学生阅读,大面积提高教学质量"的课题,通过十多年坚持不懈的研究,取得了显著成果,其经验已被全国十多家报刊介绍。

除了上述必须坚持的原则外,还有些要求也是应该努力做到的。例如,研究者应力戒选择偏见,以免因选择偏见造成研究结果的偏差。但要注意不能将兴趣爱好与选择偏见混淆。在可供选择的课题中挑选自己感兴趣的课题完全是必要的,因为兴趣在教育研究活动中具有动力作用。心理学研究认为感兴趣的活动可以使人注意力集中,思维活跃,产生轻松的情绪状态,促进活动效率的提高。

四、课题选择的过程及方法

(一) 选题过程

教育研究课题的选定过程是一个复杂过程,往往经过从产生研究动机到勾画出研究大致轮廓的过程。这一过程实际上也是对提出的初步研

17

究假设进行不断检验的过程,其基本程序如下。

1. 形成假设

这往往是选择课题的第一步。各人形成假设的途径往往不同,有的可能是在阅读、研究有关教育理论文献(如研究报告、教育论文索引、教育期刊、教育理论专著)时,受到某种启发或看出了某一破绽而产生了研究的动机并形成初步假设。有的则可能在教育实践过程中遇到了百思不得其解的问题,或偶然获得了成功而形成研究的动机与假设。

2. 了解情况

在假设的基础上,研究者就要带着这一问题广泛查阅资料,了解前人在这方面的研究成果、研究方法以及该问题被教育研究领域关注的程度等。

3. 深入思考

反复思考这样一些问题:这问题值不值得研究,如果值得研究又应怎样研究,本人有无研究这一问题的基本条件等。

4. 确定课题

随着思考的成熟,原有的朦胧模糊的想法逐渐变得集中和清晰,原来举棋不定的心态也会坚定起来。既如此,就应迅速地定下研究课题。

(二)选择课题的方法

选择课题的方法较多,目前常用的是以下一些。

1. 经验判定法

这一方法是指研究者在调查分析的基础上归纳出教育改革和教育发展中需要解决的若干问题,再依据自己的经验,进行比较与综合分析,筛选出其中亟待解决的问题,最后确定一项(或几项)教育研究课题。这一方法的基本步骤如下:

第一步,调查归纳

调查指研究搜集教育改革与发展中亟待解决的问题,并进行认真核实。归纳指研究者对搜集到的问题进行分类整理,形成教育改革与发展的问题集,并一一列出条目。

第二步,经验筛选

这是指研究者运用头脑中掌握的教育理论与已有的教育研究知识、能力,对问题作进一步分析,从问题集中选出自己认为是教育改革与发展中有急切性的问题,从而使目标集中起来。

第三步,条件决策

这是指研究者依据自身知识、能力结构情况以及资料、设备、时间和经费的客观条件，经过一番斟酌，最后定下研究课题。

2. 借题蘖生法

这是指研究者借助于国家、省、市（地区）、县研究的一些大课题，从中分蘖派生一些小课题作为自己的研究课题。这一方法的基本操作过程如下：

第一步，借题。即调查了解国家、省、市（地区）、县目前研究的大课题主要是哪些。

第二步，分析。对掌握的这些大课题作深入的分析研究，弄清每一课题的内涵与外延，以便从中寻找出可以分出枝杈的"蘖生点"。

第三步，蘖生。研究者围绕着大课题找出若干个小课题后，再经过可研性分析，最后选择出与大课题相联系，又符合自身研究条件的小课题作为自己的研究课题。例如，江苏省泰州市桥头中心小学的"小学生作文互批自改实验课题"就是研究者根据中央教科所"小学生语文主动学习研究"这一大课题蘖生出来的。

3. 定量优化法

这一方法指研究者首先通过调查等方式，找出教育改革与发展中需要解决的一系列问题作为预选课题，依"普遍性"、"急切性"、"重点性"、"可研性"这四性分别对每一个预选课题赋以表示程度的分值。再运用运筹学有关方法进行定量分析，最后确定出 1～2 项教育研究课题。

除上述三法外，常用的选择课题的方法还有一些，如资料分析法等。此外，由上级教育行政部门或学术团体直接下达研究课题也是常有的事。

不论采用何种方法选择研究课题，有两点是需要注意的：

第一，研究者应有明确的、相对稳定的研究方向。初搞研究的人，由于缺乏经验，往往一开始会同时对几个研究方向感兴趣，这样容易分散精力，难以取得理想的成果。这里指的方向，包括领域方向、学科方向和类型方向。领域方向是指在学校教育领域还是在家庭教育或社会教育领域里选择研究课题。学科方向是指如果本人确定在学校教育领域选择课题，那么是班级管理问题还是课堂教学问题；若是教学问题，是语文教学问题还是数学教学问题或其他学科的教学问题。类型方向则是指对理论问题进行的研究还是对实践问题进行的应用性研究。当然，上述划分有交叉，但强调的是研究者的注意力不可过于分散，尽可能稳定在一个方向上，坚持数年必有好处，这是许多成功者总结出的宝贵经验。

第二，尽量把问题具体化。课题选定后，为了研究过程的方便，应尽量将课题分解为有待研究的若干个小问题，从而找出这个课题的研究步骤的相关网络，这实际上也是一个由整体到部分的分析过程。

例如，某学校教科室选定的课题是"学校整体改革研究"，这课题不仅大，且综合性强，他们将其具体化为学制、课程、教材、教学方法、考试制度、管理体制改革等方面的研究问题，统一设计，分组实施，大大降低了研究的难度，使研究扎扎实实地开展起来。

五、选题中的常见问题

1. 选择的课题太大，不易把握。因为课题选择大了，牵涉的内容就多，研究无法深入，或使研究中途夭折，或使研究走过场。

2. 课题选择不切实际，盲目追风。现在有的研究者不是从切身实际出发，寻找教育研究的切入点，而是追随他人，跟风行事。流行什么就研究什么，上级说什么就研究什么，导致课题选择的盲从效应，出现大量的重复研究，造成教育研究花繁果稀的低效现象。

第二节　课题论证

课题论证指选题过程中或选题之后、开题之前，对所选课题以及对该课题研究的初步设想进行评价性研究的过程。

课题论证一般由专家、研究人员和相关教师进行。通过对课题作全面、系统的分析与审议，提出调整与修改意见，完善研究设想并最后批准实施。重要课题往往要经过立项论证与开题论证两次论证，论证后的成熟意见往往通过项目申报书（或立项报告）和开题论证报告予以反映。

课题论证的目的在于分析评价课题的研究价值、研究设计的科学性、预测研究成果及其社会效益等。其中立项论证主要是对所选课题的科学性、创新性等理论与应用价值的评价。开题论证是立项后进一步对课题研究的目的、依据、国内外研究动向以及研究方法、途径、步骤、条件和理论与实践价值作深入系统评价，描绘整个课题研究的蓝图。通常情况下，集体承担的大型的且级别较高的课题，都需要在立项论证的基础上再做开题论证。

课题论证的过程也是研究者充分做好研究准备，科学设计研究活动，制定研究纲领的过程;课题论证报告还是今后对课题研究的进度、质量进行检查和鉴定的标准与依据。上级教育研究部门对教师或学校申报的教育研究项目能否批准立项,主要是通过立项报告来审定的。

一、课程论证的内容与过程

(一)课题论证的内容

课题论证的主要内容包括:(1)课题研究的目的、意义、内容和范围:为什么选择这个课题? 研究它的意义何在? 涉及哪些方面的内容? 它们是否有研究的价值? 这中间包括对选题的核心概念作严密的界定。(2)与本课题有关的国内外研究的现状:目前国内外有关这方面的研究达到了何种程度? 状况如何? 本课题与他们的研究有何相关?(3)本课题研究的途径、方法、手段,即研究过程中具体会采用哪种主要方法? 实施哪些研究手段?(4)完成课题研究任务的条件分析,即本课题研究涉及哪些客观条件? 是否都能满足? 研究者是否有足够的知识、能力、信心?(5)课题研究实施的计划:具体的研究过程与步骤是怎样的?(6)过程分析与结果预测:研究过程可能出现哪些问题? 有哪些对策? 研究结果可能出现哪些情况? 是否会带来不良后果?

(二)课题论证的过程

课题论证的过程主要包括以下几方面。

1. 查阅资料,分析课题

包括查阅国内外教育研究书刊以及相关领域的著作、论文集等,以清晰地了解该课题国内外研究情况。在此基础上,认真分析课题,界定出课题的研究范围、角度,特别要认真琢磨课题研究的突破口,即创新所在。

2. 论证价值,预测结果

这是论证过程的关键性阶段,预测结果,弄清课题研究的价值,不仅是选题与开题必须考虑的,而且对于坚定研究者的信心、争取社会认可和外界支持都是必不可少的。

3. 论证研究的内容、途径和方法

明确研究内容的结构、重点和难点,从总体上设计研究途径和方法,并论证是否可行。

4. 分析完成课题的条件,制定研究计划

研究计划不一定是课题研究的详细方案,但是是制定研究方案的蓝本,是合理组织科研活动的基本设想。

21

二、课题论证报告的格式与撰写

(一)课题论证报告的格式

课题论证报告的格式不是绝对的,但常见的格式又是相对稳定的。一般立项报告以表格为主,开题报告以说明式为主(见附例)。

(二)填(撰)写论证报告的基本要求

1. 关于研究的目的、意义、内容和范围

课题论证总是从课题研究的目的、意义开始的,填(撰)写这一栏目要求实事求是。首先用精练概括的文字勾画出研究的基本轮廓,交待研究课题产生的基本背景,以使评审者对课题有概括了解。

再用"本研究的目的是……"总括性句式直截了当地点出研究目的,指出研究中要解决的问题。有的课题还要进一步明确研究目的依据的假设(见本书第四章)。研究价值决不能随意夸大,夸大不仅使研究过程难度增大,也会影响教育研究活动的信誉。

接着还要从理论与实践两方面进一步说明研究价值表现,如说明通过本课题的研究可完善、突破或矫正某领域的教育理论,在实践中可解决哪些实际问题等。

每个课题都有其丰富的内容,有它的内部结构。如研究 21 世纪教师的素质,教师的素质包括许多方面,思想素质、业务素质、身心素质等等,每个方面都可以成为一个子课题。因此要对研究对象、范围予以界定。界定时可对问题进行分解,通过分解成一个个较具体的问题,构成研究问题的层次网络,从而使范围清楚,便于研究。

2. 关于本课题的国内外研究现状

这一部分的填(撰)写应详细,交待清楚该课题目前有无人员已在研究。如果没有,有无类似课题在研究;如有,是什么地方什么人在研究,研究进展到何种程度,已经得出了哪些结论,本课题与他们研究的联系与区别等。在此基础上对有关观点、结论进行评析。通过详细交待,既是向评审人员表明自己已掌握了该课题领域的研究动向,同时又为今后的研究提供了别人的经验借鉴。

3. 关于研究的途径和方法

这一部分填(撰)写时层次应清楚,先写清研究的总体思路,然后交待研究对象及其特征,最后介绍研究步骤,说明阶段的划分,运用哪些研究技术与方法以及每一阶段具体任务、成果与时限。关于研究步骤中的进度安排,应注意既抓紧时间,又要留有适当的余地,应考虑到研究过程中的偶然因素对研究进程的影响。

填写立项论证报告时内容可简略些,而撰写开题论证报告时则要求尽可能详细、具体。如课题属于教育实验研究类,那么必须具体写出实验计划,说明本实验课题的研究变量是什么,怎样控制无关变量等,有时连测量问卷也应附上。

4. 关于完成课题的条件分析和成果形式

填(撰)写这一部分内容,主要应说明课题组的特色和优势,可能完成的课题成果的形式与数量。对于综合性课题,课题组最好由不同学科教师组成,以便从多学科、多角度进行研究。论证报告中应详细说明课题申请者以及课题组全体成员所具备的学术水平、研究基础和条件,介绍他们过去在本课题所涉及的学科领域中做过的研究工作、发表的论文和出版的论著,以及积累的研究经验和受到过的学术训练。此外,还要交待本课题的物质准备、资料占有情况和课题组成员所在单位的支持程度。在一般论证报告中,还都应写上研究经费的预算,预算应本着从国情、校情出发,厉行节约的原则,使出现在论证报告中的支出预算合理。

三、论证中的常见问题

1. 论证中常出现伪问题

很多论证过程费了一番周折,却发现论证的结论与问题相背离,或者论证的问题根本不值一提,这就需要在论证开始时就明确研究的课题是真问题还是伪问题。真问题须进一步明确它的价值,评议是否值得研究;伪问题就果断地将其弃置一旁,不做探讨。

2. 用教育目的代替研究目的

课题论证都是在一定研究目的的指导下进行的,目的明确,才能论证准确。但很多研究者论证过程中不善于表述研究目的,甚至不明确研究目的,将具体、有针对性的研究目的大而化之为整个教育领域的目标要求,如在具体的课题研究过程中就容易将教育研究问题等同于教育改革问题,使得表述的研究目标混同于工作目标,这样就容易导致研究偏离方向。例如:"师资队伍建设方面研究",研究者将研究目的定位为提高教师队伍素质这一层面,其实是目的泛化,教师队伍素质提高与研究是一种间接联系,真正的研究目的应定为探讨提高教师队伍素质的具体方法与途径。

3. 方案设计不明确,论证方法不恰当

论证过程是在整体构思、方法合理运用的基础上进行的,但一些研究者不注重研究前方案的整体规划与设计,研究方案的体系缺乏统一性和完整性,逻辑思维混乱,层次结构不清。以致出现课题与研究目标、研究内容相关不高,这为该课题的实施带来很大妨碍。

论证过程中也不注重方法的恰当运用,导致研究方法与研究过程不一致,出现错位现象。倘若方案设计合理,方法运用恰当,就能有力地促进论证开展。例如:"学生学习成绩提高的实效性研究"方案,在实施过程中可从三方面进行研究:一、描述功能,即回答"实效性"是什么,为什么要研究"实效性",通常可采用调查研究法进行相关研究;二、改进功能,即研究怎样才能体现"实效性",提出改进措施,一般用实验研究法进行;三、解释功能,即回答为什么采取这个项目使学生学习有实效,结合前面的研究可以综合采用多种方法,这样论证就层次分明了。

4. 不善于细化研究内容

论证是通过逐步分析、演绎完成的,总的研究内容可以细化为具体的研究内容,分条阐述,从而避免论证内容空泛与论证过程缺乏逻辑性。但很多研究者不善于分解问题,内容笼统,无法合理组织。论证过程只有学会细化内容,才能详细解构问题,深入分析问题,增强论证的说服力。

【附 案例】

校本德育资源课程化研究——立项论证报告
江苏省泰兴市襟江小学 黄敬统 杨金林

一、课题的核心概念及其界定

校本德育资源就是鲜明地带有学校烙印的原生态德育资源,也是个性独特的特色化资源。其内涵非常丰富:在空间维度上,它包含校园中的物态资源和精神资源;在时间维度上,它包含属于学校的过去的、现在的、未来的种种德育资源;在内容维度上,它涵盖了校园生活中许多人文的和自然的、显性的和隐性的德育资源,甚至正在不断动态生成的德育资源也包含其中。相对于非校本的德育资源,校本德育资源更具真实性、切近性和亲和性,如能得到合理、充分的保护、开发和利用,一定有助于使学校的德育活动更贴近生活、更贴近儿童,从而增强学校德育工作的实效性

和针对性。

校本德育资源课程化是指以课程形式整合、设计校本德育资源,将原有零散的、临时的、应景的、缺乏有效性、难以评估的学校德育的"素材性资源"转换为教育目标明确化、教育内容系统化、教育方法科学化、教育评价规范化的德育课程。通过探索和研究建立起有序列、有层次、有系统的学校德育课程,形成具有校本特色的德育品牌。

二、国内外同一课题研究现状与研究的价值

尽管世界各国社会制度、意识形态、经济发展水平存在巨大差异,但将德育放在学校工作的首位已成为共识。各国都把强化德育作为治国安邦、复兴民族精神、维护民族团结、减少青少年犯罪、促进社会政治、经济、文化发展的重要手段。虽然育人目标各有差异,德育途径、方法不尽相同。美、英、法、德等西方国家侧重过程型,注重从道德品质的形成过程对学生进行适当的疏导,培养学生的道德思考力,强调自我教育。而包括中国在内的东方国家侧重内容型,强调对学生直接进行道德价值观的灌输与强化;东西方德育各有特点,也各有不足,且有相互融合的趋势。相对而言,国外的校本德育课程建设起步较早,课程实现模式较为成熟,且呈现多样化的形态,能给我们许多有益的启示。

黑龙江省所开展的《中小学校活动性德育课程系统教育》研究,探索了在新的教育改革背景下德育课程的模式,以学生喜闻乐见的各种活动对学生进行道德教育的尝试。研究指出活动性德育课程克服了理论性德育课程大而空,脱离学生实际的缺点,是对理论性德育课程的有效补充。实验中编写了教材,教师以教材而开展活动。

上海市静安区教育学院组织的"小学、初中新德育课德育校本课程实践"研究,以学生发展为本,根据课程标准来确定教学专题,专题内容考虑学生年龄段的生理、心理特点,考虑他们自身接受道德教育的最佳期。特别关注学生主动探究、师生合作,在教材上有较大的改革,不再使用课本和教参,取而代之的是课程标准和资料包,保证了特色。

在现行的相关研究中,我们发现,校本性德育资源如何利用的研究和校本性德育活动的研究比较多,但对校本德育资源如何创生和转化、校本德育资源如何进行课程化的整合和设计,缺乏系统深入的研究。本课题期望在这些方面有所突破和创新。

三、研究的目标、内容与重点

（一）本课题的研究目标

1. 明晰校本资源的内涵，探索校本德育资源的发掘与创生途径、方式，使校本德育资源丰富化、多元化，并形成有襟江特色的德育资源品牌。

2. 建构校本德育资源课程化体系，使校本化的德育目标、德育内容、德育方式和德育评价一体化。

3. 形成有襟江特色的校本德育课程实施系统，建立具有本校特点的操作范式，完善校本德育课程资源库建设。

（二）本课题的研究内容

1. 校本德育资源库的建设与研究；

2. 校本德育资源课程化的规划与设计研究；

3. 多形态校本德育教材建设研究；

4. 校本德育活动研究；

5. 校本德育课程实施模式研究；

6. 校本德育资源课程化的评价研究。

（三）本课题研究的重点

1. 校本德育资源库建设的研究；

2. 校本德育资源课程化的规划与设计研究。

四、研究过程

研究时间为三年(2011 年 3 月—2014 年 3 月)

（一）准备阶段〔2011 年 3 月—2011 年 6 月〕

1. 完成方案的制订及课题申报工作。

2. 健全学习研究、交流制度。

（二）实施阶段〔2011 年 7 月—2013 年 12 月〕

1. 组织课题组人员学习有关理论，组织外出考察交流，借鉴他人经验。

2. 完成校本德育资源库的建设和校本德育课程建设。在实施研究过程中进行阶段性有针对性的调查研究，不断修正实施方案，促使课题研究顺利开展。

3. 经常收集、整理有关资料，为归纳和分析课题提供实践依据。

（三）总结阶段〔2014年1月—3月〕

汇总本课题研究成果，完成课题结题报告及相关资料的整理，做好结题工作，并为课题的后续延伸奠定基础。

五、本课题主要的研究方法：

（一）文献研究法

通过对国内外有关德育校本课程方面文献的收集和研究，使课题研究的内涵和外延更丰富、更明确、更科学，借鉴现有研究成果的经验和成果，提高课题研究的水平。

（二）调查法

在实施课题阶段，对被实施此课题研究之前的本校相关年级学生采用问卷、测试等方式进行调查研究，了解学生的认识、心理等情况，并根据调查结果调整相应的做法。

（三）行动研究法

研究者注意对实验对象的长期观察并形成一定的个案，为实验的实施顺利进行提供必要的信息，保证课题评价的客观、公正。

（四）案例研究法

根据课题研究重点，以典型案例为素材，通过具体分析、解剖，积累素材，总结得失，寻找个性化教育的有效方法。

六、主要观点与可能的创新之处

课题组认为，德育的高耗低效是不争的事实，主要原因是现行德育存在"假、大、空、套、远"的弊端，在德育资源的利用上存在"舍近求远"、"舍熟取生"、"舍己求他"、"舍小取大"、"舍活取死"的现象。本课题针对这些问题进行改革，力图革除德育流弊，将具有切近性、真实性、鲜活性、可感性等特征的校本德育资源通过开发和整合，转化为更具吸引力和影响力的德育课程，以增强德育目标的切合性、德育内容的可信性、德育方式感染性，使校本德育资源发挥不可替代的育人功能，使学校德育走上一条低耗高效的新路。

本课题具有较强的创新性，可望在校本资源的创生及校本资源的课程化设计与实施上有新的拓展。本课题不仅要充分发掘本校150多年历史中有价值的德育资源，而且要不断发现和创生新的校本德育资源，更要对各种零散的、无序的、多元的德育资源进行课程化的整合，从课程目标到课程内容,从课程实施方式到课程教学评价,进行一体化的系统规划和设计,并有计划地实施。这种研究摆脱了传统德育在利用校本资源上存在的随意性、无序性,具有较强的整体建构性。国内以往在这方面的研究较少,因而本选题有具有一定的创新性。我们期望通过研究,能在校本资源转化为校本课程上积累可资借鉴的经验,为深化课程改革作出应有贡献。

七、预期研究成果

通过一段时间的研究,预期可以取得如下成果:

研究论文《校本德育资源在中队活动中的运用研究》;

研究论文《小学各学段系列校本德育课程建设的研究》;

研究论文《校本德育资源在学科教学中的运用研究》;

研究论文《校本化特色德育活动的研究》;

校本教材《泰兴市襟江小学校本德育系列读本》;

案例汇编《襟江特色教育活动集锦》;

课题总报告《校本德育资源课程化的思考与实践》。

八、完成研究任务的可行性分析

本课题核心成员由校长、分管副校长、少先队大队辅导员以及其他教学科研骨干组成。他们都曾经参与或主持过国家级或省市级课题研究,并有多篇论文发表或获奖,是学校学科带头人或者教学能手。

本课题的依托单位泰兴市襟江小学是一所有 152 年历史的名校,以往在校本德育资源的利用性研究和校本课程的建设性研究上有较扎实的基础。近期,学校曾组织教师对校史进行过系统梳理和研究,形成了包括校史文稿、校史画册、校史专题片、校史馆和开放式校史文化园等多种形态的校本德育资源,这是极为珍贵也较为少见的德育宝库。另外,学校在创生新的德育资源、将即时生成的资源转化为课程资源方面也进行过富有成效的探索,并积累很多经验。这些都为本课题的研究打下了良好基础。

学校在课题开展的过程中,保证所需的各项经费,提供所需的各种文献与设备。学校为教师开展本课题研究充分提供时间、政策及其他条件的保证。

九、课题组成员

（略）

十、参考文献

（略）

【巩固与思考】

1. 选择教育研究课题常见的路径、方法是哪些？
2. 你认为课题论证这一环节在教育研究中究竟有无必要？为什么？
3. 假定一研究者选择"开放式学习管理对小学生学习成绩的影响"的课题研究,他(她)在确定这一课题时一般需要经过哪些过程？

【应用与实践】

根据课题选择的有关要求,试选定一课题,并撰写出该课题的立项申请书。

第三章　文献的搜索和利用

　　无论是日常教学研究,还是规范性的专题教育科研,都离不开文献的查阅与利用。举例来说,如果你出于教学或科研的需要,研究新时代的识字教学,以提高识字教学的效率,你首先应当了解前人曾对识字教学进行过哪些研究,有哪些经验与教训,心理学家们(尤其是当代心理学家们)对儿童的识字与阅读能力的形成与发展是怎样论述的,做过哪些实验,语言学家们对汉字的学习作过哪些研究,他们是如何阐述儿童(尤其是当代儿童)掌握汉字的过程的,等等。这些都离不开文献的查找、阅读与利用。

　　已有文献不仅可以帮助我们选择和确定研究课题,还能在课题论证中为你的观点或研究结论提供理论与事实根据。此外,文献研究法也可以作为一种独立的研究方法使用。

第一节　文献的搜索

　　在这一节,我们先来说说文献的含义、类型和研究价值,再重点谈谈寻找文献的基本方法。

一、文献的意义

(一)"文献"的含义

　　什么是文献? 传统意义上的文献,指具有历史价值的图文资料或特定学科的重要图文资料。他们大多以纸张为储存与传播媒介,个别的以甲骨、金属制品、竹片、陶器等为储存与传播媒介。

　　在当今信息社会,文献主要指用文字、图像、符号、声频、视频等为储存与传播手段,以纸张、胶片、磁带、磁盘、光盘等为载体的关于理论或事实的重要记载。在信息社会,所有传统文献都可以通过电子手段储存与传播。

(二)文献的类型

　　文献具有多种多样的类型。

1. **按信息载体的类型划分**

可以把文献分为普通印刷型、音像资料型、计算机软件型三种类型。

普通印刷型文献,是以纸张为载体的。这类文献,包括文字材料、表格、图片等等。音像资料型文献,是以胶卷、照片、磁带、光盘等为保存和传播载体的。计算机软件型文献,是转化为计算机软件以便个人计算机或计算机网络使用的现代化电子文献。在计算机软件型文献中,可以储存文字材料,也可以储存图片、声音,还可以储存动画、电影和视频文件等。

2. **按文献的原始程度划分**

可以把文献分为一级文献、二级文献、三级文献三种类型。

一级文献指最原始的文献,如日记、会议记录、档案、论文手稿、统计报表、纪实照片等等。在教育研究中,一级文献是最为宝贵的第一手资料。二级文献指经他人组织、整理过的备用文献。组织、整理的主要方法是编写书目、索引和文摘等。它是供研究人员使用的第二手资料。经过组织、整理的二级文献,比较系统,使用起来也比较方便,但其原始程度和可靠程度已不及一级文献。三级文献是在研究、利用一级文献或二级文献基础上编写出的专题综述、动态报告、年度总结、述评等等。它虽是第三手资料,原始程度较低,但已在一定程度上体现了作者对已有资料的研究成果,其结论更为明确,参考起来也更为方便。

这三种类型的文献,级别越高,原始性和可靠性就越强,文献也越珍贵;但级别越低,参阅起来就越为方便。

3. **按文献是否以文字为表达手段划分**

可以把文献分为文字文献与非文字文献。

文字文献以文字形式记载思想观点、史实与数据。在文献大家庭里,文字文献的数量占绝对优势。文字文献包括书籍、报刊、档案和日记、书信等个人文献。

书籍文献包括古今中外出版的各种各样的著述,其种类有专著、教材、文集、史书、丛书、地方志和各类工具书等。书籍既是人类科学研究的结晶,又是人类科学研究的工具。至目前为止,书籍文献是人类社会中内容最为丰富的文献种类,是最重要的文献形式之一。

报刊文献的主体是报纸和杂志。报刊文献的内容也是很丰富的。据统计,目前世界上大约有 6 万多种公开发行的杂志。公开发行的报纸数量也相当可观。与书籍文献相比,报刊文献问世、发行的速度更快,反映当代社会热点问题的文字更多。

档案文献是经过整理并被专职部门分卷集中管理、具有查阅和使用价值的文件。目前,各国都有比较规范的档案整理、鉴定、保管、统计和提供使用服务的档案工作制度。我国中央和地方都有档案馆,较大和较为规范的企事业单位一般还有自己的档案室。通过对档案文献的分析与研究,可以对历史事实或历史人物作出比较准确、比较详细的描述和评价,使人们看到现代社会中的某些现象的历史渊源。

个人文字文献,是以个人生活、个人工作为记述对象的文字文献,也包括与个人生活、个人工作关系密切的文字文献。个人文献的种类有书信、自传、日记、讲稿或授课讲义等。个人文字文献是研究个人思想和行为的基本资料,同时它也能映射社会重大问题。

非文字文献有图片、照片、幻灯片、录音、雕塑、电影电视录像或视频录像等。在计算机世界,各种非文字文献是以软件形式出现的。非文字文献是现实生活的反映,其中往往有我们需要的宝贵资料。

(三)文献的参考价值

对于教育研究来说,搜索、阅读和利用已有文献,通常是不可缺少的。

首先,搜索和研究文献,是教育研究中不可缺少的研究步骤。在选择研究课题时,参考已有文献,可以避免劳而无功的重复劳动,使研究者能够将精力集中在最有前途的课题上,提高研究的效率;制定研究计划时,参考已有文献,能帮助研究者吸取前人的研究成果,吸收已有研究的经验和教训,保持较高的研究水平,避免走前人曾走过的弯路。

其次,文献研究法还可以作为一种独立的研究方法来使用。在文献研究中,研究者可以通过分析、对比、统计、归纳、推理等方法,发现事物的内在联系,找出事物发展的规律,从而得出某种研究结论。

文献资料犹如宝藏,蕴藏着无数前人和当代人的智慧,蕴藏着他们辛勤劳作的果实,蕴藏着历史与现实中事物的本来面目。教育研究者要想找对课题,快出成果,出好成果,必须善于利用文献资料。在所谓"知识爆炸"的今天,教育领域内的文献也在激增。这对于带着特定研究目的查找教育文献的研究者来说,既是好事,又增加了查阅难度。我们必须学会搜索、阅读和利用教育文献,在教育研究中充分利用国内外教育文献,提高教育研究水平。

二、搜索文献的基本方法

（一）获得文献的基本途径

1. 图书馆与资料室

对大多数有志于教育研究的普通教师来说,主要是从图书馆、资料室获得所需文献的。事实上,图书馆与资料室是最有可能利用的场所。某些大型图书馆,几乎拥有所有可供研究的教育文献。在图书馆与资料室,可以根据工作人员的编目和分类,查阅有关著作和期刊,也可以请工作人员帮助搜集、查找有关文献;如果有期刊索引,查找将更为方便。在我国,《教育研究》、《课程·教材·教法》等刊物,每年都有当年所载论文索引;中国人民大学书报资料中心所编的复印资料,有《教育学》、《中小学教育》、《小学各科教学》等分册,每一分册的每一期除转载各种报刊上的重要文章外,还附有分门别类的资料索引;此外,按年度编写的大型文献《中国教育年鉴》,也是不可多得的宝贵文献。

2. 档案馆

有些研究,尤其是历史性研究和地方性研究,需要查阅有关档案。比如,如果要了解某地历史上办私立学校的情况或某教育家的生平或地方党政机关有关教育问题的决议,往往需要查阅档案。在我国,档案工作一贯受到重视,许多问题可以在档案里找到比较可靠的记载。档案是一级文献,是第一手资料,在档案里往往可以获得未被他人掌握的宝贵资料。

3. 书店

这里的书店,主要指出售新书的新华书店,也包括新兴的电子书店和为数不多的旧书书店。在新书书店里,可以看到最新的书籍类文献资料。经常去新书种类较全的大型书店或专业书店,会使我们及时得到最新的书籍文献。在新兴的电子书店里,可以找到新出版的电子文献。随着信息产业的发展壮大,电子出版物将日益增多。此外,旧书书店有时也能找到研究所需的文献。

4. 谈话

有时通过访谈,可以获得有关文献的线索,甚至可以直接获得所需的资料、数据。在我国研究生层次的学习与进修中,常常可以见到"访学"活动,某一领域或某一课题的专家,常是研究生们"访"的对象。"访学"除了可以获得有关问题的观点、研究动态外,更重要的是可以得到有关资料和搜索资料的线索。这一做法,可以供教育研究者借鉴。研究者可以通过电话访谈、书面访谈、当面访谈等形式,获得文献资料和搜索文献资料的线索。

5. 学术会议

某一专题的学术会议,参加者多为该专题的专家或有心人。参加学术会议,通过论文交流和口头交流,我们获得许多有关资料、数据或查找文献的线索,使我们了解研究动态,并使我们在研究思路、操作方法等方面受到启发。

6. 计算机网络

当今世界,计算机软、硬件已达很高水平,并且正在继续突飞猛进地发展,同时网络技术亦已成熟和普及。在我国,信息产业发展迅猛,计算机网络的普及速度大大超过了人们的预料。今天,通过网络查询和交流信息,不仅已经成为大众获取或交流信息的首选方式之一,也已成为教育研究者获取和交流信息最常用的方式。通过计算机网络,研究者不需要付出专门费用或只需付出极少费用,就能在极短时间内查询到地球任何角落的最新的开放性文献和其他资料,至少可以获得所需文献资料的线索。在当今世界,掌握计算机网络技术和网络文献搜索技能,是从事教育研究工作的必备条件。

(二)搜索文献的基本思路

1. 利用检索工具搜索

如果需要全面搜索,或者有现成的检索工具可用,应尽可能利用检索工具。一般说来,利用检索工具搜索,应抓住以下五个环节:

(1)分析研究课题。为了提高文献搜索工作的效率,应首先通过对研究课题的分析,搞清课题要求与有关问题的实质,使文献搜索工作目标明确,有的放矢。否则文献搜索工作就会成为"找到哪里算到哪里"的游击战,就会敲边鼓,或者挂一漏万。

(2)明确项目标志。搜索前,应该明确项目标志,以便对将要搜集到的文献进行简略的排序和登记。通常应根据研究的需要,确定文献的项目标志。一般说来,可把项目标志归入以下表格。

表 3-1　文献项目标志

作者姓名	文献类别	形成时间	发表日期	文献主题	主题词

在文献搜索活动中,可根据需要修改上表中的标志体系。

(3) 选定检索工具。常用检索工具有:① 图书书目。图书馆负责编目的工作人员按学科或内容的不同对图书进行分类,编制而成的图书目录,叫书目。编制书目的基本目的,是便于搜索和系统阅读。书目可为研究人员的搜索工作提供一个基本的内容框架。② 资料索引。将书籍和报刊中的项目名称或标题摘记下来,并注明出处、出现时间、页码等,形成简短条目,众多按一定顺序排列所形成的条目系统,就是索引。索引能告诉人们寻找资料的线索和途径。《全国报刊资料索引》、《新华文摘》所附资料索引、中国人民大学书报资料中心各复印资料分册所附索引等,是国内较著名的资料索引。③ 资料文摘。文摘是文章或图书的内容摘要。经过整理的分门别类的文摘系统,能帮助研究人员在很短时间内找到并了解有关课题或有关文章、书籍的基本内容。中国教育科学研究院的《国内外教育文摘》、中国人民大学书报资料中心的教育类《文科卡片》等,是受到广泛欢迎的优秀教育文摘。④ 网络搜索工具。网络搜索工具又称网络搜索引擎,这一工具的利用,具有快速、方便、经济、信息量大、便于后续信息处理等优点。常用网络搜索引擎,包括大众搜索引擎与专门性搜索引擎两种。前者包括"百度搜索"、"Google 搜索"、"SOSO 搜搜"等;后者包括各种专门性资料网站为所占资料编制的搜索工具,这类网站以"中国知网"最为著名。

(4) 确定资料线索。通常的资料线索有三种:一是内容线索,即以研究课题包括的内容要求为检索依据;二是作者线索,即以已了解的作者为线索,进行文献资料的搜索;三是号码线索,即以已掌握的文献标号为线索,查找文献资料。

(5) 汇集检索结果。实施检索后,要将检索所得汇集起来,并根据研究要求对文献或文献线索进行分析,为进一步的阅读、记录和整理打基础。

2. 利用已有线索搜索

如果不具备利用检索工具搜索的条件,或者没有必要利用检索工具进行较大规模的搜索,我们可以利用已有线索进行搜索。例如,可以利用已有专著或已有论文中涉及的参考文献,进行跟踪追查,获取自己想要的资料。运用已有线索进行搜索,虽然查得的文献有限,但操作起来比较简单,能节省不少时间。如果利用的专著或论文具有较高的权威性,文献搜索工作的质量也能得到保证。

（三）搜索文献的基本要求

一般说来，搜索文献要做到以下几点：

1. 要以逆时法为主

在时间上，要按照从现在到过去的顺序进行搜索。新的文献往往对老的文献进行纠误、概括和总结，时间较晚的文献，往往材料更新，更全面，更可靠，因此以逆时法为主能有效地提高搜索文献的效率。如果以顺时法为主，往往会为搜集过时的材料耗费许多时间。

2. 要以第一手资料为主

第一手资料，价值最高，最为准确可靠，因而也最具说服力。

3. 要善于搜集观点、史实记载不一致但均有研究价值的资料

即使是第一手资料，也不能保证百分之百的准确。如果能搜集到观点或事实不一致的文献，就为通过比较、分析得出正确的结论创造了条件。

4. 要记好搜索笔记

搜索时，要记好搜索笔记，为下一步的整理、利用文献资料作准备。

三、运用计算机检索信息

在当今这个高度信息化的社会，计算机及其网络系统已经广泛运用于信息的搜集、交流和处理。在当代教育研究中，运用计算机及其网络系统检索文献资料，是研究者获取文献资料最常用的工作方式。因此我们有必要专门谈一谈运用计算机检索信息。

运用计算机检索信息，有三个最明显的优点：其一，搜索范围既可以不受限制，又可以进行自主控制。在被称为"信息高速公路"的计算机网络上，可以随时访问任何一个站点的主页和资料库，查阅所需的文献资料。同时，为了防止产生资料和信息过多过杂情况，可以通过限制搜索范围方式，自动筛选所需资料和信息。其二，搜索速度快，花费时间少。其三，费用低，有时甚至不需要任何专门费用。

利用计算机检索信息，有以下两种形式：

（一）利用计算机网络检索信息

计算机网络，是以共享软硬件资源为目的而连接起来的若干台计算机（包括服务器）及其配套软硬件设施的集合。按照计算机网络覆盖范围的大小和计算机之间距离的远近，可以把计算机网络分为广域网络与局域网络两大类。

局域网络,规模相对较小。在一个或几个单位范围内所建的网络、在某个建筑单元或某几个建筑单元内所建的网络、在某个企事业系统内所建的网络等,都属于局域网络。局域网络的通信线路较短,一般不超过数十千米。

广域网络,指覆盖范围很大的网络。它大到不但可以将世界各地的局域网络连接起来,而且可以连接星罗棋布般的网站和单个普通用户的终端计算机。已深入人们日常生活的因特网(Internet Web),是规模最为宏大、连接用户最多、最著名的广域网络。

通过因特网这样的广域网络,可以随时访问世界上任何一个与之相连的局域网,方便地检索局域网所属系统、单位、单位图书馆或信息中心的资料系统;更可以随时直接访问各种专业网站和普通网站、官方网站和民用网站,检索有关图书馆、资料库、情报站的资料信息。

对于教育科研来说,当今计算机网络上可以利用的文献资料,其数量是相当可观的。这些处于不断更新和充实之中的文献资料,或存于专门的网络资料库服务器,或散藏于各类网站服务器。从检索的角度看,网络资料库有自己的配套检索系统,而散藏于各类网站服务器的文献资料,可以通过大众搜索引擎进行检索。

下面我们分别扼要介绍网络资料库及其检索方法、大众搜索引擎及其检索方法。

1. 网络资料库的利用

网络资料库,又叫网络数据库。在当今的公用计算机网络上,已经存在大量的具有一定服务质量的综合性资料库和专业性资料库;随着时间的推移,网络资料库的数量会继续增加,各资料库的信息量会大幅度增加,服务质量会进一步提升。

教育科研所需的网络资料库可以分为两种类型:

(1)综合性网络数据库

所谓综合性网络数据库,指不受专业限制的综合性网络数据库。目前,对于教育科研来说,由于体制问题与商业运行机制的限制,可用的大型综合性网络数据库还为数不多。但随着时间的推移,这一问题终将得到得到解决。

当前,我国可用于教育科研的综合性大型网络数据库中,"中国知识资料总库"是资料较丰富、检索较方便的资料库。该资料库又名"中国知识资源总库",其网站名称为"中国知网",英文名称为"China National

Knowledge Infrastructure"（中国知识基础），英文缩写为"CNKI"，网址为"http：//www.cnki.net"。该网站的建设，始于 90 年代中叶。其工程，以实现全社会知识信息资源共享为目标，系国家信息化重点工程，被国家科技部等五部委确定为"国家级重点新产品重中之重"项目。该网站，资料较为丰富齐全，检索方便。检索时，可按标题、关键词、作者姓名、作者单位等多种方式检索，也可几种方式同时使用。到该网站检索资料和阅读资料梗概，是免费的；但下载搜索到的资料全文，需要交纳一定费用。交费方式为向代理商购买 CNKI 服务卡。该网站及其资料库，原属清华大学，现已成为相对独立的经济实体，有自己的管理和营销队伍，各地均有营销代理商。

（2）专业性网络数据库

在当今的公用计算机网络上，还有为数众多、随时可供检索的各种专业性数据库。对于教育科研来说，可用的专业性数据库有"教育管理数据库"、"外国教育数据库"（或"比较教育数据库"）、"课程与教材数据库"、"教学法数据库"等。

由于缺乏统一的分类标准，加上人们在给数据库命名时具有一定随意性，公用网络上教育类专业数据库的名称较为复杂，并且不够规范。此外，由于教育类专业数据库的形成和发展历史并不长，加上体制问题，当前教育类专业数据库的信息量还不够大，服务质量还有待提高。尽管如此，我们在检索教育科研所需的资料时，仍然能从专业数据库中搜索到不少有用的资料，甚至能搜索到足够的资料。

以上，我们扼要介绍了两类网络资料库——综合性网络数据库和专业性网络数据库。现在简要介绍一下检索网络数据库文献资料的基本步骤。

检索网络数据库文献资料的基本步骤如下：

（1）确定检索的问题和范围

问题与范围不确定，就无法展开检索活动。已确定的问题和检索范围，也应当具有灵活性。如果找到的参考资料过多，可以将问题改小一些或缩小检索范围；反之，如果找到的材料太少，则可以将问题改大一些或扩大检索范围。

（2）选择要检索的资料库

同样的查询需求，可能会有两个或多个资料库可以查询。选择资料库时，应当考虑资料的权威性、全面性、新颖性，还应当考虑要花费多少时间。如果时间、精力允许，可以检索两个或更多资料库，以便将不同来源的资料加以对照。

（3）选择检索用主字码

主字码是用来告诉计算机要查找的内容的。最常用的检索主字码，是反映所需资料内容的关键词。比如，要检索有关作文教学的研究材料，可选择"作文教学"一词为检索用主字码。显然，关键词主字码不能随意确定，必须选用那些最关键最有代表性的词或短语。此外，如果需要并且可能，也可选用书名、论文题目、作者姓名等为检索主字码。

（4）筛选资料

选定主字码展开检索后，计算机在显示资料目录的同时，通常也显示有关资料的数目或大概数目。如果数目较大，应该缩小索取范围。可以通过调整主字码或限定文献时间的方法，缩小资料范围，达到筛选目的。

（5）保存检索到的文献资料

可通过拷贝、打印等方式将所需文献保存下来。

2. 网络大众搜索引擎的利用

上文介绍了网络资料库及其使用方法。网络资料库的建设，需要时间，需要大量的财力、人力；而网络资料库的维护、更新和营运，对人力与财力的要求更高。为此，人们想出了一个较为快捷、经济、方便的替代方法：编写网络资料搜索软件，建立来自各网站的网页数据的索引，为使用者检索网络上浩如烟海的资料信息提供方便。于是，网络大众搜索引擎诞生了。称之为"大众"搜索引擎，是因为这类搜索引擎以普通百姓为服务对象，没有专业限制，并且常常被人们用于日常生活。

网络上的大众搜索引擎有两种：一种是专门性搜索引擎。这类搜索引擎，是专门提供搜索服务的搜索引擎专业网站的搜索引擎。这类搜索引擎，以百度搜索引擎、Google 搜索引擎最为著名。另一种是附设性搜索引擎。这类搜索引擎，是普通网站（通常是大型或较大型网站）附设的信息搜索工具。我国三大门户网站新浪、网易、搜狐，均有附设搜索引擎，而"SOSO 搜搜"则是腾讯网站自设的大众搜索引擎。

利用大众搜索引擎检索文献资料时，应先打开搜索引擎主网页，再在条形输入框内输入检索主字码，最后点击"搜索"按钮。

世界最著名的网络搜索引擎，是 Google 搜索引擎，其中文网站网址为"http：//www. google. com/intl/zh‐CN"。遗憾的是，Google 公司由于不满中国对互联网有害信息的严格管控而退出中国大陆，只保留了香港网站(网址为"http：//www. google. com. hk")。如今,中国最著名的网络搜索引擎是百度搜索引擎,其网站网址为"http：//www. baidu. com"。要说明的是,这两个网站都是更新速度较快、信息量极大的商业网站,其信息的筛选和排列,有时与商业化营运有关。

由大众搜索引擎检索得来的资料信息,往往非常庞杂,其中常夹杂不少令人生厌的垃圾信息。不过,由于免费,并且方便快捷,在教育研究中,人们还是常常使用大众搜索引擎。

(二) 利用 CD－ROM 检索信息

CD－ROM,即只读型光盘。一只普通光盘,能储存 600 多兆个字符(1 兆等于 102.4 万个汉字,1 个汉字相当于两个字符)。光盘储存量大,成本低下,携带方便,常用来作为信息载体。随着科技的进步,光盘的储存量得到大幅提升。如今,一只单面单层的 DVD 光盘,其信息储存达到原普通光盘的 7 倍左右,且读取信息的速度大幅提升。而双面双层的 DVD 光盘,其信息储存量则达到单面单层 DVD 光盘的 4 倍左右。

不同的资料性 CD－ROM,其检索、查阅方法不尽相同。具体方法应参见随盘说明书。

目前,我国正式出版的教育类资料性 CD－ROM 并不多见。相信不久的将来,此类光盘会逐渐多起来。

第二节　文献的阅读、整理与利用

搜索、查阅文献资料,是为了利用。为了更好地利用,多数情况下应该先对所获资料进行整理。整理前,应先进行阅读。

一、文献的阅读

文献搜索工作完成后,要根据需要对文献进行阅读。阅读时,既要进行全面浏览,又要有重点地阅读。

为了提高阅读的效率,并为下一步的整理工作打基础,阅读时要做好笔记。做笔记的常用方法有:

(一) 做记号

对书中的重点、难点、疑点、精彩处等,可打上直线、浪线、圆圈、疑问号、感叹号等。如果有必要,可用不同颜色的笔做记号。

（二）写批语

可在书刊的空白处，写上自己对某一部分的疑问、见解等。

（三）搞摘录

将文献中的要点和估计今后将要用到的材料，摘记在自己的笔记本上。所记部分，要如同复印一样保持原文的面貌，同时要注明出处，供日后查找、核对或引用。

（四）做提要

即用自己的话，结合原文中的语句，把原文的基本观点、主要内容或独到之处等，概括地记录下来，以备查用。

（五）做札记

做札记，就是掩卷后随时把自己阅读的心得或与所获文献有关的随想等，记录下来，为以后整理成文打基础。做札记时，要注明写作时间。

二、文献的整理

文献整理的基本步骤有：

（一）将文献转化为自己的可读书面材料

有些文献也许只让我们临时阅读，如果有必要，应该将其复制或摘录下来。有些文献是以录音、胶卷、电脑软件等形式保存的，如果可能，应将它们转化为可阅读的书面材料。例如，对录音，应尽可能通过笔录、疏理，将其转为像样的文稿；对胶卷，一般应将其冲印为照片；对电脑软件型文献，如果有必要，可通过打印机将其打印出来。

（二）对文献资料进行分类和排序

分类是管理的重要步骤。分类的过程，也是初步分析的过程。应按文献资料的结构和种属关系，对它们进行分类。为了以后查找、引用方便，分类时应在每类文献前加上说明性标题和简短的类别说明。

完成文献资料的分类后，应按其相互间的逻辑关系，从研究需要出发，将其排序。通过排序，可理顺各类资料的次序，使各类资料在自己的资料库中占有固定而合理的位置，以便查找。如果有必要，还可以给各类文献标上号码。

（三）建立资料索引和内容摘要系统

完成分类和排序后，要把序列记录下来，形成资料索引。在索引中，要将每一类别、每一文献的主题注上。建资料索引时，如有困难，可请图书馆管理人员帮助和指导。

41

如果有时间,有必要,还应进一步为每一文献建立一个基本内容摘要。索引与摘要可建立为一个统一的系统。可借鉴传统的图书馆索引体系,用卡片建立这一系统。

当然,文献整理工作,可以借助于计算机来完成;由此形成的资料、资料索引和内容摘要等,均可以以计算机文本形式保存。

三、文献的研究与利用

(一)文献的研究

对搜集的文献资料,要运用理论思维方法进行研究。研究时应视材料的类型与研究目的,采用分析与综合、比较与归纳、抽象与概括、演绎与具体化等方法,力求去粗取精,去伪存真,揭示出事物的本质。研究时,应尽可能采用定量研究与定性研究相结合的方法。

在收集来的文献资料中,往往有着相互矛盾的说法。这是一种正常现象。文献资料研究的一项重要内容,就是辨别真伪,区分正误。必须通过认真细致的审鉴、甄别、校勘,舍去伪材料或伪数据,留下比较可靠的材料与数据。

真伪辨别,大体包括版本真伪的辨别、作者真伪的辨别、文献内容真伪的辨别等三种类型。辨别文献内容的真伪,通常有四种方法:其一,作者研究法。掌握文献作者的生平、立场、思想观念、写作风格等,是深刻理解文献内容并且判断作者能否客观记叙事实、公正评价事实的重要条件。其二,文史对照法。要把文献所叙述的内容,与当时的政治、文化背景联系起来考察,二者一致性越强,真实性则越可靠,二者越不一致,则越不可靠。其三,文物对照法。如果有条件,要尽可能用真实可靠的文物,印证文献中的文字与图片。如果一致,文献所述则为真;反之,则有伪。其四,文字互证法。把记叙同一内容的不同文献对照起来阅读,是考察其真实性的常用手段。在不同的文献中,对同一事物的记载比较一致,则文献所述真实性较强;如果不一致,就需要对不一致的地方进行甄别,看看哪一种说法比较真实(当然也可能两种或几种说法均不真实)。

对于比较正规的教育科研或者较大研究课题来说,完成文献资料的阅读、整理和研究后,还要撰写文献资料综述。作文献综述,也就是在对文献进行整理、阅读、思考、分析、综合、概括基础上,用自己的语言将与研究课题有关的文献内容叙述出来,在叙述的同时可以根据需要进行评论。

42　　文献综述有两种类型,一种是叙述性文献综述,另一种是述评性文献综述。在作叙述性文献综述时，可以根据需要进行必要的组织和构思，但观点、数据等必须忠实于原文，文中不能加进综述者自己的观点，更不能修改数据。在作述评性文献综述时，虽可以加进综述者自己的观点，但综述者观点所占的篇幅不能过大，同时要将综述者的观点独立开来，放在最后，让读者一眼就能看出哪些是文献中的观点，哪些是综述者的观点。

（二）文献的利用

搜集、阅读、整理文献资料的目的在于利用。文献资料的利用，大体包括以下几方面：

1. 了解已有的思想观点，使自己的研究起点更高

比如，要研究新形势下的"全面发展教育"或"创造教育"，首先应当了解在不同的历史时期，对"全面发展教育"或"创造教育"的含义和意义，有哪些具有代表意义的论述。了解已有的有关思想观点，能开拓我们的视野，使我们的起点站得更高。显然，如果对已有的思想观点不了解，闭目塞听，就难以提高自己的研究水平。

2. 获取有关材料或数据，用于自己的课题研究

比如，要研究教学改革与智商发展的关系，则有必要查阅文献资料，了解一下"智商"是怎样出现、怎样定义和怎样计算的，智力测验是怎样进行的，智商的数值分布有什么规律，超常儿童与低常儿童是怎样划分的，他们各占多大比例，等等。

3. 熟悉已有的同类研究，在研究方法上受到启发

比如，要将自己的某种小学语文教学方法或某种新小学数学教材投入实验，至少应当了解一下我国文革后已有小学语文教法实验或小学数学教材实验中的几个有代表性的同类实验，看看这些实验在选题、实验设计、无关因素的控制、实验结果的测定等方面，有哪些经验和教训。这有助于提高实验水平，防止重复他人走过的弯路。

4. 在反映自己研究成果的书面材料中引用文献资料，使自己的研究成果更为充实，持之有据

引用时，最好要引用公开出版的或虽未公开出版，但具有相当权威性的文献资料。这里要强调，有些文献资料虽未公开或正式出版，但具有权威性（如中央或地方档案部门的档案、地方志、当事人日记、各级政府所属统计部门的统计资料等等），这样的文献资料仍然可以引用。

引用文献资料时，要注明出处。直接引用文献的原文时，要用引号将原文引上。如果是正式发表的论文、报道等文章类文献资料，应依次注明

作者姓名、文章名称、刊物名称、发表时间(杂志可注明年份和期数)。如果是正式出版的书籍,应注明作者或主编者姓名、书名、页码、出版社名、出版年份及版次。如果是具有一定权威性的非正式出版物,应注明所引用的是什么部门或什么人的什么资料,并注明文献形成的日期和文献来源。

如果是在文章中引用文献资料,可采用尾注形式注明出处。如果是在专著等书籍中引用文献资料,应采用脚注形式注明出处。无论是脚注还是尾注,都要标上注码。注码一般由小圆圈内加阿拉伯数字组成。注码要放在被注词句最后一个字的右上方。页底的脚注或文末的尾注,注码都要依次排列。

引用文献资料时,有时会出现外国人名。第一次出现翻译过来的人名时,应在中文人名的后面用括号注上原文献上的外文姓名。

【巩固与思考】

1. 什么是文献?文献包括哪些类型?
2. 搜索文献有哪两种基本思路?
3. 阅读文献时,做笔记的常用方法有哪些?
4. 文献整理的基本步骤有哪些?
5. 研究者可以在哪些方面利用文献资料?

【应用与实践】

1. 在了解所在学校图书馆的书目索引系统基础上,写一篇述评性短文,题为《我校图书馆的索引系统》。
2. 上网打开"中国知网"主页,观察、研究其索引结构,并分别尝试以"阅读教学"、"应用题教学"、"英语教学法"为关键词,搜索参考文献。

第四章　研究过程的设计

当我们已经确定了研究的问题并且完成了一些文件资料的准备以后,接下来就要进行研究的设计了。

第一节　教育研究设计的意义

一、教育研究设计

什么是教育研究设计? 简单地说,教育研究设计就是引导教育研究进行的计划或策略。

作为一种计划,在研究设计中要确定研究的目的、内容,考虑怎样确定研究的对象,如何选择研究方法和研究的材料、工具,又怎样收集分析数据,以及研究队伍如何组织,先研究什么,后研究什么等等。作为一种研究策略,在研究设计中要考虑,每一研究阶段的技术路线,怎样保证研究的有效性和可靠性,保证研究获得有用的结果,通过研究设计,来控制差异。例如,我们研究某种教学方法对小学生数学学习成绩的影响。我们测查了 3 个班 120 名学生的数学成绩,得到了不同的分数,这些分数的分布存在差异,但这些分数的差异,都是由于教学方法不同而产生的吗? 这些分数的差异可能和不同的教学方法有关,可能和学生的学习能力有关,可能和学生原有的知识基础有关,可能和学生在数学学习上投入的时间和精力有关,也可能和不同素质的教师有关等等。而我们这项研究所关心的是教学方法对数学学习成绩的影响,为了能很好地解释研究的结论,就要通过研究设计,采用一些控制差异的方法,削弱或降低影响学生学习成绩的教学方法以外的其他因素。

我们可以从以下几方面考虑教育研究设计的科学性,即是否有清楚的研究问题? 所用的方法是否适合回答研究问题并排除其他可能答案? 该研究是否借鉴了以前的研究成果? 是否有理论基础? 收集数据是否根据当地的情况并得到系统的分析? 研究过程是否得到清楚描述以供检验批评？回答是肯定的研究设计质量就比较高。

二、定量研究设计和定性研究设计

不同的研究题目，研究设计的程序和繁简也不完全一样。一般讲定量研究，研究设计更具结构性，在研究设计中十分重视控制差异，从而能保证研究的成功和对研究结论的解释。而定性研究一般不对研究的情境进行操纵或干预，研究设计也比较灵活，主要是根据研究中进行的活动和任务 制定研究工作的计划。例如对后进生的辍学问题，进行定性研究，在研究设计中就要明确研究的主题或选择的研究方向，确定参与研究的学校，采用什么方法收集资料，什么时候收集资料，对辍学问题的基本估计，以及资料如何归并整理、分析与解释等等。多种定性研究方法与定量的、对比的研究方法相结合使用，往往会使研究结果更有说服力。

对于一个特定的研究设计往往依赖于特定的研究目的和条件。对于特定的研究来说，研究设计也应该明确而具体。在实际研究工作中研究设计和课题论证常常交叉进行。本书第二章中介绍的论证报告中进一步要展开的就是本章的研究设计了。

第二节　教育研究设计的过程

教育研究设计的过程主要包括：明晰问题、分析研究变量、确定研究对象、选择研究方法等，然后在这基础上形成研究计划。

一、明晰问题

我们在选择研究课题时已确定了基本的研究问题，研究问题决定了研究的设计。接着我们还需要进一步明确和梳理问题。教育研究的问题一般可以归纳为相互关联的三类形式，即描述性问题、因果性问题、过程或机制性问题。

描述性问题，是指正在发生什么？可以估测研究总体的特点，如全国学龄残疾儿童接受义务教育情况、成绩水平、辍学率等，需要进行调查研究；可以描述简单的关系，如学生的数学成绩和他们的教师在大学学习专业关系的描述；可以描述局部的教育环境，如针对某农民工子弟学校学生成绩优异的个案描述等。

因果性问题，是为了探讨系统性作用，试图确立一个因果关系。如教学策略对学生学习效果的影响。这种问题研究往往要通过比较,努力排除对观察的关系的其他可能解释。

过程性或机制性问题,是指为什么发生? 或怎么发生? 如小班化是否可提高学生成绩? 这就要研究减少学生人数后是通过什么样的机制影响学生成绩的。可以进行教学行为与学生成绩的相关研究。在探讨机制的过程中,理论基础往往显得很重要。

二、分析研究变量

研究问题的本身常提供研究的大致方向和范围,但要具体表述研究的问题和研究过程时就要用到变量等概念。在研究中,特别是定量研究中,影响因素往往都用变量的形式表现出来。变量就是变化着的量,在研究中,变量一般指不同的个体具有不同价值或条件的特征。教育研究就是通过调查、测试、实验等方法来揭示变量间的关系。

(一) 变量的关系和类型

在教育研究中,变量间有不同的关系,变量可以从不同角度分类,主要有以下几种类型。

1. 因果变量和相关变量

这是根据变量间关系的性质来划分的。所谓因果变量是指一种变量的变化直接导致了另一种变量的变化。如将教学方法和学生成绩看作两个变量,这两个变量就是因果变量。其中主动变化的变量称为自变量,如在研究中研究者主动变革的教学内容、教学方法等。由自变量的变化引起变化的变量,称为因变量。如由教学方法变化而引起变化的学生成绩就是因变量。在研究中自变量和因变量都可能是一个或多个。

相关变量比较复杂,相关变量中有可能包含暂时未认识的因果变量。如将学生的生物成绩和化学成绩看作两个变量,这两个变量就是相关变量。相关变量的关系中有三种情况。如果两变量的变动方向相同,即一变量变化时,另一变量同时发生或大或小与前一变量相同方向的变动,这种相关被称做正相关,如学生努力程度和学习成绩的相关就是正相关。第二种是负相关,即一变量变动时,另一变量发生或大或小与前一变量方向相反的变动,如打字练习次数越多,出现错误就越小。第三种相关是 0 相关,就是一变量变动时,另一变量做无规则变动,如学习成绩和体重间的关系。

2. 主体变量与客体变量

这是以研究对象为主体划分的。主体变量指存在于研究对象主体上的各种变量,如性格、受教育水平、态度等。客体变量指存在于研究对象主体以外的各种变量,如父母教养的水平、教师对学生的态度等。

3. 研究变量与无关变量

这是根据变量能否成为一特定研究所要操作的对象来划分的。研究变量指特定的研究中要操作的变量。无关变量是与某特定研究目标无关,但对研究结果有可能有影响的变量。例如,我们研究两种不同教学方法对学生成绩的影响,在这项研究中,研究方法与学生成绩都是研究变量,因为本项研究是在于弄清楚教学方法对学生成绩的影响,因此教师的水平、学生先前的基础、学校的环境等其他因素在这项研究中都是无关变量。

变量还可有其他分类,如根据研究能否直接对变量进行测量划分为直接测量变量和间接测量变量,根据变量能否由研究者主动操作而划分为操作性变量和非操作性变量等。需要说明的是,以上变量的分类是按不同标准进行的,它们是相互交叉的。

(二)研究变量的考察和选择

在研究中要根据研究目的确定研究变量,并考虑变量的性质、特点和数目。下面我们以探讨变量间的因果关系为例说明。

在研究中往往有多个自变量,例如将学生成绩作为因变量,教材、教学方法、教学设备条件、教学评估、教学时间等都会影响学生成绩。如果将这些因素和条件都看作自变量,都加以改进,综合作用可能会很快地提高学生成绩,但从研究角度看,诸多自变量就难以辨别哪一个因素起主要作用,而且自变量多了也会给研究设计带来困难。最好全面分析影响学生成绩的若干因素,不要疏漏,并逐个地考察每一个认定的自变量所起的作用,找出关键成分,再进一步分析各因素优化组合的问题。

在研究中,自变量的变化引起相应变化的量很多,如教学方法作为自变量变化后,可能会引起学生成绩的变化、学生学习兴趣的变化、学生能力的变化,引起师生关系的变化等等,我们要根据研究目的,确定那些感兴趣的因变量。

在研究中,如果对无关变量不加以控制或消除,就无法解释因变量变化的根本原因,所以在选择研究变量时,必须辨明无关变量,考虑哪些无关变量可能对研究结果有影响,并通过研究设计,在研究过程中加以控制。例如我们为了研究三种教学方法对学生成绩的影响,我们可以根据学生的能力水平,将他们随机地分配到三个班,以控制学生原有能力水平对他们学习成绩的影响,这三个班的学生可以选自同一学校,以避免不同学校的教育环境对学生成绩的影响(当然今后推广研究成果时,要考虑它的外在效度),而且要求每一位教师都用三种方法教学,严格操纵自变量,控制因教师自身素质的不同给教学方法带来的影响。

(三) 变量的测量和变量的指标

在确定了变量后,进一步要考虑的是变量的测量水平及变量的指标。对于不同的研究变量,其测量水平可能是不同的,考虑变量的测量水平,应将变量自身的性质、可以选用的测量工具的性质和拟采用的分析数据的统计方法结合起来。

研究变量常可以用多个研究指标来代表。研究变量的测量水平实质上是研究指标的测量水平。研究指标是由研究变量分解得到的。例如我们将学生思维能力作为教学方法这个自变量的一个因变量,就要进一步考虑测量思维能力的若干指标,如我们将思维的流畅性、敏捷性、独创性、精细性等作为指标,对思维能力的测量实际上就是对这些指标的测量。

在教育研究中,研究变量或指标往往要有操作性定义,所谓操作性定义就是关于如何或用什么办法测量变量及指标的描述。例如思维能力是一个变量,但如没有操作性定义,就无法测量。一个变量在不同的研究中可能有不同的操作定义。例如在有的研究中,将智力测验中某些项目的得分作为思维能力的操作性定义,而在另一些研究中却会有其他定义方式。不同的操作性定义会影响对研究结果的解释。操作性定义有利于提高研究的客观性、可比性和可解释性,并保证研究可以重复。

三、确定研究对象

在教育研究中,我们研究的对象往往是数以万计的学生,范围十分广泛,在很多情况下,我们不可能逐一地研究,只能从中选择一部分。为了揭示教育的规律,就要求选取的研究对象,有一定的代表性,才能保证研究结果的可靠,因此确定研究对象是研究设计中十分重要的一个环节。

(一) 总体和样本

总体就是研究对象的全体。研究的目的决定了研究总体的内涵和外延。总体的外延也就是将来研究成果推广的范围。例如,我们研究一年级小学生行为习惯的现状和特点,研究的总体就只能是一年级小学生的

49

全体。一年级的小学生数以万计,我们没有时间、精力和物力、财力对他们逐一研究,也没有必要这样做,因此就要在他们中间选择研究对象。

样本,就是从总体中抽取的、对总体有一定代表性的一部分个体。样本中所包含的个体的数量称为样本容量。

(二)取样及取样的基本要求

取样,是遵循一定的规则,从总体中抽取样本的过程。例如我们从数以万计的一年级小学生中按照一定的规则抽取 100 名学生,这个过程叫取样。取样有以下基本要求:

1. 代表性

抽取的样本要尽可能代表总体,只有样本具有代表性,才能由样本特征推断总体特征。为了使样本具有代表性,在定量研究中,取样以概率论的大数定律作为理论基础,一般按随机原则取样,使每个个体都有机会选入样本中,从而尽可能使样本保持和总体有相同的结构。在定性研究中采用有目的取样,并在逻辑的基础上讨论其代表性。

2. 合理的样本容量

一般讲,样本容量大,使样本更具代表性,也会提高统计精确度。但样本容量大,耗费人力、财力多,花费时间多,有时也会影响收集材料数据的质量和统计的及时性。所以确定样本容量,要从研究的类型、预定分析的精确程度、允许误差大小、总体的同质性、取样的方法,以及人力、物力、时间等方面综合考虑。在研究中,如果要求精确度高,允许的误差值小,总体的异质性很大,许多未控制因素会混淆研究结果,或研究的因变量在测量上信度较低,就要考虑使用较大样本。

从统计的角度计算样本容量较为复杂,长期的研究经验提供了以下一些取样的参考值。

描述研究、调查研究:样本容量可为总体的 10%,如总体小,抽样比率再高些,调查研究的样本容量一般不能少于 100。

相关、比较研究的满意样本每组至少 30。

实验研究:条件控制较严密的研究,如心理学实验,每组有 15 个左右实验对象且样本总容量为 60 左右可能较充分;条件控制不严密的教育实验,一般以教学班为单位,每班不少于 30 人。

一般来说,定性研究样本容量较小,样本容量大小由信息的需要定。

3. 防止抽样偏差,减少抽样误差

在抽样中,样本未能代表它要代表的总体,就出现了抽样偏差。如果我们使用了非随机抽样，或者随机抽样使用的总体源有偏差时，抽样偏差就会发生。

例如，为了测查某地区 10 所小学五年级 50 个班学生数学成绩，从每个学校选出 1 个班，每班 30 人，这样就取出了容量为 300 的样本，但由于每个学校选出的都是高能力的班，因此测试的平均分 94 分就不能代表五年级 50 个班学生的总体了。这个样本就是有偏差的样本。

如果我们利用的是有偏差的抽样源，即使是随机抽样，也会发生偏差。例如 1936 年《文摘》上的一项民意调查，该调查预告阿尔夫·兰登将在总统选举中获胜，而富兰克林·罗斯福将落选。抽样过程是随机的，但样本却主要从电话册和汽车登记册中选择的。在 1936 年这些册子对投票总体来说是没有代表性的。

在问卷调查中，由于问卷无应答可能也会引起抽样偏差。即使最初的样本是随机选择的，由于回答者可以对问卷中问题回答或不回答，他们在本质上说是自我选择而进入样本的，因此回答者可能会成为有偏差的抽样源。从而导致由应答者组成的样本对总体不再具有代表性。

由于随机波动的原因，会产生变动的抽样误差。抽样误差是指样本的指标数值与总体的指标数值之间存在的离差。例如，我们从总体容量为 1675 的五年级学生中选出容量为 150 的随机样本，进行数学成绩测试，测试平均成绩为 87.2 分，但我们不能说总体平均成绩就是 87.2 分，它们之间存在误差。只能说总体平均分在 87.2 分左右。抽样误差越小，说明样本更具有代表性，因此要分析影响误差的大小因素。某种统计量如平均数、标准差、相关系数的计算和各种不同的显著性检验，如 Z 检验、t 检验、X^2 检验等都有各自标准来估计样本可能产生的误差，要努力使误差控制在最低程度。

（三）取样的基本方法

取样一般有两类方法，一类是随机取样，一类是有目的取样。取样的方法多种多样，要根据研究目的、研究总体的特征和条件灵活运用。

1. 随机取样

（1）简单随机取样

简单随机取样是直接从总体所有个体中随机抽取样本的方法。总体各个体被选到的概率相等。这种方法简便易行，在总体异值性不很大且所取样本较小时常采用这方法，但当样本规模小时，选取样本的代表性较差。简单随机取样常采用抽签的方式，将总体的每个观测个体单位依次编上号码并做成签,将他们混合均匀,每次从中抽取一个,记下号码,然后把抽取的签再放回,再次混合均匀,从中抽取,如此反复,直到取够样本所需数目。

(2) 系统随机取样

系统随机取样是直接从总体的所有个体单位中按一定间隔抽取预定的单位个体作为样本的方法。例如从 1 000 名学生中抽取 100 人作为样本,先将这 1 000 个学生编号,然后计算抽样间隔 $K=N/n=1\,000/100=10$(k 为抽样间隔,N 为总体的个体单位数,n 为样本数),按学生编号从 1 到 10 中随机选出第一个样本单位,譬如该号码为 4,然后作等距抽样,4,14,24,……直到选够 100 为止。系统随机抽样,是在总体的整个范围内有系统地抽取样本,因此与简单随机取样比较,抽样误差要小一些。但如总体存在周期性变化,如男生是单号,女生是双号,就有可能出现样本的系统误差,造成抽取的样本只有一个性别。

(3) 分层随机取样

当研究的总体由不同性质的几部分组成,为了使抽取的样本能反映总体的结构特征,可按总体各单位属性特征,将总体分成若干层次或类别,然后再根据事先确定的样本大小及其各层或各类在总体中所占比例抽取一定数目样本单位,这就是分层随机取样。例如对某校 300 名五年级学生英语口语能力进行调查,拟取 50 名学生作为样本,采用分层随机取样,其步骤是:① 了解总体中各特征差别,按特征差异分层,例如按学生平时英语口语成绩,将学生分三类:优(60 人)、良(120 人)、中(90人)、差(30 人);② 计算抽取学生在总体中所占比例,在本例中即是 50:300;③ 按比例从各类别对象中随机抽取样本,如在优等组中抽取 60×50/300=10(人),在良等组中抽取 120×50/300=20(人),在中等组中抽取 90×50/300=15(人),在差等组中抽取 30×50/300=5(人),从而组成 50 人样本组。分层随机抽样兼顾了总体的不同类型或层次的单位个体,因此样本更具代表性。

(4) 整群随机取样

这种抽样方法是将一个个群体如学校或班级编号,然后用前面介绍的几种抽样方法抽取样本,这里抽取的样本是以群体如学校或班级为单位的。一旦一个群体被选为样本,群体内所有个体都包含在样本中。在教育研究中,有时要打乱原教学单位,如打乱学校或班级是困难的,这时就需要运用整群随机取样。整群随机取样获得的样本,由于样本分布不均匀,如存在性别、智力水平、学习成绩等差异,一般说,代表性不如个别取样,在统计推论上也有一定缺陷。在运用整群随机取样时,常与分层随机取样结合,例如,先按一定标准将全市所有小学分成几个类别,如市重点小学、区重点小学、一般小学、薄弱学校,然后再从每部分学校中抽取若干学校组成整群抽样样本。

2. 有目的取样

随机抽取样本虽然是教育研究中主要的抽样方法,但也不适合所有教育研究情境,譬如我们研究特殊儿童的学习特点,就必须以特殊儿童作为抽样对象,而不能对所有儿童随机取样。有的定性研究在选择样本时,也不宜用随机取样,因为这些研究关心的是具体情况的叙述,而不是结果的归纳推广。而且在实际工作中随机取样有时也会行不通。例如我们现在要在毕业班随机抽取样本就会遇到种种困难,这时就要用到有目的取样。有目的取样和随机取样不同,随机取样强调选择样本对总体的代表性,这样才能通过对样本的研究推论总体。而有目的取样,选取的样本关键是能提供丰富的研究信息,它并没有假设总体中的个体都是对等的。当采用有目的取样时,代表性就不能在概率基础上讨论,而是要在逻辑的基础上讨论。如果要推广研究结论,也要根据研究具体情况,讨论研究结果的推广范围。

(1) 全面取样

这种取样方法是样本中包含了总体中所有个体单位的取样。例如,在一个学校内调查残疾儿童随班就读的情况,该校 4 名随班就读的儿童都被包含在内,作为样本。

(2) 配额取样

这种取样方法是对总体中个体单位的选择,以使特征差异最大。例如,对有外地打工子女就读学校学生人际关系的调查,可以将户口所在地的男生、户口所在地的女生、外地打工家庭的男生、外地打工家庭的女生作为关键信息提供者,予以数字上的分配,而进行访谈。

(3) 极端个案取样

这种取样方法涉及到对总体中有显著特征个体单位的选择。从本质上说,选两头的极端个案取样是配额取样的一种特殊情况。例如,对示范学校的研究常用到极端个案取样。选择这些学校是因为按照特殊的标准看,他们是成功的。对一所示范学校的研究可能会涉及到一所或更多所其他学校,这些学校若按示范学校标准看是不成功的。通过学校间的比较,以确定与一所示范学校相关的特征,如风气、特色、校本研究的情况等。

（4）典型个案取样

典型个案取样与极端个案取样相比,走的是"中间道路",所选择的总体中的个体单位被认为是所研究现象的典型。如在有关一个地区学校办学水平的研究中,选择的学校既非最好也非最差,而是典型的学校。

（5）同质取样

在研究中当我们关注总体中某一特殊的亚群体时,就会用到同质取样了。例如,在一次教学实践的研究中,特别关注初上任的教师,这就是教师群体中的一个同质群体,要采用同质取样了。

有目的的取样还有其他变式,不再一一列举。总的来说,有目的取样是为了要在样本中获取更多的信息。

四、选择研究方法

在研究设计中,选择研究方法是十分重要的一环。研究方法选择得当与否,直接影响研究的水平和质量。在现实中,小学教育研究工作者比较多的是运用经验总结的方法和思辨的方法,虽然研究的结论对小学教育改革也起到一定的积极作用,但由于缺少必要的理论研究分析和周密的实证基础,缺少对研究方法恰当的定性、定量和综合的运用,在一定程度上也影响了研究的科学水平和研究质量。在研究方法的设计中一般要考虑以下几点。

（一）选择研究方法的主要依据

根据研究的类型,确定了主要的研究方法后,还要根据研究的需要进一步明确具体的研究方法或方式。如调查研究方法中有问卷调查法、访谈调查法等;实验研究则有不相等控制组前后测设计、实施后测实验设计……在研究中选用哪些具体方法方式为好,在设计中应予考虑。选择研究方法一般依据以下几点:

1. 研究的目的

例如我们调查小学生学习的现状,研究目的主要是调查小学生学习的情感、态度等方面,采用的研究方法,最好是观察法、谈话法等,如果调查的目的是为了了解学生对学习的认识、学习的观念等方面可以用问卷法,如果是为了调查小学生知识技能掌握情况则可以用测验法。

2. 研究对象的特点

同样是调查小学生学习现状,如果调查对象是智力落后儿童,就适宜用观察法而不是问卷法,如是听力残疾儿童适宜用观察法、问卷法,而不宜用访谈法等等。

3. 研究信度、效度的要求

不同的研究方式方法的研究信度效度也不一样。譬如现场教学实验由于一些无关变量难以控制，研究信度不够高，但现场教学实验，接近教学实际，研究结果便于推广，它的效度比较好。再如一些量化研究方法，研究者关心的是资料搜集的人和时间如果有了差异，结果是否一致的问题，而不是搜集的资料是否正确，是否是解决问题所必要。在研究中往往信度重于效度，没有信度也就没有了效度。因此选择研究方法时要考虑本项研究对研究信度和效度的具体要求。

4. 研究的主客观条件

选择研究方法也要考虑主客观条件。例如我们为了提高样本的代表性，扩大样本量，这样抽样误差是减小了，但由于样本量扩大，人力、物力、时间耗费也多了，是否具备这些条件；另外由于样本数增多，工作量加大，会不会出现"过失误差"。在研究中为了使研究结果更具说服力，有时可以采用一些高级的统计分析方法，如多元回归分析、因素分析等等，这固然很好，但这不仅需要有相应的计算机软件，还要看已收集数据的水平，以及研究者统计分析的能力。

（二）确定研究中采用的主要方法

在各种各样教育研究方法中，不存在谁是最优的方法，各种研究方法有各自的特点和不同的适用条件和范围。在课题及其研究内容确定后，要根据课题性质确定研究类型，选择研究的主要方法。如是现状研究，研究方法主要是运用"调查法"、"观察法"、"测量法"等等；如是相关关系研究，主要运用"调查法"、"测量法"、"理论研究法"、"统计分析法"等方法；如是因果关系研究，则主要运用"实验法"、"统计分析法"、"理论研究法"等等。

（三）综合运用各种研究方法

一项研究往往要用多种研究方法，特别是那些综合性的、难度较大的课题更是如此。在研究中要恰当运用各种研究方法，把握它们的内在联系，进行优化组合。例如我们研究如何提高某班语文学习成绩，我们要运用观察法了解师生在课堂上的相互作用情况，要运用问卷法、访谈法了解教师、学生对语文教学的各种看法和意见，要运用资料分析的方法，分析该班过去语文教学中的材料，必要时还要运用实验法去探索语文教学的规律等等，只有这样，我们的研究才能卓有成效。在研究中应特别重视理论研究和实证研究的结合，定性定量研究的结合。任何一项研究都离不开理论的指导,理论研究能帮助我们更好地明确研究的假设,构建研究的具体框架,理论又能帮助我们在搜集的信息数据上进行概括和提高,揭示教育的规律。但理论需要实证材料的支撑,否则就显得苍白无力,说服力不强。同样定量研究虽然给人以精确、严密、简约、有说服力的感觉,但定量研究往往把教育看作只有输入输出两端的暗箱,把教育看作孤立的实体,再加上测量工具不完善,以及教育上一些现象难以量化等原因,如果没有定性研究分析相配合,也会影响研究的科学程度。

五、研究材料和工具的准备

在研究设计中,还包括研究材料和工具的准备,特别在研究变量和观测指标确定后怎么测量? 用什么材料和工具测量? 应进行设计。研究材料和工具主要来自两个方面,一是采用社会上已有的现成的材料和工具,如各种测验、量表、评定表、仪器、工具等等。选用这些现成的材料和工具,一定要注意它们的使用背景和条件,在什么样的范围里可以运用。二是自制研究的材料工具,如自编问卷、测验,设计统计图表,制作图形、工具等等。自制时,应考虑研究的目的、研究对象的特点,自制的材料工具应达到一定的信度和效度的要求,保证材料、工具的科学性、适宜性。

第三节 教育研究计划

研究计划是在研究设计的基础上,对研究过程的全面规划,对研究的各项主要工作进行合理安排。

一、研究计划的基本内容

研究计划的基本内容和课题立项报告中相关内容是一致的,只是在研究计划中要更具体、更有操作性,特别是研究的思路、研究的方法步骤要在前面研究设计的基础上详细陈述。研究计划一般包括以下几方面:

(一)研究的目的意义

研究的目的就是研究中要解决什么问题,问题要明确,不带主观好恶。研究目的往往决定了我们要研究的内容,也制约研究方法的选择。对于教育实验等研究在明确研究目的后,还应进一步说明研究的假设。所谓研究假设就是研究者根据有关理论、经验和收集的资料运用自己的想象力、创造力,对所研究事物的本质和规律提出某些初步设想。它同研究问题的不同之处是,研究假设指出研究问题可能的结果及变量间关系的性质、作用程度。研究假设一般用陈述句表述。例如我们研究的问题是"伙伴帮助对学生学习的影响",通过理论构思,可以提出如下假设:① 伙伴帮助有利于提高学生学习的认知水平;② 伙伴帮助有利于提高学生学习的兴趣;③ 伙伴帮助有利于提高学生在学习中的交流能力等等。有了研究假设,研究就更加明确具体。对于一些定性研究往往没有预设的理论或假设,然而研究者凭借自己的背景或经历可以预见一些问题,形成工作假设。

研究的意义就是指课题研究的理论意义、实践意义,该课题的研究对于推动教育改革、提高教育质量的作用。为了说清楚研究的意义,就要介绍与该课题有关的国内外研究现状和发展趋势,以往研究中存在的问题,以及本课题预计在哪些方面有所突破。

（二）研究的内容

任何研究问题都有一定的内部结构,要将内容结构分析清楚,明确内容的层次网络。同一个问题由于研究者研究的目的和角度不一样,研究的内容和范围也不完全一样,要在研究计划中给予具体界定。应明确研究内容具体有哪几个方面,研究内容的重点和难点是什么。如果是比较大的课题,往往还要根据研究内容结构,划分为若干个子课题,例如"提高小学教师素质的研究"就可以划分为以下几个子课题进行研究:① 小学教师素质的现状调查研究;② 21 世纪我国小学教师素质的预测研究;③ 提高小学教师素质的方法途径的研究等等。

（三）研究方法与步骤

该部分是研究计划的重点,应在前面研究设计的基础上,说明研究的总的逻辑思路,如何选择研究对象,具体的研究方式方法,研究中的变量与观测指标,以及必要的测量工具和材料。如果是实验研究,还应说明如何控制无关变量和操纵自变量。在研究计划中要划分研究的不同阶段,并明确各阶段起始和终止。如果进行定量研究,还应说明如何收集数据,并对数据怎样统计分析。

（四）研究的条件

研究的条件指研究的人力、物力、财力等方面。在计划中应说明研究队伍的组织及其分工,研究所需资料和设备(计算机等),并做研究经费的预算等。

（五）研究成果形式

研究成果形式主要指研究论文、研究报告、专著以及有关的音像制品、教具、学具等等。研究成果又划分为阶段研究成果和最终研究成果。在研究计划中应明确取得各项成果的时间及主要负责人。

二、研究计划的格式

研究计划应包括上述的基本内容。由于研究的类型不一样,研究计划也有一定的差别,一般定量研究的计划更具结构性。至于研究计划的格式并没有统一要求。

【附 案例一】

"IEA科学教育成就评价"抽样方法(摘要)

一、总体

根据IEA/SISS研究计划规定,为研究各国基础教育中科学教育的状况,特作此抽样研究。研究对象定为三个总体,即10岁、14岁以及高中最后一年的在校学生。

根据我们的实际,只进行对总体二的研究。IEA对总体二的定义为:在测验期间年龄为14岁的所有在校学生。根据我国的具体情况,我们规定总体二的定义为:1984~1985学年度普通中学初中三年级的在校学生。

按此定义,北京市属于该总体要求的学校有864所,共有属该总体的学生133 506人。

二、抽样设计

本研究采用分层抽样法,采用地区与校型相结合的二维分层方法,共分成9层(如表1)。

表1 分层情况表

	市重点校	区(县)重点校	一般学校
城市	1	4	7
县镇	2	5	8
农村	3	6	9

根据这个分层方法,总体分布情况(如表2)。

表 2　总体分布情况表

层	1	2＋3	4	5	6	7	8	9	合计
校数	23	3	22	8	5	329	42	432	864
学生数	5 061	500	4 542	2 142	1 267	65 732	7 011	47 251	133 506

表注：因 2、3 层学校甚少，在抽样时合并。

样本容量的确定，考虑北京理科教育现状和经费、人力限度，从达到科学评估北京市科学教育成就的要求出发，尽最大努力确定在全市抽取 50 所学校，每校抽取 30 名学生，样本总量为 1 500 人。按此计算，样本标准误差为 0.067SD。

三、抽样方法

采取分层，二阶抽样法

1. 按各层总体人数，确定每层抽取的校数，校数的确定一方面根据层总体人数的多少，另一方面根据研究的需要适当增加了重点校的抽取数量，因此各层间是非比例的。

2. 分层列出学校名单及各校的人数表，采取系统抽样法（如表 3）。

表 3　总体及样本的学生统计表

	总体			设计样本		实际样本	
	校数 S_i	学生数 N_i	校均 N	校数 S_i	学生数 n_i	校数 S_i	学生数 n_i
1	23	5 061	220	6	180	6	180
2	3	500	167	1	30	1	30
4	22	4 542	207	5	150	5	146
5	8	2 142	268	3	90	3	90
6	5	1 267	253	1	30	1	30
7	329	65 732	200	19	570	19	560
8	42	7 011	167	2	60	2	60
9	432	47 251	109	13	390	13	390
总计	864	133 506	155	50	1 500	50	1 486

表注：设计样本为 1 500 人，在实施过程中回收测试工具时有 3 名入样学生材料未收回；在数据处理时，根据 SPSS 有关文件规定有 11 名学生应按缺换值被排除，因此实施样本量、权重及各项统计均按样本量为 1 486 人计算。

3. 从各样本校报送的名单中，每校随机抽取 30 名学生作为样本，通知入样学校及入样学生。

四、权重

由于抽样是非比例的,因此在估计全市有关统计量时,必须分别加权处理。各层权数根据下式计算

$$权重:W_i = (N_i/N) \div (n_i/n) = (N_i \cdot n)/(N \cdot n_i)$$

式中,W_i 为层的权重 $i=1,2,3,\cdots 9$。

N_i 各层总体人数

N 为各层总体人数之和,即总体人数

n_i 为各层的样本量

n 为样本总量

按此公式,求得各层权重(如表4)。

表4　各层权重表

层数	1	2	4	5	6	7	8	9
权数	0.313	0.186	0.346	0.265	0.470	1.306	1.301	1.349

【附　案例二】

青少年科技活动与创造力培养研究设计

一、问题的提出

(略)

二、研究对象与方法

(一)研究对象

××年××市青少年学生小发明、小论文竞赛获一、二等奖的城区郊区学生×名

(二)研究方法

1. 调查法:问卷、座谈、个别谈话

2. 个案法:了解获奖学生的有关情况;了解辅导教师的有关情况

3. 测量法：用比内智力量表对获奖学生进行智力测验

三、研究变量及指标

（一）获奖学生成长的主观因素

1. 智商测定

2. ××年期末考试各科成绩与该班各科平均分比较

3. 获奖学生非智力因素测定：以意志力、志向、纪律为非智力因素指标

4. 获奖学生课外阅读情况调查

（二）获奖学生成长的客观因素

1. 社会环境因素

2. 对各年级学生获奖情况的调查

3. 对辅导教师的调查

4. 对家长文化程度和家长对学生科技活动态度的调查

四、问卷设计

卷一：学生问卷

（注：写明学生调查的项目，同时与指标对应，将问题设计出来。）

卷二：辅导教师问卷

卷三：班主任问卷

五、统计图表设计

（注：共设计 12 个统计图表，其中有 1 个年级分布图。）

六、附件

（一）3 份正式问卷

（二）与学生及教师谈话的提纲

【巩固与思考】

1. 研究设计的目的是什么？

2. 选择研究方法的主要依据是什么？

3. 解释下列术语：

自变量　因变量　无关变量

4. 假定对小学五年级的男生进行身体素质的测试,请确定可能对测试成绩的差异产生影响的变量或因素。

5. 从《教育研究》或其他专业杂志中挑选出一篇研究报告,阅读后,请说明该项研究设计的特点。

【应用与实践】

1. 为了了解全区 10 所小学 2 000 名四年级学生语文学习情况,应怎样抽样?

2. 针对本书第二章"应用与实践"作业中你选定的课题,进行研究设计,并制定研究计划。

第五章　教育观察法

教师在教育教学活动中,或者在教育科学研究过程中需要使用多种方法,其中使用最多、最普遍,也是最重要的是教育观察法。掌握教育观察法的基础知识和基本技能,能够对教育领域里的事物和现象进行科学的观察,是教师的一项必备基本功。

第一节　教育观察的意义与要求

一、教育观察的含义

人的眼、耳等感官不断获取外部信息并传入大脑,为大脑进行思维活动提供材料,这种行为活动称为观察。观指看、听等感知行为,察即分析研究,属于人的心理活动。如果把观察的范围限定在教育领域,且观察的目的是为研究教育服务的,那么,这种观察教育的认识活动就称为教育观察。教育观察可以分为科学观察和日常观察两大类。狭义的教育观察单指科学观察,广义的教育观察既包括科学观察,也包括日常观察。

(一)科学观察

科学观察指人们在自然状态下通过感官或借助仪器,有目的、有计划地系统考察客观对象的一种认识活动。这种认识活动从观察准备到获取观察结果,都是严格按照一定的程序方式和规则要求进行的,它的做法已经成为人们认识客观世界的一种基本方法。因此,又称观察法。说它是一种认识活动,是对观察认识活动本身而言的;说它是一种方法,是从方法论角度来说的。教育观察法有如下 6 个要点:

1. 观察范围固定,只是对教育领域内或与教育有关的事物、现象或活动进行观察。

2. 观察目的明确,即为什么要观察,开展某项观察活动是为了解决教育教学或教育研究中什么问题,观察者都十分清楚,而且观察始终围绕这个目的进行。

3. 观察对象确定,即观察什么,是某个或某群学生,还是某些教育事实或某类教育现象,这些具体的观察目标基本上是预先确定好了的。

4. 观察有计划、按步骤进行,即观察在什么时间、什么地点进行,采用何种形式,先观察什么,后观察什么,收集哪方面资料,如何处理观察结果等都是严格按程序和要求进行的。

5. 观察可以借助仪器,如摄影机、录音机、摄像机等都是人们观察的好帮手,它们可以克服人感官上的某些局限性,提高观察的效率,使观察材料客观化和精确化。

6. 观察是在自然状态下进行的,观察者对所观察的对象不加控制,让它们不受人为干扰和影响,以本来的面目自然地表现出来。

(二)日常观察

日常观察指人们对某些教育事实或现象留心察看,获取信息,收集资料并通过亲身感受或体验形成感性认识的活动。这种活动的目的、目标、形式、程序、步骤等事先未必都有周密的计划安排,获得的材料不一定全面系统,形成的认识也不一定完全正确,它只是观察的初级形式,带有一定的随意性,故只是一种非正式的观察活动,更不能称为一种研究方法。但是,不能因此说日常观察不重要,它是科学观察的基础和重要补充。许多科学研究中的重大问题,就是研究者在大量日常观察基础上提出来的。一次正式的科学观察之后,往往对其观察过程中的某些问题和现象,还要通过多次日常观察来证实、巩固甚至修正、完善。

日常观察具有简便易行、随时随地都可以进行的优点。因此,在平时的教育教学过程中,教师应主动地、经常地进行日常观察。

二、教育观察的意义

(一)发现问题

科学研究首先要提出问题,提出问题就要发现问题。瓦特观察火炉上水壶的塞子被蒸汽冲出的事实,启发他深入研究,发明了成为工业革命象征的蒸汽机。达尔文通过对大量生物的详细观察研究,发现低等生物向高等生物进化的证据,创立了被称为 19 世纪自然科学三大发现之一的生物进化论。赞科夫就是通过对课堂教学长期的观察,才提出新的教学结构理论的。可以说,没有科学观察就没有科学发现,只有不断的观察,科学才能不断进步。所以,巴甫洛夫以"观察、观察、再观察"为座右铭,并告诫青年学生,不学会观察,就永远成不了科学家。

（二）积累资料

中外教育史上有许多教育家都是通过对教育对象或教育现象进行长期观察，并把观察结果记录下来，成为教育研究的第一手宝贵资料的。例如苏霍姆林斯基长期观察"差生"和"调皮学生"的行为表现，先后对 3 700 多名学生做了观察记录，完整地记录了 178 名"最难教育"的学生的曲折成长过程。这些资料帮助他后来大有建树，成为享有国际盛誉的教育大家。我国著名儿童心理学家陈鹤琴先生用记日记的方式，从他的第一个孩子出生之日起，就逐日对其身心变化和各种刺激反应进行周密的观察，并作了详细的文字记录和摄影照相，连续追踪观察了 808 天，积累了大量的研究资料，著成了在国内外有较大影响的《儿童心理之研究》一书。

（三）验证假说

教育研究得出的结论是否正确，提出解决问题的办法是否科学，要经过验证才知道。验证就是要观察实验效果与预期效果是否一致。例如，中国儿童到底 6 岁入学好还是 7 岁入学好；小学到底 5 年制好还是 6 年制好；办重点学校好还是不办重点学校好；校内分快慢班好还是不分快慢班好——对于这些问题有不同的看法和意见，只有经过长期实验，观察调查其效果，才能得出正确的结论。

以上三点是就科学研究的三个关键环节而言的，其实，教育观察活动贯穿于教育研究活动的全过程，在过程的各个环节和阶段上，对于研究者认识教育本质，揭示教育规律，发展教育理论等，都起着重要的作用。

在平时的教育教学活动中，教育观察同样起到十分重要的作用。例如，教师在课堂上，必然要观察学生自学、讨论、听讲、练习等活动，以便准确掌握情况并及时调控；如果进行某项教改试验，那就更要对试验过程中所发生的现象和情况进行观察，以便判断试验成败；如果是班主任，那就要对全班学生的平时和在各项活动中的行为表现进行观察，了解和掌握他们的学习和思想情况，以便正确引导学生成长和指导好班级工作——可以说，教育教学工作中，时时需要观察，事事离不了观察，观察活动始终伴随着工作的全过程。因此，说观察活动在教育工作中意义是多么重大，作用是如何重要，怎么说都不为过分。

三、教育观察的要求

（一）紧扣观察目的

观察目的是观察活动的灵魂。观察前的一切准备工作都要以观察目的为出发点;观察什么、怎样观察等具体观察事宜,都要以为观察目的服务为着眼点;观察后对观察资料的分析研究始终要以实现观察目的为归宿点。观察活动的全过程都是紧紧围绕观察目的这个中心进行的。如果观察活动脱离了观察目的,不仅做无用功,浪费许多人力和财力,而且还会干扰对观察结果的分析和判断。

(二)坚持客观真实

观察就要观察到"原貌"。第一,观察者要有实事求是的态度,有什么就看什么,是什么就记什么,一定要反映事物的本来面目。观察者不能根据自己的好恶,更不能带有任何偏见去修改观察结果。第二,在观察过程中,要始终让被观察者处于自然状态,即使是对观察条件作一些布置或控制,也不能让被观察者知晓。使被观察者在没有任何心理干扰的情况下自发流露感情和自然表现。否则,被观察者会因种种顾虑而掩盖真实感情和做出虚假行为。只有观察到真实情况,才能作为科学判断的依据,否则,以假论假,会导出谬误的结论。

(三)必须细心准确

观察时,要认真仔细,对事物变化中每一个细小的环节都要准确无误地捕捉。有这样一个故事,说的是一个化学教授做过这样一个精彩的表演:他拿了一个装有煤油、蓖麻油和醋的混合溶液的玻璃瓶,伸进一个指头沾了沾溶液,再把指头伸进嘴里尝了尝。当学生观察他的动作之后,他把瓶子递给他的学生,让学生们照着他的样子做。学生一个个尝过之后,都蹙眉皱额显恶心状。此时教授哈哈大笑说:"我是在考你们观察能力,看你们观察准确不准确。其实,我伸进瓶子的是中指,而伸进嘴里尝的是食指。你们观察不仔细,就吃苦了。"这个很典型的故事说明观察不仔细、不准确就会自找苦吃的道理。此道理是每个进行观察的人都应牢记在心的。

(四)做到全面系统

全面系统含两方面意思,一是指凡是与观察目的有关,对课题研究有影响的各种情况都要观察;二是指对于每一种情况都要观察它的变化发展的全过程,以及与他事物之间的联系。以研究学生学习方法为例,对成绩好的学生学习情况要观察,以便了解他们为什么好;对成绩差的学生也要观察,以便了解他们为什么差;对教师的教法亦要观察,看其对学生的学法产生什么样的影响等。观察时不仅要观察其学习方法,而且要观察其学习动机、兴趣、情感、意志,并考察其学习基础对学习方法的影响等。

只有全面、系统地观察研究对象,才能客观真实地反应事物的本质。

(五)注意样本典型

当观察总体面广量大时,只能选取其中一部分为观察样本。观察样本应具有代表性,特别是在体现观察目的方面应具有广泛的代表性。例如在研究 6 岁儿童入学好还是 7 岁儿童入学好的这个课题时,不管是观察儿童的语言表达、感情世界,还是研究儿童的学习能力、学习效果等,都要选取各种不同水平的学生组成样本进行观察。不可只选发育早、成绩较好的学生或发育迟、成绩不好的学生观察。只有观察样本具有广泛的代表性,把观察样本得到的结论推断到观察总体上去才有意义。否则,会以偏概全。

(六)熟练掌握技术

教育观察是一种技术性很强、要求很高的科研活动。观察者除了具有严肃认真、高度负责的精神外,还要熟练掌握观察技术。因为在观察活动中,选取观察方法、途径是否合适,捕捉信息资料是否客观、准确,对观察仪器的使用技术是否熟练,观察记录是否完整、正确,对观察记录资料的整理、分析是否科学等,每一处处理不当都会严重影响观察活动的质量。因此,在实施观察之前,观察人员应熟练掌握教育观察的一系列技术。否则,就要先进行培训,方可保证观察顺利进行。

第二节　教育观察的类型与方法

一、教育观察的类型

教育观察的分类标准较多,可以概括为两种:两分法和归类法。

(一)用两分法分类

即根据观察活动是否具备某一特征或符合某一条件进行分类的。这种分法有:

1. 根据是否有中介物把观察分为直接观察与间接观察

直接观察是指通过人的感官在事发现场直接观察客体的方法。这是观察的传统方法,也是最基本的方法。间接观察是指人的感官通过仪器或媒体来观察客体的方法。例如观察某生脑电图或血压仪可知该生大脑和血压情况,观察某个活动的录像或摄影照片,可知活动场面及参加人员的表现等。随着科学的发展,多种媒体技术应用到教育研究中来,间接观察的作用越来越重要。它可以通过剪辑、特写、复制等手段重复再现事情发生发展的真实过程,并可把稍纵即逝的瞬间表现定格和长期保留,便于异地观察和重复观察以及短时间内观察大量内容。它突破了在直接观察中人的主观能力的局限,拓展了观察的广度和深度。

2. 根据观察者是否参与可以把观察分为外部观察与内部观察

外部观察指观察者以旁观者的身份,既可以采取公开的,也可以采取隐蔽的方式,从系统外部进行的观察。例如有的学校在教室装有监控器,校长通过监控室的电视屏幕就可观察到各个班级的课堂情况。内部观察指观察者不同程度直接参加到被观察对象的群体中去,作为其中的一员,共同参与学习或活动,从系统内部进行的观察。例如班主任或任课老师对该班学生的学习、生活情况进行的观察多属于内部观察。

3. 根据情境设置是否有人为因素可把观察分为自然观察与条件观察

自然观察是在完全自然情况下进行的观察。它对现场环境不作预先设计和布置,对因素不作任何人为控制。条件观察是指观察者对观察环境预先进行精心设计与布置,观察过程中对现场有关因素进行调控的观察。例如要观察某生是否有偷窃恶习,自然观察只是观察该生平时有否偷窃行为。而条件观察可预先设计布置一种特殊环境,例如故意放一些贵重或该生喜欢和需要的东西在该生经常出没之处,暗中观察该生的行为反应。条件观察虽然对被观察者所处的环境现场情境作一些布置和控制,但对被观察者而言,还是处于自然的状态,并没有对其行为反应作任何控制。

4. 根据观察时对行为表现有无选择可以把观察分为选择性观察与非选择性观察

选择性观察只记录预先选定好的行为表现,其他的舍弃不要。非选择性观察预先不做任何规定,观察时不作任何选择,观察现场出现什么就记录什么,记录下来的资料是原始的,可以长期保留,任何时候研究它都可以通过记录重现所观察到的行为和表现。

5. 根据观察过程的结构性质和控制程度,可以把观察分为正式观察和非正式观察

正式观察结构严谨,计划周密,是一种有控制的系统的观察,一般用于科学研究。它严格规定行为定义,细致制订记录表格,对观察者素质要求高,常用数量化方式分析所得资料,观察结果信度高。非正式观察无周密计划和控制,过程的科学性和结果的可靠性差一点,但易行实用,在平时的教育教学活动中,被广大教师经常使用。

6. 根据观察目的的容量大小可以分为专项观察和综合观察

专项观察指围绕某一具体观察目的进行的专门观察。这种观察一般比较简单、小型,方法单一。综合观察指围绕容量较大的观察目的进行的系统的全面观察。这种观察一般比较复杂、大型,对那些与观察对象有关联的事物和现象都要进行观察,观察时根据需要,常把几种有关的方法有机地结合起来使用。

7. 根据观察对象或观察内容是全部还是部分可以分为全面观察和抽样观察

全面观察是对全部观察对象或全部观察内容都进行观察。抽样观察是抽取部分观察对象或观察内容作为样本进行观察的。全面观察涉及广泛,操作难度较大,而抽样观察范围小、对象少、易操作,便于深入细致地观察和对观察资料的分析处理。因此,一般多采用抽样观察。

8. 根据观察时间长短可以分为短期观察和长期观察

短期观察次数少,时段相对集中,完成观察所需时间相对较短。反之为长期观察。例如孟德尔观察豌豆和摩尔根观察果蝇进行遗传研究所使用的都是长期观察,观察次数多,时段比较分散,所用时间很长。注重研究对象发展变化过程的长期观察又叫跟踪观察。例如一个曾经有过偷窃行为的学生,经过帮助教育已表示悔改,对其就应采取跟踪观察,看其是否真的改正,有无反复。为了验证某项教改实验的成败、某种新方法使用的效果,也都需要跟踪观察。

使用二分法对教育观察进行分类,究竟能够分成多少类并无定数。只要抓住其中某一个因素的异同就可以把它分成非此即彼的两类。

（二）归类法

即把操作方式相近的观察活动归为一类。这种分法有:

1. 描述记叙类

这一类方法是在观察研究对象时,把研究对象的行为表现、客观状态以及与研究对象有关的情况、现象详细地描述记叙下来。这类方法出现比较早,是一种定性研究的方法。达尔文、皮亚杰、陈鹤琴、苏霍姆林斯基等名人都曾使用过这类方法并取得了重大成就。这一类方法包括实况记录法、日记描述法、轶事记录法、系列记录法等。

2. 取样观察类

取样就是对行为或事件的选择,观察者选取一部分有代表性的行为或事件作为研究对象,用来代表相同条件下的一般行为或事件。取样类观察不像描述记叙类观察那样详细描述行为或事件发生的情况和顺序，而是根据预先确定的标准，选取行为的某些方面作为样本进行观察研究，因而可以减少记录的时间，观察者在较短时间内可以获取较多信息和资料，且便于统计整理，特别是便于定量研究。这一类方法包括时间取样法、事件取样法、场合取样法、阶段取样法等。

3. 观察评定类

这类方法要求观察者在观察的基础上，还要对行为或事件作出判断和评定，含有一定的测量成分。这类方法包括核对清单法、等级评定法等，如果根据观察评定时所使用的量表不同，又有数字量表、图示量表、累积评定量表等。

教育观察类型很多，各有长短。在使用过程中，应根据课题和观察条件，灵活选用。

二、教育观察的方法

从前面分类就可以知道，教育观察的具体方法很多，有的方法使用频率不高，有的方法大同小异，有的方法还在进一步研究探讨之中。下面仅选择几种比较成熟的且经常使用的方法，进行简要介绍。

（一）实况记录法

即把观察对象在某种场景下某段时间内的所有行为动作、言谈表现，包括其与环境及他人的相互作用和交往等实况全部记录下的观察方法。

采用实况记录法进行观察活动，究竟选择在什么场景下观察，观察多长时间，都应根据本次观察目的来确定。例如要观察一年级小朋友在课堂上的注意力能坚持多久，就可以选定一节课四十分钟进行观察。如果要观察男女生之间交往情况，或观察性格内向学生与性格外向学生在活动中表现情况，就可选择一次完整的课外活动进行观察。观察时间一般以一个小时左右为宜，时间过短观察到的资料少，时间太长观察者容易疲劳。如果因特殊需要，观察时间可延长至两个小时或半天，这样就需应安排两组观察者轮流执行观察。实况记录观察法最好借助于摄像机、录音机等现代化教学设备的辅助，把某段时间内的现场实况摄录下来，供研究人员仔细回放研究。如果暂时不具备摄录条件的，应选择几位记录水平较高的人员分工负责。你记这一部分，他记那一部分；也可以你记行为、语言，他记场景或其他，然后再归纳整理成为一份完整的观察记录资料。

由于实况记录法所获资料详尽、真实、原始，不仅可供研究本次观察目的所用,而且可供研究多种观察目的所用。例如前面对一节课的实录观察资料,不仅可供研究一年级小朋友在课堂上注意力能坚持多久这个问题所用,而且还可供研究教师的教法,学生的学法,教学的双边关系,学生的思维水平与表现能力等问题作参考。只要是与小学低年级课堂教学有关的问题,都可以把它作为资料研究。如果一次实况记录观察所得资料不足以满足某个观察目的的需要,则可进行多次实况记录观察,通过大量实况记录资料去获得关于观察目的所需要的材料,以实现观察目的。

（二）日记描述法

即对同一个或同一组观察对象长期跟踪进行反复观察,以日记的形式记录其行为表现的观察方法。日记的内容有两种:一种是综合性的,即把观察对象各个方面的行为表现都如实地记录下来,一般为全面研究该观察对象或研究一类观察对象的某种共有特性所用。另一种是指定性的,即只记录观察对象某一方面或某几方面的行为表现,一般为专项研究观察对象某种特性所用。

日记描述法是最古老的观察方法,也是最简便易行、使用最广的方法。如观察了解某些学生遵守纪律情况、交友情况、学习时间、学习方法等等。日记描述法适于长期跟踪观察,可以了解观察对象的一贯表现和发展变化情况,有利于做出科学判断,得出正确结论。日记描述法的记录材料真实、详细且有连续性、发展次序性,可长期保留和反复研究利用。采用日记描述法进行观察,在什么时间,什么场合进行,观察多长时间,采用哪一种记录方法等,这些都可以根据具体观察目的、观察条件而定,要求不十分严格,只要有观察的需要和条件都可以实施观察。观察应保持一定的连续性,一般不要间断或停止。

日记描述法往往用于对个别或少数对象的日常观察,对于解决个别学生的某些问题具有十分重要的意义。但是,它缺乏代表性,不能以此就推而广之。使用日记描述法的观察者与被观察者必须在较长时间内天天有观察机会,如班主任对本班学生,父母对自己的子女等可以使用,不具备此条件的不宜采用。

（三）轶事记录法

即观察者在观察过程中,以记事为主,从事件或行为刚刚发生到事件或行为的结束,全过程都要完整地按顺序记录下来,特别是观察对象的行动、言语、表情及周围场景等,均需用准确的词语,如实地进行客观记录,不要加以主观判断、人为推测或解释。如果一定要加以评价的话,也要与客观记录明显区别开来。

轶事记录法具有日记描述法的某些优点,即可对观察对象进行长期跟踪观察,记录资料具体、详细、真实,能够反映观察对象的发展过程,有长期保留和反复研究利用的价值;又回避了日记描述法每天都要观察记录一定时间的严格要求。它是以记事为主,随时随地都可以进行,简单方便,易于使用。因而,深受人们欢迎,已成为广大教师开展观察活动,积累教育教学和教育研究资料的一种最常用的方法。但是,轶事记录法属于非正式观察,对观察的步骤和要求不那么严格,给观察者一定的自由度。例如究竟什么行为是有价值的必须记,哪些行为意义不大,可以不记,记录时用什么词语描述,是否带有主观成见等,都由观察者自己决定。因此,采用轶事记录法的观察活动必须要求观察者有较高水平和较强能力,并能控制主观因素的影响,保证观察材料的科学性和真实性。

（四）时间取样法

即专门观察和记录在特定的时间内发生的特定的行为的观察方法。所谓特定的时间,指统一确定的时段。所谓特定的行为,指预先确定的行为。其理论基础是样本原理,即把观察对象在所取时段中的行为表现视为其一般的行为表现。具体做法是:

1. 明确观察目的,确定观察对象。

2. 选择目标行为并进行分类,且严格规定操作定义,即对需要观察的行为给以详细的说明、规定,确定每个行为或现象的测量和观察记录的客观标准。

3. 设计和编制适当的记录表格。

4. 制订观察实施计划。包括确定总的观察时间,例如持续观察一周;确定几个观察时段,例如每天上午 8~9 时和下午 2~3 时之间各观察10 分钟;人员安排及如何记录等。

5. 实施观察并做好记录。

6. 对记录资料进行整理,根据观察时段出现预先确定的行为表现的次数和情况去推测观察对象的一般行为表现。

美国学者帕顿最早使用时间取样观察法并获得成功。他关于"儿童游戏的研究"成为考察儿童社会性能力与水平的经典之作。其做法是:

1. 观察目的明确为研究儿童在游戏中的参与状况。

2. 观察对象确定为幼儿园小朋友。

3. 设计了六种反映儿童参与社会性活动水平的指标,即无所事事、旁观、单独游戏、平行游戏、联合游戏、合作游戏,并对每一项指标进行操作定义,即关于观察对象处于什么状态或有什么行为表现就符合那一项指标的具体规定和说明。

4. 设计了含有观察时间、儿童代号及六种指标的记录表格。

5. 连续观察九个月,每天观察一小时,对每个儿童每次观察一分钟,并认真做好观察记录。

6. 对观察结果进行分析研究,发现小班儿童多数单独游戏,中班儿童多为平行游戏,大班儿童更多的是联合游戏或合作游戏。

7. 得出结论:儿童的社会性行为呈现出发展的顺序性。

采用时间取样法进行观察时,观察者对于预先确定的行为表现必须熟记于心,以便观察时操作,避免记了多余的行为表现或漏记了该记的行为表现。由于这种行为是预先确定的,在记录时也可以不记行为表现的具体过程,只记行为表现发生、出现了没有或发生、出现的次数及时间长度,简化观察过程及繁重的记录劳动,同时也便于资料的分析处理。正是因为这种方法省时、简便、科学性强,所以是目前使用较多的方法。此法的不足之处是仅适用于观察那些经常发生且时间又比较短的行为和外显行为,反之则不适用。因为不经常发生的行为可能在一些时段不出现,时间较长的行为可能一个时段观察不完,内隐行为如心理活动等就不易观察出来。

(五)事件取样法

即专门观察和记录预先确定的行为表现或事件的完整过程的观察方法。它以预先确定的行为表现或事件作为观察样本,通过样本行为表现或事件的观察推及观察对象一般的行为表现。其具体做法与时间取样观察法大体相同,只是使用事件取样观察法时,观察者需要等待所选行为或事件的发生,然后才能认真观察记录。所以还必须预先了解样本行为或事件的一般状况,以便在最有利、最合适的时机和场合进行观察。同时要求观察者对需要记录的行为或事件的类型和定义都十分明确,耐心等待这些行为表现的出现或预定事情的发生。只要预定的行为或事件一出现,就必须马上记录并可随事件的发展持续记录其全过程。不仅记录行为或事件本身,而且要把行为发生或事件出现的前因后果及环境或背景情况也记录下来。

事件取样观察法与时间取样观察法二者观察记录的都是行为表现或事件,但是二者是有明显区别的。前者测量单位是行为事件本身,后者测量单位是行为或事件所发生的时间间隔;前者注重行为事件的特点、性质,后者注重行为事件的存在。

事件取样观察法与轶事记录法相似之处是二者都注重记事。不同的是,事件取样观察法是实施正式观察活动时采用的,它只记录预先确定的行为表现或事件过程,通过这种观察,想从样本的观察资料中推断出这种行为或事件的一般情况。而轶事记录法是日常观察时采用的,事先并不确定哪些要记,哪些不记,而是由观察者根据观察目的自主决定记什么和不记什么。只要观察者认为有意义,哪怕与观察目的无关的也可以记录下来,供今后或别人研究之用。这种观察的目的是积累资料,或从观察中发现问题。

事件取样法具有时间取样法的一些优点,既可预先计划和安排,在有准备的情况下获取有代表性的行为样本,又可在一定程度上保留行为或事件的连续性和完整性,还可以得到关于事件的环境与背景资料。它可以运用于对比较广泛的且经常出现的行为事件的观察,是广大教师和教育研究人员经常使用的一种方法。

(六) 核对清单法

即把要观察的行为表现或发生的反应排列成一个清单表格,并标明这些项目的行为是否出现的两种选择,供观察者判断后选择其中一种作记号的观察方法。它既是一种观察方法,又是一种记录方法。在时间取样法和事件取样法中,都可以使用核对清单表,观察记录特定行为的出现。

使用这种方法,因为有了清单表,观察时只需核对清单表,只要某种行为出现,立即作下标记就行。由于表格中所列的行为表现内容是预先排定的,要想知道观察对象对这些行为表现内容的反应,在观察过程中有时要对某些内容进行提示。提示可以用文字,也可以用语言。因此,从这一点看,又有一定的测量成分。核对清单法经常被用于检查儿童生理发育与心理发展情况和检验教育教学后的效果。它方便易行,快速省时。由于它需要对观察的具体行为预先设计与排列,观察时有提示,故能在观察时目的明确,便于收集观察者希望得到的信息。如果设计得当,对所获资料还可灵活地加以综合和量化处理。

由于这种方法在观察之前,必须先编制好清单表,表上列举了观察对象在所要研究的特定情境中,有可能出现的行为或发生的反应。因此,这种观察方法的很多功夫应该花在观察之前的编制清单表上。

编制核对清单表,一般有三个步骤:

1. 列出主要项目,即确定所研究的问题包括哪些内容,每项内容有哪些方面的表现。

2. 把各项内容和各种表现具体化,一直细化到与观察对象在特定情境中可能出现的行为或可能发生的反应吻合一致。

3. 排列制表,即把经过细化的行为表现根据观察的需要并按一定的逻辑顺序进行排列,然后编制成表格。

以上方法,各有自己的适用范围和对象,各有自己的优点与缺点,观察者可根据自己的观察目的和当时的观察条件灵活运用。

三、教育观察记录的方法

记录方法与观察方法密切相连,使用什么观察方法就要采用与之相应的记录方法。下面介绍几种常用的记录方法。

(一)实况详录法

即把观察对象的具体行为表现或事件发生发展的过程详细如实记录下来的方法。因为行为表现不断出现或事件发生发展过程需要一定的时间长度,所以,实况详录法往往需要连续记录。这种记录方法要求详尽、真实、有序、不加评价、推断和解释。如果人工手记,则需熟练快速。最好使用摄像、录音等设备。在观察群体活动时可用两台或多台摄像机从不同角度、远近景结合分工拍摄,以保证从不同位置和角度观察对象的动作、语言、表情等不被遗漏,使观察材料完整。使用描述记叙类方法观察时一般都采用这种记录方法。

(二)计频法与计时法

计频法指只记行为表现出现的次数而不作具体描述的记录方法。计时法指观察时把行为的持续时间记录下来的方法。使用这两种方法事先应制定好记录表格,按照预先规定的行为分类系统和各种行为定义,由观察者在观察时当场做出判断并记入表内,然后进行分析整理。使用取样观察类方法和核对清单法观察时会采用这种记录方法。

(三)等级记录法

即根据某种等级评定量表中规定的具体标准,对照观察对象的行为表现,全面客观的给予评定相应等级并作下记录的方法。使用此方法虽然不需记录行为表现的具体过程,但必须认真观察其过程并进行科学的评价,以便客观评定其等级。评定中所依据的等级标准可以是现成的,也可以是自己编制的。这些量表必须科学、合理,标准界限比较明显,便于使用操作。由于评定什么等级是观察者主观判定的,因此难免会带有观察者主观因素的影响。为了保证评价客观,除了要求观察者提高水平外,一般应组织数人共同观察,然后几人共同研究评定等级。使用观察评定类方法观察时会采用这种记录方法。

(四) 符号记录法

即用某些符号代表某些行为表现,记录时不用文字描述行为动作,只写出预先规定的符号的记录方法。为了提高记录的速度,可以编制记录代码。所谓记录代码,就是用一些数字、字母、符号等表示一定的事件和行为单位。例如,数字代码:1 听讲;2 记笔记;3 主动发问;4 回答问题;5 做练习;6 互相讨论等;字母代码:A 活跃,a 安静;B 接近别人,b 回避别人;C 注意力集中,c 注意力不集中等;符号代码:○表情丰富;◎有些表情;●无表情;△思维敏锐;◇主动思考;▽发呆等;按以上编码系统,如果观察小学生课堂上做小动作,则记 c;如果做作业,则记 5;如此等等。在采用数字或符号替代文字的记录方法之前,必须建立一个代码系统,什么数字或符号代表什么行为动作或表现,观察者必须十分清楚,以免记错。记录结束之后,要进行统计整理还原成文字资料以备研究之用。只要符号使用得当,几乎所有观察活动都可以采用符合记录法参与记录。

第三节　教育观察的途径与过程

一、教育观察的途径

教育观察活动不仅要在自然状态下进行,而且要以不影响正常教育教学为原则。因此,正常的教育教学的活动是进行教育观察的主要途径。

(一) 上课

亲自为学生上课,是观察学生最普遍、最经常、最方便、最理想的观察途径。教师与学生面对面的交流,面对面的观察,获取信息之准确、丰富是其他途径不能比拟的。很多教师已深有体会和备受其益。可惜的是有些教师多上课少观察,或者虽观察未研究,流失了大量的、宝贵的观察机会和信息。有人认为上课是教学生而不是搞研究,上课的观察只能算日常观察。其实,教学生与搞研究并不矛盾,科学观察和日常观察可以相辅相成。只要你做一个有心人,胸中怀着"研究"二字,随时留心观察,就能为课题研究提供大量鲜活生动、客观真实的信息资料。

（二）听课

深入教室，观察课堂教学全过程，了解教师的教学思想、教学程式、教学方法、教学手段的使用以及学生的学习方法、学习能力、学习主动性、学习习惯等。这是教学研究人员或管理人员研究课堂教学改革、评价课堂教学优劣经常采用的途径。

（三）参加学生各种活动或有意组织某些活动

观察活动场地、活动安排、活动条件、组织情况，特别是师生在活动中的各种行为表现或事件的发生、发展情况可以捕捉到大量信息，搜集到丰富的资料。如果是内部观察，观察者还可以和观察对象主动交谈、询问，以获取想要得到的信息和想要了解的情况。这是德育研究人员或管理人员了解学校的思想教育状况、学生的政治思想情况，研究学生性格、气质、品德，研究课外活动的形式、内容等方面课题时经常采用的途径。

如果需要收集某一方面的资料，而正常教育教学活动中又很难收集到，这时可以考虑专门组织一次活动，对这次活动的主题、形式、内容可以进行有意识的设计，活动的场地、环境可以做专门的布置，参加人员可以有目的的安排，活动的进程可以有意的调控。这诸多"有意"只能观察者自己掌握，不能让观察对象知道和察觉，让他们一直处于"无意"的状态，才能观察到想要知道的本来面目。

（四）列席学校各种会议或召开座谈会

倾听学校领导、中层干部以及班主任、教研组长和学生的发言，观察会场气氛和大家的情绪；会间查看反映学校以前运转情况的各种资料，如计划、教案、作业、档案等；可以了解该校办学思路、办学水平、教改情况和团结情况等，这是教育督导人员经常采用的途径。

（五）参观学习或视导检查

观察学校的自然环境、校舍建设、设备仪器和清洁、卫生、纪律制度、校风教风等，并观察学校教学、生活和管理的各个环节运转情况，这是参观学习的外地人员或上级领导者经常采用的途径。

（六）有意注意

对某些教育对象或教育现象平时留心注意，长期跟踪观察其行为表现或事物发展情况，以便从中发现问题或验证某种结论。这是广大教师和教育理论研究者经常采取的途径。

二、教育观察的过程

教育观察的过程按观察活动的顺序可以分为制订计划、观前准备、现场观察、研究观察资料四个阶段。

（一）制定观察计划

这阶段很重要，以后的观察就按计划进行。

1. 明确观察目的，确定观察对象和观察内容

这是解决为什么观察和观察什么的问题。一般是由观察者的研究课题的需要决定的。例如课题是"如何帮助成绩差的学生提高学习成绩"，该课题就需要对成绩差的学生的学习状况进行观察。观察目的很明确，就是要通过观察找到这些学生成绩差的原因，然后采取适当的措施帮助其提高。仅有观察目的，不便于具体操作，还需要围绕观察目的确定具体的观察对象和观察内容。观察对象是具体的人，首先要弄清到底什么样的学生是成绩差的学生？其次是不能对所有成就差的学生都进行观察，只能观察其中一部分，到底取哪一部分有代表性，取多少人？即选取观察样本的问题。这都要根据具体情况而定。观察内容是观察对象一系列行为表现，还以观察成绩差的学生为例，可以把决定成绩好差的因素分为学习动机、学习态度、学习能力、学习方法等作为观察项目。每个项目还可以细化，如学习态度可以细化为学生对预习的态度、听课的态度、作业的态度、复习的态度、考试的态度等。要知道成绩差的学生对考试的态度，可以从宣布准备考试开始，详细观察他们在迎考、考试、公布分数前后的一系列过程中的行为反应。从课题研究的需要→明确观察目的→确定观察对象→细化观察内容项目，这一切在整个观察活动中起着定向作用。

2. 选择观察类型、方法和途径

观察者应根据观察目的、观察对象和观察目标的具体情况以及观察者、观察条件等选择适宜的观察类型和方法。例如观察者能够亲自到观察现场的就可采用直接观察，不能到现场的就可采用间接观察；观察者有条件与被观察者打成一片的可采用内部观察，没有这种条件的就采用外部观察；需要全面观察的可采用实况记录法，只观察某一种或几种行为的可采用取样观察法、核对清单法；研究人员的正式观察可以使用实况记录法、时间取样法、事件取样法、等级评定法；广大教师的非正式观察就可以采用日记描述法、轶事记录法、核对清单法等。

选择观察途径主要由观察者的情况决定。例如观察者是本校教师，

就可以选择上课、听课、参加学生各项活动及有意注意等途径进行观察。如果观察者是专职研究人员，就可以选择听课、有意组织某些活动、列席学校会议或召开座谈会、参观和检查等途径进行观察。

3. 设计实施方案

实施方案一般应包括如下内容：

(1) 观察目的；

(2) 观察对象和范围；

(3) 观察内容，列出需要通过观察获得材料的要目；

(4) 观察的方法、途径；

(5) 观察的时间，次数、密度、顺序、位置等；

(6) 观察的要求和注意事项，以及出现问题如何应对处理等；

(7) 记录的方法及记录规范，符号系统及参照标准等；

(8) 观察的工具、仪器等；

(9) 观察人员的组织、分工；

(10) 观察开始前的准备工作；

(11) 观察结束后的善后事宜。

设计实施方案是一项十分周密严谨的工作，要求设计者对观察活动从前到后要深思熟虑，对观察过程中的每一环节、每一步骤可能出现的问题都要有所预见，并有有效的应对措施，才能保证观察活动按计划、有步骤的顺利进行。如果之前设计者对这项观察活动不太熟悉，还必须先进行调查研究，甚至先进行试探性观察，在取得初步经验之后再进行设计。一份好的实施方案是观察活动获得成功的必要条件。让参与观察的人员看了方案之后，对本次观察活动的目的、意义很明白，对观察什么、怎样观察很清楚，照着方案去做就能完成观察任务。

(二) 做好观察前的准备

从广义上说，进入现场实施观察之前的一切工作，包括制定观察计划都属前期准备。但下面所说的主要指实施观察前的一些技术准备。

1. 查阅有关资料，熟悉观察对象有关情况。

2. 备好观察所需仪器，如摄像机、照相机、录音机，有的还需提前检查和安装。

3. 设计并印制好记录表格等。

4. 如果是进行条件观察，事先还要对观察环境进行设计和布置，对观察过程中有关因素如何进行调控等做好准备。

5. 对观察人员进行培训,让他们掌握观察全过程的技术要领,以保证观察活动顺利进行。

(三) 进入现场实施观察

进入现场要注意两点,第一是选好观察位置,有较好的角度和光线以保证观察有效、全面、准确;第二是不惊扰观察对象或与观察对象打成一片。如果是外部观察,最好不让观察对象知道。如果是内部观察,要与观察对象建立和谐良好的关系,以免产生戒备心理。

实施观察要注意看、听、问、思、记等互相配合,达到最佳效果。

1. 观看,这是最主要的方式。凡是与观察目的有关的行为反应和各种现象都要仔细察看。

2. 倾听,凡是现场发出的声音都要听,特别是观察对象的发言更要仔细地听。

3. 询问,内部观察时,观察者可面对面询问观察对象有关问题。例如这个问题你是怎么想的? 那种现象你是怎么看的等。

4. 查看,现场查看与观察目的有关的资料。例如听课时查看学生当堂的练习情况以了解上课效果,参加会议时查看以前记录,以了解前后连贯情况。

5. 思考,从进场开始获取信息时就要进行思考、分析,随着观察活动的深入进行,观察资料的积累,逐步形成自己的初步看法。

6. 记录,根据观察的类型、方法选择恰当的记录方法,及时、准确地作好现场记录。

另外,还可以利用触、摸、品尝、嗅闻等辅助手段配合观察。

现场观察结束后,还要收拾好观察所用的工具、仪器,收齐记录及有关表格等。

(四) 研究观察资料

现场观察获取了大量信息资料,下面的任务就是对这些信息资料进行整理分析,一般步骤如下:

1. 对记录进行修补,改掉明显错误的地方,补充遗漏的地方,使观察记录完整、清楚、准确。

2. 进行编码和分类。所谓编码,就是用分析的概念或数字、符号对记录的文字进行标注。常见编码有过程编码、策略编码。所谓分类,就是在编码的基础上,把同一类编码的资料归集在一起,装在文件袋里,然后在每一个编码题目的下面,标出资料所在的页码、行数等,并把各处的资料编上序号,便于查阅和利用。

3. 在整体把握观察事件的基础上,确定分析单位和进一步分析的工具与框架。

4. 借助于确立的概念和分析工具,对原始资料进行量化处理。所谓量化处理就是对经过编码分类的资料,运用数理统计的方法进行加总、求平均数、求百分比、求方差、进行差异检验等。

5. 尝试进行定性分析,争取从经验的基础上建立理论。完成这一步骤需要丰富的经验,较高的理论和较强的创造能力,不是每一次观察都能达到的,也不是每一个研究者都能做到的。但是,我们可以尝试进行。其操作程序是:(1)对资料进行逐级登录,从资料中产生概念;(2)不断对资料和概念进行比较,如果资料不足,可以进行补充观察;(3)发展理论性概念,建立概念和概念之间的联系;(4)理论性抽样,不断就资料的内容建立假设,通过资料和假设之间的轮回比较产生理论,然后使用这些理论对资料进行编码;(5)建构理论,并融入相应的理论体系中去。

最后,不要忘记对本次观察活动进行总结,写出观察报告。

【附　案例】

　　华东师范大学教授崔允漷的团队构建了一种教师同伴合作研究课堂的听评课模式——课堂观察 LICC 范式,强调组成任务驱动的、持续合作的听课研究团队,如备课组、教研组等。从实践中演绎出课堂的四个要素:学生学习(Learning)、教师教学(Instruction)、课程性质(Curriculum)和课堂文化(Culture),其中学生学习是课堂的核心,另外三个是影响学生学习的关键要素。出于观察的需要,遵循理论的逻辑,将每个要素分解成 5 个视角,再将每个视角分解成 3～5 个可供选择的观察点,这样,就形成了"4 要素 20 视角 60 观察点",这为我们理解课堂、确定研究问题、明确观察任务提供了一张清晰的认知地图和实用的研究框架。在研究方法层面有两层意思。其一,课堂观察遵循可观察、可记录的原则,通过解构课堂,将研究问题具体化为观察点,将课堂中连续性事件拆解为一个个时间单元,将课堂中复杂性情境拆解为一个个空间单元,透过观察点对一个个单元进行定格、扫描,搜集、描述与记录相关的详细信息,再对观察结果进行反思、分析、推论,以此改善教师的教学,促进学生的学习。其二,课堂观察的有效实施,需要借助于三个阶段的持续活动——课前会议、课中观察、课后会议。课前会议主要是让上课教师陈述内容主题、学情分析、教学目标、教学环节、学习结果检测等,以便观察者确定有针对性的观察点。课中观察主要是观察者根据自己的任务开发课堂观察工具,以便自己收集更可靠的证据,并根据课堂观察工具,选择观察位置、观察角度,进入实地观察,收集那些可以作为关键性证据的课堂实录,或记下自己的思考。课后会议阶段主要关注定量或定性分析、有效学习的证据、资源利用的适宜性、预设与生成以及上课教师的自我反思等;最后,围绕课前会议确立的观察点,提出指向教学改进的、针对此情此景此教师的建议和对策。[①]

【巩固与思考】

1. 什么是教育观察?其作用是什么?
2. 教育观察有哪些类型和方法?
3. 教育观察有哪些记录方法?
4. 教育观察的过程有哪些步骤?每一步骤应注意哪些问题?

【应用与实践】

以"成绩好的学生是怎样学习的"为题,设计一个观察计划,并到附近小学去实施观察,写一份观察报告。

---

① 参见《教育研究》2012年第5期。

第六章 教育测量法

教育测量是当今教育科学研究的重要领域之一,是教育调查研究、评价研究、实验研究中不可缺少的一种方法和手段。在教育教学过程中,教育测量得到了广泛的应用,已经成为教师必须具备的专业素养和能力。

第一节 教育测量概述

一、教育测量的涵义和作用

所谓教育测量就是根据一定的法则用数字对教育领域里的事物或现象的某些属性加以确定。教育测量的内容相当广泛,教师的教,学生的学,以及与此相关的教育环境中的诸多因素都可以成为测量对象。例如,学生的知识水平、技能技巧、智力水平、学科成绩、兴趣爱好、态度动机、个性品质等;教师的学科知识、教育学知识、教学方式、课堂组织管理能力等;教育经费的投入与使用、学校的办学条件与水平、教育的社会效益与经济效益等。凡是需要测量并且能够测量的一切与教育有关的事物和现象都在教育测量研究之列。

目前,教育测量主要关注的是学校的教育教学效果,而教学效果又直接体现在教育对象身上,如,在教育的影响下,学生心理发展怎样,学习成绩如何等。因此,教育测量的具体对象往往是人的心理特质。对于物理量,如学生的身高、体重,我们可以使用相应的量具如尺子、磅秤直接测量。而对于人的心理,现代科学技术的发展还不能支持我们使用量具直接测量这些特质,只能测量人的外显行为,也就是说,我们只能通过一个人对测验题目的反应来推论出他的心理特质,因此教育测量具有间接性。

教育测量在教育实践和理论研究中有广泛的应用,凡是涉及定量分析研究的问题,都需要对相关事物或现象进行测量,以便科学客观地把教育问题数量化,为正确判断和科学决策提供依据。在教育教学实践中,教育测量的功能主要表现在:选拔,如每年的高考都是通过教育测量的方法筛选出优秀的学生接受更高水平的教育;安置,通过教育测量可以根据学生的个体差异对学生进行分班或分组,以做到因材施教;诊断,通过教育测量寻找学生学习困难或适应不良的原因,以采取相应的教育措施;评价,通过教育测量可以科学客观的评价学生的发展水平、教师的教学效果等。在教育科学研究中,教育测量的功能主要表现在:搜集资料,通过教育测量来搜集资料是一个简便易行又较为可靠的方法。如,学生的学业成绩、教师的教育观念、工作满意度等资料都可以通过测验得到;建立和检验假设,在教育理论和实践研究中,我们可以通过教育测量来收集资料,发现问题,提出理论假设,并通过测验来检验。

二、教育测量的工具

要测量某个事物,确定事物的量,必须先有一个具有单位和参照点的连续体,将被测量的事物置于该连续体的适当位置,看它离开参照点多少单位的计数,就会得到一个测值。这种连续体就叫量表。理想的单位必须符合两个条件,一是有确定的意义,即对于同一个单位,所有人的解释是相同的,如,1厘米每个人都知道有多长,而通常试卷上的1分只对此次此科考试有意义,脱离具体测量活动分数就完全失去意义;二是有相等的价值,即相邻两个单位之间的差别是相等的,如,10厘米和11厘米之间的距离与99厘米和100厘米之间的距离相等。教育测量中所用的单位往往不等值,如,一次考试10分和11分之间的距离与99分和100分之间的距离往往就不相等。量表的参照点有两种,一种是绝对零点,如长度、时间、重量,都是以零点为参照点,零克就表示没有重量;一种是人定的参照点,如,以冰点为测量温度的起点,就是人定参照点,不能说零度表示没有温度。理想的参照点是绝对零点。但是教育测量中很难找到绝对零点,多采用人为标定的相对零点。如,某生数学考试得了零分,只能说他没有掌握本次考试测量的数学知识,不能说他一点数学知识也没有。以人定参照点获得的数值不能进行乘除运算,只能进行加减运算,因此它的量值不能以"倍数"的方式解释。如,甲的智商是100,乙的智商是50,不能说甲的智力是乙的二倍,因为没有零智力。

由于制定量表的单位和参照点不同,量表可以分为不同的种类。斯蒂文斯(S. Stevens)根据测量的精确程度,将测量从低级到高级分成四种水平,高级量表除包括低级量表的条件假设和功能外,还具有本身的特点。

（一）命名量表

命名量表是测量水平最低的一种量表。测量时，依据某种规则指派给事物以某种数字即可。这里的数字只代表事物和事物的归类，没有任何数量的意义，不能做数量化分析。命名量表可以分为代号和类别两种。前者用数字代表个别事物，如学生的学号，后者用数字代表具有某一属性的事物的全体，如1代表男生，0代表女生。

（二）顺序量表

顺序量表中的数字不仅指明类别，而且指明类别的大小或具有某种属性的程度。测量时，按照某种规则把事物排列成序，并赋予反映相对顺序关系的数字。如，学生的考试名次就是典型的顺序量表。顺序量表既无相等单位也无绝对零点，因此，这里的数字包含数量关系，但数字仅表示等级，并不表示某种属性的真正量或绝对值。如，某次考试甲生排名第2，乙生排名第4，不能说甲的学习能力比乙大2，也不能说甲的能力是乙的2倍，我们只知道甲生比乙生成绩好，并不知道相差多少。顺序量表在教育测量中应用非常广泛。

（三）等距量表

等距量表不仅有大小关系，而且相邻单位之间距离相等，也就是有相等单位。其数值可以做加减运算，可以从一种单位转换成中一种单位以便进行比较。等距量表没有绝对零点，不能做乘除运算。如，甲考了80分，乙考了40分，只能说甲比乙多考了40分，不能说甲的成绩是乙的2倍。等距量表的数量化准则是：分数上的相等差异必须能表明属性上的相等差异。事实上，测量心理特质所得分数上的差异并不能完全表明属性上的相等差异。因此，教育测量中许多等距量表只能是近似的，如测量学科成绩的百分量表等。由于等距量表能广泛地应用统计方法，因而在教育测量中具有重要作用。一般地说，测量属于正态分布的事物时都可以使用。也可把原始分数转换成标准分数，标准分数就是一种等距量表。

（四）等比量表

等比量表是最高水平的量表，既有相等单位又有绝对零点，其数值可以做加减乘除运算。它的数量化准则是分数之比等于属性程度之比。测量物理特征的各种量具就具有这种性质，是一种理想的量表。在教育测量中，由于我们测量的大多是行为抽样而不是行为总体，因此没有绝对零点，不适用等比量表。

三、教育测量的步骤

教育测量有各种不同的类型,但是测量的过程是基本相同的,都包含如下四个步骤。

(一)确定目的

确定测量目的要明确三个方面的问题:一是为什么要测量,即要明确测量是为了对被试进行选拔、诊断、评价还是安置,是为了收集研究资料,还是为了检验研究假设;二是测量什么,即明确要测量能力、学业成绩、观念还是行为;三是测量对象是谁,即明确测量要用于哪些团体,该团体的特点是什么。确定测量目的对于量表的编制非常重要,它将使量表的编制有的放矢,使测量内容取样更有适切性,题目的难度、区分度更适度等。

(二)编制量表

测量的关键是要有一个高质量的量表。编制量表一般有如下环节:

1. 确定测量类型和量表种类

测量目的不同,测量类型就不同,所需的量表也就不同。如,高考的目的是为了选拔优秀的学生接受更高水平的教育,就要采用常模参照测验,试题区分度要大,量表要选用等距量表。而平时的单元测验是为了考查学生该单元知识的掌握情况,就要采用标准参照测验,不必过多考虑题目的难度,用顺序量表就可以了。

2. 确定测量时限和题目数量

确定测量时限和题目数量,要考虑测量目的的要求、实际测量的条件以及被试的特点等。如,高考中有些科目考试时间达 2.5 小时,试题数量较多,而平时的形成性测验或诊断性测验在 45 分钟之内完成即可,试题数量较少。对于低年级的学生考试时间不宜过长,以免因注意力不集中或疲劳影响测量效果。确定时限一般采用尝试法,通过预测来决定。通常测量时限以约 90% 的被试能在规定的时间内完成全部测验题目为宜。

3. 拟定测验题目并编辑量表

这是编制量表中最重要的一步。拟定题目的范围、数量、难度、区分度都必须符合测量目的的需要。题目的表现方式是纸笔测验、口头测验还是操作测验,是主观性的还是客观性的等要根据具体测验而定。量表的编辑原则是要由易到难,避免受测者在难题上耽搁太多时间,影响对后面问题的解答。

4. 组织试测并修改量表

试测的目的在于获得被试对题目如何反应的资料。量表的难度如何、效度怎样、解答需要多长时间、编排是否得当、有无表达不清甚至错漏之处，都需要经过试测才能发现。理想的题目，就是只测定所需要的特征，并能对该特征加以有效区分的难度合适的题目。通过试测对题目进行进一步的筛选和修订，以提高量表的质量。

5. 编写使用说明

为了使量表得到正确合理的使用，需要编写一份说明书，内容包括本量表的测量目的和功能；测量的实施方法、时限及注意事项；标准答案和评分方法；常模、信效度资料等。

（三）实施测量

实施测量的关键是一个"准"字，测量要准确可靠必须控制各种误差。一般应注意两点：一是保证测量条件相同，即让所有被测对象在相同的条件下接受测量。如，每年的高考和中考都要强调考场纪律，防止作弊，否则考试的可信度会大为降低；二是避免无关因素的干扰。如，主试的言谈举止、表情动作等会对被试的心理产生影响；评分人员未严格按照评分标准评分；被试有类似测验经历、焦虑水平较高、注意力不集中、身体不适等都会影响测验效果，产生误差。

（四）结果解释

实施测量之后，将受测者的反应与标准答案进行比较就可以获得测验分数，这个分数叫原始分数。原始分数本身没有多大意义，从中我们无法了解测验所考察的事物属性程度如何。如，某生数学测验得了 85 分，仅凭这个分数无法判断该生数学能力的高低。我们需要将原始分数转换成具有一定的参照点和单位的测验量表上的数值，用这个导出分数对测验结果做出解释和推论。在常模参照测验中，我们以常模为参照标准来解释测验分数，也就是把被试的分数与具有某种特质的个人组成的团体进行比较，根据被试在所比较的团体中的相对等级或相对位置来报告他的成绩。常用的常模参照分数主要有：心理年龄、年级当量、比率智商教育商数、百分位、标准分数、T 分数等。如，某次考试甲生成绩的标准分数为 0，表明在常模团体中甲生的成绩处于平均水平，其该项属性或特征为中等程度。如果有更大范围的常模为参照，就可以分析推测出该生此项属性在更大范围内的相对位置和程度水平。与常模参照测验不同，在标准参照测验中，我们将测验分数与某种特定的标准进行比较对其做出解释。在标准参照测验因参照的标准不同可以分为两种,一种是依据受测者对某种确定材料内容或技能的掌握和熟练程度来解释测验分数,可以明确受测者的真实能力和水平;一种是将测验分数与效标资料结合起来,用预期的效标成绩来解释测验分数,如高考平均成绩在 85 分以上的人,我们可以预测某大学第一学期成绩为优的概率为 90%。当然在实际教育教学中,要反对将为学生排名次看作测量的主要目的,测量结果的分析和解释应重在收集教育信息,更好地改进教学。

第二节　教育测量的要求

由于教育测量主要是间接测量,在测量过程中可能会受到种种无关因素的干扰,致使测量结果不准确、效果差或不能很好地为测量目的服务。在测量中与目的无关的变因能产生不准确或不一致的效应,这就是误差。误差有两种主要形式,即随机误差和系统误差。随机误差是由与测量目的无关的偶然因素引起而又不易控制的误差,它使多次测量产生不一致的结果。其方向和大小的变化完全是随机的、无规律可循。系统误差是由与测量目的无关的变因引起的一种恒定而有规律的效应,稳定地存在于每一次测量中,此时测值虽然一致,但不正确。系统误差只影响测值的准确性,而随机误差既影响准确性又影响一致性。为了减小测量误差,保证测量质量,对教育测量必须提出如下要求:

一、保证测量的信度

信度即测量结果的可靠性和一致性程度。在测量理论中,信度被定义为:一组测量分数的真变异数与总变异数的比率。系统误差对测验的影响是恒定的,因此不影响信度。信度只受随机误差影响,随机误差越大,信度越低。

(一)信度的计算办法

在测量过程中,把表示事物属性真实水平的数值称为真值,表示属性测量结果的数值称为测值。实际上真值就是经过无数次测量所得分数的平均值。测值与真值之差叫测量误差,它是引起测量不一致性的变因产生的效应,即随机误差。系统误差包含在真值之中。测值的变异数中可以由真值的变异数解释的比例越高,信度越高,反之信度越低。

信度是个理论上构想的概念,在实际的教育测量中更多的是对一个样本组的全体进行测量。由于测验分数的误差来源不同,估计信度的方法也不同。

1. 再测信度

采用同一种测验,对同一组被测者在不同时间进行两次测验,两次测验分数之间的相关系数就是再测信度。它表示两次测验结果变动大小,反映测验分数的稳定程度,因而又叫稳定系数。稳定系数越大,表明测验结果越稳定、可靠。计算稳定系数一般采用积差相关公式(详见第十三章)。

采用再测法估计信度的依据是:既然被测对象的某种特性是稳定的,那么用同一量表进行两次测量,其结果应当相同或相近,具有较高相关系数。如,在一次测验中得高分的学生,在另一次测验中也有得高分的倾向,他在两次测验中的相对地位也应非常接近。这种稳定性就表明测量结果是可靠的。反之,若一次得高分,一次得低分,两次测验的相对地位变化较大,就表明测验结果不稳定,测验工具信度低。

计算再测信度有以下几个假设:所测量的特性必须是稳定的,如,智力、气质、性格等;遗忘与练习对不同的被试影响相同;两次施测期间被试的学习效果相同。因此,在使用再测法估计信度时应注意下列问题:首先是两次测验之间的间隔要恰当。因为间隔时间太短,对前次测验记忆犹新,往往会造成假性高相关。间隔过长,测验结果会受被试身心特质改变的影响,使得相关系数降低。重测间隔时间的长短,必须根据测验的性质和目的来确定。其次是要做好被测者的思想工作,要求他们积极配合,两次测验都要同样认真对待,不能因为第二次测验与第一次相同就应付了事,影响测验信度。

2. 复本信度

在相隔很短的时间里,用两个等值的测验对同一组被试进行两次测量,两次测验分数之间的相关系数就是复本信度,也叫等值系数。

采用复本法估计信度的依据是:受测者既然具备某种特性并且达到了一定的水平,A 卷的测验分数与等值的 B 卷的测验分数应该相同或相近。两次测验结果具有一致性,测验结果才可信、可靠。如果一次得高分,一次得低分,一致性差,说明测验结果不可靠,测验工具信度低。

使用复本法估计信度时应注意下列问题:首先,在测验中使用的必须是真正的复本,两套测验在题目内容、数量、形式、难度、区分度、指导语、时限等方面都应该相同或相似。怎样做到两份测验等值而又不同呢?一般采用题目变式的方法。如，A卷有一道已知速度、路程求时间的题，B卷就可以出一道已知时间、路程求速度的题，而且两题的数字繁简程度相当。其次，两次测验间隔不能长。两次测验连续实施或在很短的时间间隔内实施，相关系数所反映的才是不同复本的关系，而不掺有随时间增长被试水平变化的影响。有些情况下，相隔一段时间实施两个等值的测验，求得的就是再测复本信度，也叫稳定等值系数。第三，在实际测验中，为了避免顺序效应，可以使一半被试先做A本再作B本，使另一半被试先做B本再做A本。计算等值系数一般采用积差相关公式。

3. 分半信度

在测验没有复本且只能实施一次的情况下，可以将测验题目分为等值的两半，被试在两半测验上所得分数之间的相关系数就是分半信度。这个相关系数考察的是两半测验内容取样的一致性程度，因此也叫内部一致性系数。计算分半信度一般采用积差相关公式。

采用分半法估计信度的依据是：被测者的某种特性如果是稳定的，在一半题目上得高分，在另一半题目上也应得高分。如果测验结果两部分分值接近，表明测验可靠，内部一致性好。

使用分半法估计信度时应注意下列问题。首先，要解决的是如何将测验分成最接近的可比较的两半的问题。通常采用的是奇偶分半的方法。即将测验按题号分为奇数和偶数题两半。如果测验题目基本上是按由易到难的顺序排列，这种方法可得到近似相等的两半。在进行奇偶分半时要认真处理一组解决同一问题或互相有牵连的题目。如，一组题目都与某个图画或某段短文有关，那么整个这组题目应该放在同一半。如果将这样一组题目分成两半会高估分半信度。其次，分半信度对某些测验不适用。如，速度测验题目很多，难度较低，得分多少主要取决于做题的多少。如果用分半法估计信度，两半题目总分必然比较接近，会高估信度。另外，当测验中有任选题时也不宜使用分半法。第三，用积差相关的方法计算分半信度，所得的实际上只是半个测验的信度。而再测信度和复本信度却都是根据所有题目的分数求得的。由于在其他条件相等的情况下，测验越长，信度越高，因此直接用积差相关求得的分半信度经常会低估信度值，必须加以校正。

4. 同质性信度

同质性主要是指测验内部所有题目间的一致性。这里的一致主要是指分数的一致，而不是题目内容或形式的一致。当各个测验题目的得分有较高正相关时,无论题目内容与形式如何,测验为同质的,信度较高。当各个测验题目间得分相关很低时,即使所有测验题目看来都好像测同一特质,测验也是异质的,信度较低。用分半法可以对测验内部的一致性做出粗略估计,但是同一个测验用不同的分半方法得到的信度值是不同的。为了弥补分半法的不足,一般采用测量所有项目间一致性的方法估计同质性信度。

与前面介绍的几种信度不同,并不是所有的测验都要求较高的同质性信度。一般学绩测验可以不考虑同质性。同质性信度研究主要是为了保证所测量的内容是近乎"单纯"或一致的,这样从测验分数做出推论或验证某种构想就较为简单。同质性测验主要应用于发展心理学理论。

5. 评分者信度

在很多测验中,评分者也是误差来源之一。如投射测验、创造力测验、学科测验中的主观性试题等都依赖评分者的判断,不同的评分者的判断可能很不一致,因此考察评分者信度是非常必要的。计算评分者信度的最简单的方法就是随机抽取若干份答卷,由两位评分者独立评分,再计算每份答卷两个分数之间的相关系数。当评分者在三人以上,并以等级法计分时,可以采用肯德尔和谐系数作为评分者信度的估计。

(二)提高信度的方法

1. 试卷容量要大

题目数量较多,内容取样越恰当,信度受题目取样的影响越小。如,只出一道物理题考学生,学生会做不能说明他物理成绩很好,学生不会做也不表明他物理成绩很差。可见,题目少不能充分体现受测者的真实水平。而且,题目数量较多,每个题目上的随机误差就会相互抵消,有助于提高信度。当然,题目并非多多益善,只有增加同质题目才可以提高信度。题目过多,引起被试疲劳反而会降低测验信度。

2. 试题难度要适中

试题难度太大或太小,分数范围就会缩小,不能将不同水平的被试区分开来。测验的分数不能反映受测者的真实水平,测验结果不可靠,测验信度就会降低。要使信度达到最高,能产生最广分数分布的难度水平是最合适的。

3. 受测团体要异质

同其他相关系数一样,信度系数受团体中分数分布的影响。一个团体越是异质,其测验分数分布范围越大,信度估计越高;一个团体越是同

91

质,其测验分数分布范围越小,信度估计越低。

4. 测验内容不可杂

一般的测验总是想测量某种特质的。测验内容应紧紧围绕这种属性展开。如,要测量学生计算能力,就应专门选择一些计算题编成试卷,不要掺杂一些偏重于记忆的概念题和偏重于理解的原理题。除了综合性测验之外,其他测验内容应尽量保持同质。

5. 测验的程序要规范

包括测验之前试题要保密,测验时限要一致,方式要统一,回答学生问话口径要一致,不能有暗示作用,监考要严格等。

6. 测验时间要保证

除速度测验外,测验时间一定要保证受测者能从容回答完所有试题。如果时间太短,能够回答而没有时间回答,就会影响对被试真实水平的考察,使测验结果不可靠,信度降低。

7. 评分要客观、准确

分数是计算信度的依据,评分不准,计算出的信度就不可靠。怎样做到评分客观准确呢?首先要求评分者必须有相当的专业水准,要有高度的责任心,要严肃认真,不能有半点马虎。要严格掌握评分标准,判定准确,记分准确,不受个人喜好、情绪影响。其次是对于主观性试题,测试者应制定尽可能细致客观的评分标准,在评分之前进行培训,统一标准,做到评分一致。在实际评分中,经常采用一份试卷多人评定,每个固定评定某题的流水作业办法,就是为了统一掌握尺度,提高准确率,保证测量信度。

8. 受测者身体要正常

受测者的身体条件、精神状态,是否积极配合等都会影响其真实水平的发挥。为了提高测量信度,应在受测者身体正常的情况下进行测量。必要时应在主试与受测者相互熟悉,消除受测者紧张状态后再进行测量。

二、提高测量的效度

效度是指测验准确地测出它所要测量的特性或功能的程度。在测量理论中,效度被定义为,在一组测量中,由所要测量的变因引起的有效变异与总变异数的比率。效度既受随机误差影响,也受系统误差影响。效度是一个相对概念:一种测验只对一定的测验目的有效;测验是通过对行为样组的测量来间接推断心理特性。这种推断只反映某种程度的正确性。测验是否有效不是全或无的差别,仅是程度上的差别。

效度与信度有关,信度是效度的必要条件,但不是充分条件。即信度高,效度不一定高;但效度高的测验其信度必然高。

(一) 估计效度的办法

要判断一个测验的效度高低,需要知道要测量的事物特质的真实水平和对事物特质的测量结果,而要测量的事物特质的真实水平是不知道的,只有一个测量结果,怎么办呢? 人们根据不同类型测验的特点,研究出几种估计测量效度的办法。

1. 内容效度

内容效度是指测验题目对有关内容或行为范围取样的适当性。内容效度主要用于对学绩测验的评估。如,要考查学生对某学科知识的掌握程度,我们编制的测验不可能包含所有有关的内容,只能选择一个有代表性的样本,通过观察被试对个别题目的反应来推测他在总体中的表现。为了保证内容效度,首先必须明确测验内容的范围,然后对内容范围进行系统分析,将范围区分为具体的细目,根据各细目的重要性程度选择题目,各细目题目的比例要适当。

如何确定测验的内容效度呢? 一般是请有关专家对测验题目与原定内容范围的符合性做出判断。在教育测验中,就是由有关学科专家和有经验的教师对教学大纲与教科书做全面考察,并与测验题目做系统比较。如果测验题目有较好的代表性,说明测验有较高的内容效度。也有人提出利用相关系数的办法求测验效度。具体做法是:对同一测验内容范围,让两组人分别独立取样编制两份测验。对同一组被试实施测验,计算两次测验分数的相关系数,相关高则推论测验有内容效度,相关低则说明至少其中一份测验内容效度低。这种办法虽可以进行定量计算,但除了专门研究之外,一般学科测验很少使用。

2. 结构效度

结构效度也叫构想效度,是指测验在多大程度上正确验证了编制测验的理论构想。结构效度主要适用于能力、人格、动机等测验。一套测验的编制,往往要对所测量的心理特性提出一种理论上的设想,依此编制测验,然后检验测验结果在多大程度上符合构想的理论。

确定测验结构效度的方法主要有:第一,逻辑推理的方法,即分析所建立的理论结构体系与测验题目之间的关系,看这些题目能否较好地代表这个结构体系。如果能较好地代表,则结构效度高,反之则低。测验的内容效度有时可以作为测验的结构效度的证据。第二,实证的方法,可以用同一量表对不同组的被试实施测验,用测验的结果与累积的证据来验证测验的结构效度。如,智力测验的假设是智力随年龄增长,智力与学业成绩有密切关系。用同一量表对分别对 7、8、9 岁三个年龄组的学生实施测验,结果表明智力测验的分数随着年龄的增长逐渐增加,并且不同年龄组儿童的智力测验分数与其学业成绩相关显著,就表明此量表结构效度不错。如果测验分数没有随年龄增长而增加,说明这个测验的理论结构有问题,缺乏构想效度。这种估计效度的方法是编制心理测验量表时经常使用的。第三,因素分析的方法,通过对一组测验进行因素分析,可以找到影响测验分数的共同因素。这些因素可以解释的测验分数的总变异的比例就可以作为构想效度的指标。

3. 实证效度

实证效度是指测验预测个体在特定情境下行为表现的有效性程度。被预测的行为是检验测验效度的标准,这就是效标。实证效度是看测验对效标预测得怎么样,所以又叫效标效度。计算实证效度的主要方法为相关法,测验分数与效标测量间的相关系数叫做效度系数。

效标资料可以与测验分数同时收集,也可能需要在测验过后一段时间才能收集。因此效标效度又可以分为同时效度和预测效度两种。前者与用来诊断现状的测验有关,后者与预测将来结果的测验有关。

(二)提高效度的方法

由于效度的种类不同,所涉及的相关因素也有不同。要提高一个测验的效度,应结合这个测验的具体情况而论,就一般的情况而言,有如下方法:

1. 精心选编测验题目

(1)根据测验目的确定测验的范围、内容和结构,并据此选取测验题目,使之尽可能代表要测量的特质。

(2)题目难度要适中,区分度要大。

(3)增加题目数量,扩大覆盖率,题目表述要清晰明确,能引起学生兴趣。题目排列要由易到难。

(4)试卷印刷清楚,无错漏现象。

2. 选择有代表性的样本团体

效度系数受样本团体性质的影响。相同的测验对于不同特征的被试团体所测量的特质可能是不一样的,因为他们可能会用完全不同的方法来解决同一测验问题。因此,评价测验的效度时,用作效度研究的样本,必须是测验所要应用的团体的较好代表,与所要测量的团体性质非常接近。

3. 选择适当的效标

在评价测验的效度时,测验所测量的行为与效标行为越相似,效度系数越高。好的效标测量本身必须有效、可靠,既能真正反映观念效标,又要具有较高的信度。只有测验本身的信度和效标测量的信度都比较高,两个测验都可靠,二者才可能有较高的相关,效度系数才会高。另外,效标测量和测验分数之间必须呈直线关系才能满足计算积差相关的前提假设,否则会低估效标系数。

4. 提高测验信度

信度是效度的必要非充分条件,一个测验的效度总是受它的信度所制约的。因此,严格按照标准程序实施测验,减少各种无关因素的影响,可以提高测验的信效度。

三、把握试题的难度

(一)难度

1. 难度的涵义

难度即题目的难易程度。难度具有相对性,通常我们所说的难度是心理难度,而不是绝对难度。题目的难度除和内容或技能本身的难易有关外,还同题目的编制技术以及受测者的经验有关。正所谓,会者不难,难者不会。

题目的难度对测验的信效度有一定的影响。因为测验就是要测到被测对象某些属性的真实水平。如果题目难度不当,就会使测验失真,测不到真实水平。例如题目都很难,全班学生都不会解答,这就等于什么也没有测到。如果题目都很容易,全班都会解答个个得满分,这也说明不了多大问题,仍不能测量出学生参差不齐的实际水平。试题只有具备适宜的难度,才能区分出学生知识水平高低和能力大小。

2. 难度的计算方法

题目的难度通常用难度指数表示。题型不同,难度的计算方法也不同,一般可以分为两大类。

(1)客观题,即答案非对即错的题目。例如是非题、匹配题、判断题及选择题等皆属于此。这类题目的难度指数计算办法是求回答正确的人数与参加测验总人数之比,即通过率。用代数式表示为 $P=R/N$(其中 P 代表题目的难度,R 代表回答正确的人数,N 代表参加测验的总人数)。P 值越大,难度越低;P 值越小,难度越高。

例如有 100 个学生参加测验,答对某题的有 60 人。求此题的通过率。此时 $R=60$,$N=100$,那么 $P=60/100=0.6$,即此题的通过率为 0.6。

(2)主观题,例如作文题、论述题等。这些题目不能简单判定对还是错,而是根据解答质量评给高低不同的分数。这类题目的难度指数计算办法是求全体受测者在该题上的平均分与该题满分的比值。用代数式表示为 $P=\overline{X}/X_{\max}$(其中 P 代表难度指数,$\overline{X}$ 表示某题人均分,$X_{\max}$ 代表该题满分值)。P 值越大,难度越低;P 值越小,难度越高。

例如某次数学考试,其中有一题满分值为 10,全班人均分仅为 5,那么,此题的难度指数 $P=5/10=0.5$。

(二)区分度

1. 区分度的涵义

区分度,即测验题目对所测量的心理特质的区分程度和鉴别能力。这是衡量题目质量的重要指标,它对测验的信效度具有重要作用。一般地说,同做一道试题,如果能力强的得分高,能力中等的就得中等分数,能力差的得低分,就可以认为这道题具有较好的区分度或较强的鉴别能力,它能够把被试高低不同的实际水平区别出来。如果能力强的反得低分,或能力强弱得分相同或无规律,就说明此题区分度低。

2. 区分度的计算办法

题目的区分度主要是用受测者对题目的反应与某种参照标准之间的关系来考察,这种参照标准实际上就是测验的效标。当外在的效标难以取得时,可以用测验的总分来代替。测验的总分被认为是对被试该心理特质的一个适当的测量。因此,题目的区分度通常是用被试在某个题目上的得分与其测验总分的相关来表示。

题目的难度和区分度水平如何才比较适当,取决于测验的目的、题目的形式以及测验的性质等。在实际教育工作中,为了考查学生对某些知识、技能是否掌握,可以不考虑难度、区分度。某些通过率为 100% 的题目也不必淘汰。当测验用于选拔作用时,题目的区分度就要高一些,应较多采用那些难度值接近录取率的题目。例如要选拔 10% 的学生参加学科竞赛,那么,选拔赛试题的平均难度就应大,使通过率在 10% 左右就行了。

那么,对于一份测验来说,应怎样把握每一题的难度、区分度和整份测验的难度、区分度呢? 一般地说,要将全体被试做最大程度的区分,每一题的难度应保持在 $0.2\sim0.8$ 之间,整份测验的平均难度应在 0.5 左右。通常的做法是:首先通过试测计算或教师根据经验估计每一个准备作为试题的题目的难度,然后从中精选一些题目按难度从小到大排列。再计算出整份测验的平均难度,最后进行调整,直到满意为止。对于教育测验来说,一般要求题目与总分的相关达到 0.2 以上。

第三节　常用测量方法

尽管教育测量的基本过程相同,但如何具体操作,却会随测量种类不同而有所不同。下面介绍几种常用测量的操作方法。

一、成就测验

成就测验是测量经过某种教育或训练后获得的知识和技能的手段。它是评估学生发展、学科教学的重要工具。依测量内容、编制程序及测验目的等的不同,可以分为不同的种类。按测量科目的多少不同,可分为成套成就测验和单科成就测验;按测验编制程序不同,可以分为标准化成就测验和教师自编测验;按测验的目的不同,可以分为预测性测验和诊断性测验;按解释时的参照标准不同,可以分为常模参照测验和标准参照测验。下面我们将以单科的考试为例向大家介绍标准化成就测验和教师自编测验的编制和使用。

(一)标准化成就测验

标准化成就测验至今还没有一个公认的确切定义。一般地说,如果某次考试从确定考试目的和进行考试设计,到编制试卷、实施考试、阅卷评分和对分数的处理解释等全过程都严格执行统一的标准,这样的考试就可以称为标准化成就测验。这个统一标准是由学科专家和测验编制专家预先设计并明文规定的,要求全体参加测试的工作人员和被试人员必须严格执行的。执行得越好,标准化程度越高。具体地说,标准化体现在如下几个方面:

1. 编制试卷科学化

标准化成就测验的试卷由经验丰富的教师和教育测量专家组成的命

97

题小组集体编制。编题前,他们还要明确考试目的、内容、使用对象,编写考试大纲,制定编题计划。编题时严格按照大纲要求和计划内容编写,并由专门人员对试题进行审查,从中筛选一部分质量高的题目组成测试卷进行测试,再根据试测结果进行统计分析,计算出试题的难度和区分度等数据。如果有些数据不符合要求,还要对试题进行修改。只有那些经筛选和修改后符合要求的题目方可存入题库。当准备举行某次考试之前,由专家组按考试要求从题库中抽取一些题目组合成试卷。这样的试卷,在试题的数量多少、难度大小、区分度高低、题型类别等方面都尽量达到最优化,并形成最佳组合,使其具有很高的信效度。

2. 实施考试统一化

标准化考试的实施由主试机构统一设计、统一要求,严令每一个参考者和工作人员都必须严格执行。统一要求包括:考试定在哪几天,哪天考哪几门,每一门从几点几分到几点几分;什么时候进场,什么时候发卷,什么时候收卷;考场设在哪里,考场应保证什么条件,场外应达到什么要求;监考老师如何发卷,如何收卷,如何回答学生问话,如何防止学生作弊,如何查对和密封试卷,如何处理偶发事件;考生应怎样遵守考场纪律,如何填写答案等等。

3. 阅卷评分公正化

标准化考试的试题多数是客观性试题,如判断题、是非题、匹配题、填空题、选择题等。这些题的正确答案明确,考生回答非对即错,毫不含糊,批阅试卷的老师对照评分就是了,一般不会出现误判和评错的现象。对于论述题、作文题之类主观性试题,标准答案也有比较具体的回答要点和评分标准。在正式批阅之前,要组织老师试评,让大家掌握要领,统一标准之后才正式进行批阅评定,在批阅之后,还组织专人进行复查。为了做到公正、客观,一般还采取每份试卷多人批改,流水作业的形式,以避免标准不一或徇私舞弊的行为发生。对于试卷的合分、登分等容易出错的步骤,组织者应十分谨慎,组织专人进行。现在采用计算机处理,使之更加客观化、公正化。

4. 分数解释合理化

标准化考试要求将原始分数化成标准分数之后再进行比较。合计总分时,是在分别确定各科权重的基础上,将各科的标准分数加权后累计。这比原始分数直接相加累计要科学、合理得多。能更准确地反映学生在某一总体中的位次。同时,标准化考试要建立常模,有了常模参照,对每个学生的考分解释就更加准确、客观、合理了。

（二）教师自编测验

由于标准化的成就测验不多，不足以满足教师日常教育教学的实际需要。因此，提倡教师依照标准化测验的方法自编测验。这种方法在当前的学校教育中得到广泛应用，也叫新法考试，是每一位教师都必须认真研究和掌握的。教师自编测验的关键在于制定考试计划和编写试题。下面着重讨论这两个密切相连的关键步骤。

1. 制定考试计划

此步骤包括确定考试目的，分析考试目标，设计考试蓝图，决定考试时限、试题类型、试题数量、记分方法，制定考试要求等。

（1）确定考试目的，即为什么要考试。这一步看来简单但很重要。因为下面一系列步骤都是围绕此目的设计的。例如目的是选拔少数学生参加学科竞赛，要测量的是学生全面知识水平和灵活应用知识的能力。那么试题的目标层次要高，以综合应用为主，试题内容要广，以全学科为范围；考试时间应长一些，试题数量多一些，难度大一些。如果目的是了解本阶段的教学情况，那么要测量的就是学生对本阶段所学知识掌握的实际水平，试题的目标层次应符合大纲要求，内容是本阶段所学的，考试时间可短一些，试题数量可少一些，难度小一些，用等级记分就可以了。

（2）分析考试目标，即明确考哪些东西，这些东西是否能够测量并适合于测量。目前我国对教学目标的分类一般借鉴美国心理学家布鲁姆的分类法，并结合我国的实际情况进行的。教育目标分为认知、情感和运动技能三大类。认知目标又分识记、理解、应用和综合运用四个层次，情感目标分为接受、反应、爱好和形成品格四个层次，运动技能目标分为知觉、定势、熟练和自动化四个层次。学科测验一般主要测定认知目标。分析考试目标就是根据以上分类方法，在考试范围之内，对照教学大纲和教科书中规定学生必须学习掌握的这一部分内容，分析研究本次考试的目标。

（3）设计考试蓝图，绘制双向细目表。为了能把考试范围内的知识点、技能点与目标层次要求较好地结合起来，一般是编制一份命题双向细目表以帮助教师搞好综合平衡。此表包括要考的内容在考试范围各部分内容中所占的比例和要考的目标层次在各部分目标要求中所占的比例。例如某年级某学科考试范围共四章，分析教学大纲规定的教学知识点及其目标要求,可制定双向细目表,如表6-1。

这张表是编制试题的蓝图,它不仅设计了考题在各章是如何分布的,所考教学目标的层次要求比例及在各章的比例,而且对决定考试时限、考题多少、考题类型、记分方法、分数分配等,都起重要作用。因此,这是制定考试计划中最关键的一步。

表6-1 命题双向细目表

比例　　目标 内容	识记	理解	应用	综合运用	合计
第一章	7	10	8	0	25
第二章	3	7	10	5	25
第三章	7	11	12	10	40
第四章	3	2	0	5	10
合计	20	30	30	20	100

2. 编写试题

此步骤包括选择试题类型、编写试题、编制试卷、提供标准答案、确定评分方法、编写考试说明书等。

(1)选择试题类型。试题可以分为两大类型,一类是客观性试题,一类是主观性试题。

各种类型的题目都有其长也有其短。选择题型时应根据考试目的的需要和学科具体情况恰当选用。一般地说,较大范围的统一考试,较多采用是非、选择、简答、匹配等题型。客观性试题容量大,分布广,覆盖率高,评分客观。证明、论述、论文等主观性试题所占比例少一点。如果是日常形成性测验等本校本班级考试,则主观性试题就可以多一些,便于教师诊断教学,掌握情况。

(2)试题编写。不管哪一种题型的试题,编写时都应注意如下问题:① 根据命题双向细目表上的分数分布情况,决定题型并选择试题内容。例如表6-1中,第一章内容中识记层次的试题占7分,如果一个知识点占1分的话,那么,就在第一章识记内容中选择重要的或有代表性的7个知识点。然后把这7个知识点编写成是非、填空、简答等偏重于记忆的题型。再如第四章内容中综合运用层次的试题占5分。那么,就在第四章内容中,选择重要的有代表性的能够测量出学生综合运用能力的几个题目进行比较,并估计解答此题所需时间,根据分值决定最佳题目。② 掌握各种题型试题的表述方法,用词要恰当准确。例如多项选择题是由题干和选目两项组成的。题干用直接疑问句或不完全陈述句,选目由正确答案和干扰答案两部分组成。干扰答案一定要对正确答案具有一定的干扰作用。以测定学生是否知道世界上最长的河流为例,题干可为:哪一条是世界上最长的河流? 或世界上最长的河流是:_____。选目可为长江、尼罗河、亚马逊河、密西西比河。选目中不能用黄河、淮河、黑龙江为干扰项,因为很明显这些河流不是最长的。试题的文字力求浅显易懂,除了语文科可以考生字词之外,其他不要用生字词,以防因受语文水平影响而考不好其他学科。措词要准确,不能引起歧义,也不能造成暗示。

　　(3) 审查试题,编写试卷。试题编写之后,要审查如下几个方面:① 覆盖率,看是否覆盖了考试范围内的主要内容。如果发现有较大空白,应补充编写。② 教学目标层次,看是否符合双向细目表的规定,如差异较大,应及时调整。③ 难度是否适宜。不经试测也可估计一下难度,一般地说,目标要求层次高的题目难度大,应根据不同考试目的确定试题难度。④ 知识点,看有无重复。例如某题考到了某个知识点,其他题虽然不考这个知识点,但在解答过程中用到这个知识点。这也是一种重复,应尽量避免。另外,有无科学性错误,有无题意不明,答案有无歧义,此题对彼题有无暗示作用等均在审查之列。题目审查好之后就可编制试卷。编制试卷应注意如下方面:① 从易到难,组成梯形结构。这样有利于提高学生自信心,充分发挥水平。② 题目数量与考试时限是否相宜,防止出现大多数考生时间不够用或时间用不了的现象。③ 题型与编排次序及整个试卷的结构有无不当。若有则要进行适当调整。④ 估计一下内容效度高低,尽量使试卷具有高效度,能较好地为考试目的服务。

　　(4) 编写标准答案,决定计分方法,编写说明书。客观性试题的标准答案要明确、唯一、毫不含糊。主观性试题的标准答案应尽量具体明确,便于评分者操作。但不能僵化,应考虑到发挥考生的创造性思维。计分方法一般用百分制或等级制。哪一题多少分应注明。主观性试题回答了哪些要点或做到哪一步得多少分也应注明,以免评分人员不好掌握。考试说明书一般包括考试目的、时限、答题方法、记分方法等。目的是让考生独立理解试题,防止考生不明白乱提乱问,监考老师回答口径不一致而影响考试结果。如果是本班级考试,考试说明书可以不要。

二、智力测验

(一)智力测验的涵义

智力测验是测量人的智力水平高低的手段。智力测验的目的是为了区别人的智力差异,预测人的发展趋势以便选拔人才,或诊断学生智力发展情况,以便因材施教,提高学习效果。

(二)智力测验的步骤与方法

1. 确定测验目的

此步骤要明确两个问题:第一是为什么要测验,是为了区别某群体中个体之间的智力差异,还是为了诊断个体内部的智力因素的差异。第二是测量哪些人,是儿童组、少年组,还是成人组?不同年龄组使用的量表、常模都有不同。

2. 选择测验量表

编制智力测验量表是一项十分艰巨、复杂的工作,需要大量的资料、精力和专门技能。因此,智力测验一般都是选择已被公认有较高信效度的现成的智力测验量表。目前,比较著名的智力测验量表有如下几种:

(1)比奈—西蒙智力测验中国修订版

此量表是比奈—西蒙智力测验传入我国后经三次修订而成的,适用于2~18岁被试者。测验共51个题目,依难度顺序排列,每岁三个题目。计分采用离差智商。

操作要点:首先根据被试的实际年龄从测验指导书的附表中查到测验的起点题,然后按指导书的测验程序和要求进行测验。每通过一题记一分,连续五题不通过即停止测验。最后根据被试答对题目的分数,加上承认他能通过的题目的分数(补加分),得到测验总分,从指导书的智商表中查出该被试者的智商。

(2)韦克斯勒智力量表

韦氏量表分为幼儿、儿童和成人3种,分别适用于4~6.5岁、6~16岁、16~74岁被试。量表包括言语和操作两部分。实施测验时言语分测验和操作分测验交替进行。以韦氏儿童智力量表为例:

言语量表	操作量表
① 常识(30 项)	② 图画补缺(26 项)
③ 类同(17 项)	④ 图片排列(13 项)
⑤ 算术(9 项)	⑥ 积木图案(11 项)
⑦ 词汇(32 项)	⑧ 物体拼图(4 项)
⑨ 理解(17 项)	⑩ 译码 A(45 项)(图形对符号,用于 8 岁以下) 译码 B(93 项)(数字对符号,用于 8 岁以上)
⑪ 背数(14 项)(备用测验)	⑫ 迷津(9 项)(备用测验)

韦氏量表优点是覆盖面宽,从幼儿至老年均可使用。它可以提供言语智商、操作智商和全量表智商,能够全面地反映智力的各方面。并且,三种韦氏智力量表全部都有中国修订版,韦氏成人智力量表和幼儿智力量表由湖南医学院龚耀先教授主持修订,韦氏儿童智力量表由林传鼎、张厚粲教授主持修订。

(3)瑞文渐进推理测验

瑞文标准推理测验由英国人瑞文 1938 年编制,适用于 6~80 岁的正常个体,此后发展出了适用于更小年龄儿童(5.5~11)和智力落后成人的瑞文彩色推理测验以及适用于正常智力之上的青少年和成人的瑞文高级推理测验。从 1985 年 10 月开始张厚粲教授对这三种瑞文渐进推理测验进行了修订。

瑞文渐进推理测验是一种非文字的智力测验。瑞文标准推理测验共有 60 题目,分 A、B、C、D、E 由易到难的五组,每组 12 题,组内题目的难度也依次增加。A 组测知觉辨别、图形比较、图形想象等;B 组测类同、比较、图形组合等;C 组测比较、推理、图形组合等;D 组测系列关系、比拟、图形套合;E 组测互换、套合等抽象推理。每个题目左边有 1 张大图,右边有 6 张小图。大图上留有一块空白,6 张小图中仅有 1 张补在这个空白上恰好合适。下面是其中的第 1 张:

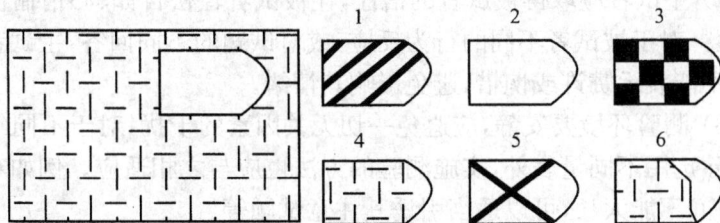

图 6-1 瑞文推理能力测验图形之一

（4）考夫曼儿童成套评估测验

考夫曼儿童成套评估测验是考夫曼 1983 年编制的儿童智力测验。考夫曼将智力定义为"个体解决问题和信息加工的模式"。该量表用于测量 2.5～12.5 岁儿童同时心理加工和系列心理加工的问题解决能力，还包括测量阅读和算术等技能的成就测验。

量表提供四个方面的分数：即系列加工、同时加工、综合心理加工（同时与系列相加）和成就测验分数。10 个心理加工分测验是：变幻窗、人像识别、手部运动、完形建立、数字记忆、三角拼板、词序、矩阵类比、空间记忆和照片排列。6 个成就分测验是：词汇表达、认知人像与比喻、算术、从给定特性猜物体、阅读译码和阅读理解。

除普通人群常模外，该测验还特别提供了不同种族和不同社会经济地位儿童常模，少数民族儿童、残疾儿童、学习困难儿童常模，可以满足测验特殊团体的需要。

随着智力理论的发展，特别是斯腾伯格的三重智力理论和加德纳多元智力理论的提出，智力测验的发展也呈现出多元化的趋势，基于各种新的智力理论的智力测验不断出现。著名的智力测验量表还有许多，篇幅所限不再介绍。主试者应根据测试目的和测试对象的具体情况选用恰当的量表。例如只要一个智力总分的就可选用《中国比奈—西蒙智力测验》，要区别言语智力与操作智力的或对成人的则可选用韦氏量表，要避免语言、文化等对智力测验的影响可选用瑞文渐进推理测验。

3．实施测验

实施智力测验要注意 3 个问题：

（1）必须严格遵照测验指导书中规定的指导语、程序、步骤、评分标准、注意事项办事，不能私自更改。任何改变程序，增删指导语、或对被试者予以暗示等，即使很轻微，均会严重影响测验结果，使测验不标准，甚至失去意义。

（2）主试者应取得被试者的信任，让被试者轻松自如、心情愉快地参加测验。对于被试者不同的行为反应，或对试题的不同回答，主试者只管记录，不能表示赞许或惋惜，避免影响其情绪。

（3）测验环境要安静，应避免一切无关因素的干扰，对于不同年龄组的人，除选用不同量表外，实施测验的方法也应与之相适应。例如对幼儿测验时间不能太长，可以适当引诱其注意试题等。

4. 测验结果的评价和解释

(1) 直接比较原始分数。智力测验的直接结果是根据被试者正确回答问题多少而计算的原始分数。如果在同一年龄组内,分数高,说明智力较好,分数低则智力较差。这种办法简便但粗糙。

(2) 比较智力年龄。量表是由易到难,按年龄组设计的。例如 5 岁儿童恰好通过 5 岁量表,则他的智龄是 5 岁,如果他能通过 6 岁量表,则智龄就是 6 岁。智龄低于实际年龄者则智力水平低,与实际年龄相符者则智力正常,高于实际年龄者则智力水平高。

(3) 比较智商大小。智商是智龄与实龄之比,为避免出现小数,将商数乘以 100。以这种方式获得的智商叫比率智商。智商大于 100,表示智力发展水平较高;若低于 100,则表示智力发展水平较低。智商用 IQ 表示,即

$$IQ=智龄/实龄×100。$$

例如 5 岁儿童智龄为 6 岁,则其智商 IQ=6/5×100=120。

(4) 与智商分布表对照。正常人群的智商属正态分布。由于所用量表不同,数据略有不同。

(5) 不同的智力测验依据的智力理论以及使用的方法不同,所测量的智力也就不同,在对智力测验的结果进行解释时需要特别注意,既要结合测验总分对被试智力水平在群体中的相对地位做出解释,又要结合测验考察的各智力因素(一般表现为各分量表分数)对个体内智力发展差异做出分析和解释。

三、个性测验

个性测验也叫人格测验,是用心理测验方法对人的个性进行的测量,即测量一个人在一定情境下,经常表现出来的典型行为与情感反应。个性包括心理倾向性和个性心理特征两方面。前者指需要、动机、兴趣、理想、信念、价值观等,后者指气质、能力、性格等。这些心理因素在一定的刺激作用下,总会通过人的行为、语言等表现出来。因此,可以对它们进行测量。测量人的个性的基本思路与成就测验、智力测验大体相同,也是用量表刺激被试者,观其反应,记下分数,最后解释结果。下面主要介绍个性测验的方法。

(一)自陈量表法

所谓自陈就是让受测者个人提供关于自己人格特征的报告。自陈量

表法就是用一系列与所要测量的人格特征有关的陈述或问题组成问卷，请受测者根据自己的观点、态度、经验等做出回答，从其答案中考察受测者这项个性特征的方法。采用这种方法有两个关键之处：第一是量表上的题目确实能够引发受试者的行为反应，把其个性特征表现出来。第二是受试者必须积极配合，实事求是的把符合自己个性的答案报告出来。目前常用的信效度较高的自陈量表主要有：

1. 明尼苏达多项人格测验（MMPI）

明尼苏达多项人格测验是由美国明尼苏达大学的哈萨维和麦肯利教授编制的，是目前应用最广的人格测验。适用于 16 岁以上的成年人，要求被试有小学以上文化水平。已由中科院心理所宋维真等同志引进修订。

该量表共有 566 个题目（有 16 个为重复题目，实际上是 550 题）。题目的内容非常广泛，包括健康状况、精神状态、对婚姻、家庭、宗教、社会、政治、法律等问题的态度。明尼苏达多项人格测验包括 10 个临床量表和 4 个效度量表。10 个临床量表分别是：疑病（Hs）、抑郁（D）、癔症（Hy）、精神病态（Pd）、男子气—女子气（Mf）、妄想狂（Pa）、精神衰弱（Pt）、精神分裂（Sc）、轻躁狂（Ma）、社会内向（Si），这 10 个量表所得分数，代表 10 种人格特质。4 个效度量表主要是考察被试在测验时有无粗心、不明题意、掩饰、反映定势等现象，参加测验时的态度如何。这些量表分数出现异常，表示测验的效度值得怀疑。这 4 个量表是：疑问量表（Q）、说谎量表（L）、诈病量表（F）、校正量表（K）。

2. 卡特尔十六种人格因素测验（16PF）

卡特尔十六种人格因素测验是由美国伊利诺州立大学卡特尔教授编制的，适用于 16 岁以上的成人。已由台湾学者刘永和做了修订。

该量表现有五个复本，其中 A、B 本为全版本，各有 187 个题目，C、D 本为缩减本，各有 106 个题目，E 本适用于文化水平较低的被试，有 128 个题目。16PF 测量的 16 种人格特质分别是：乐群性（A）、聪慧性（B）、稳定性（C）、恃强性（E）、兴奋性（F）、有恒性（G）、敢为性（H）、敏感性（I）、怀疑性（L）、幻想性（M）、世故性（N）、忧虑性（O）、实验性（Q_1）、独立性（Q_2）、自律性（Q_3）、紧张性（Q_4）。除测量 16 种人格因素外，卡特尔还提出了 4 种次元人格因素，这 4 个次元人格因素的得分可以由 16 种人格因素的标准分加权后求出。这 4 种次元人格因素是：适应与焦虑性、内向与外向性、感情用事与安详机警性、怯懦与果断性。

3. 艾森克人格问卷(EPQ)

艾森克人格问卷是由英国伦敦大学艾森克教授编制的。已由北京大学陈仲庚等同志修订。

该量表目前有成人问卷(101题)和青少年问卷(97题)两种形式。EPQ主要考察三个独立的人格维度:神经质又称情绪性(N)、内外倾性(E)、精神质又称倔强性(P),后来又加进来一个效度量表(L)测量被试掩饰和说谎,或者测量其社会性朴实幼稚的水平。

4. 12项个性因素量表

12项个性因素量表是由朱智贤教授主持编写的,适合我国广大中小学生使用。它把人的个性分成上、中、下三个层次,下层是行为特征,中层是态度体系、上层是价值观念。底层是基础,上层对中层及下层起支配调节作用,并在底层表现出来,底层的行为特征分为情绪、意志、理智三个方面,每个方面包含4种因素,于是就构成12种因素。

表6-2 个性12种因素结构图

特征	情绪特征	意志特征	理智特征
代表符号	Q	Y	L
构成因素	Q_1稳定性	Y_1独立性	L_1思维水平
	Q_2强度	Y_2自制性	L_2求知欲
	Q_3持久性	Y_3坚持性	L_3灵活性
	Q_4主导心境	Y_4果断性	L_4权衡性

12种个性因素量表由104个问题组成,1~96题为第一部分,测12种性格特征,每个因素8个题目,每个题目3个答案。例如:第26题,你会因为白天发生的事而睡不着觉吗? ① 不是,② 不一定,③ 是的,(Q_2)。第30题:在生人面前,你能很大方吗? ① 不是,② 不一定,③ 是的,(Y_2)。97~104为第二部分,主要了解学生社会背景情况。

施测时,让学生对照自己的个性情况符合哪一个答案就画圈。主试者根据回答情况,评分计算结果并对照常模,即可判定受试者的个性特点。

5. 爱德华个性偏好量表(EPPS)

爱德华个性偏好量表由美国心理学家爱德华编写,适用于高中生、大学生及一般有阅读能力的成人。

该量表同 225 个题目组成,其中有 15 个重复题目。每题包括两个第一人称的陈述句,要求受测者按照自己的个性偏好从二中择其一,通过个人对题目的选择鉴别其在 15 种心理需求上的倾向,从而了解其人格特质。这 15 种需求是:成就、秩序、自主、省察、支配、慈善、坚毅、攻击、顺从、表现、亲和、求助、谦逊、变异、性爱。全量表的题目平均分配测量这 15 种需求,构成 15 个分量表。

6. 库德一般兴趣量表(KGIS)

库德一般兴趣量表是作为库德职业偏好量表的修订版和向下延伸发展起来的。适用于六到十二年级学生,可用于学生的课程选择和职业指导。

该量表由 168 个三择一式的问题组成,包含 10 个分量表,分别是:户外活动、机械、科学、运算、劝说、艺术、文学、音乐、社会服务、文书。每题的选项是三个句子,与三种活动有关,要求被试从中选出最喜欢和最不喜欢的。

7. 临床症状自评量表(SCL－90)

临床症状自评量表由上海铁道医学院吴文源引进修订,主要用来筛选心理问题和心理病理症状,是目前心理咨询门诊中广泛应用的一种自评量表。

该量表共 90 个项目,包含 10 个因子。这 10 个因子分别是:躯体化、强迫症状、人际关系敏感、忧郁、焦虑、敌对、恐怖、偏执、精神病性、其他。

8. 学习动机诊断测验(MAAT)

学习动机诊断测验由华东师范大学周步成修订,适用于小学四年级到高中三年级学生。

该测验共 92 个题目,由四个分量表成功动机、考试焦虑、自己责任性、要求水准构成。其中成功动机通过知识学习、技能、运动、社会生活四个场面测定,考试焦虑通过促进的紧张、失败回避动机两方面考察。

9. 学习适应性测验(AAT)

学习适应性测验由华东师范大学周步成修订,适用于小学一年级到高中三年级学生。

该测验项目分小学 1、2 年级用、小学 3、4 年级用、小学 5、6 年级用、初中和高中用四组。测验项目随年级升高而增多。小学 1、2 年级用有 5 个内容量表,小学 3、4 年级用有 7 个内容量表,小学 5、6 年级用有 9 个内容量表,初中和高中用有 12 个内容量表。以小学 5、6 年级用为例,9 个内容量表为:学习热情、学习计划、听课方法、学习技术、家庭环境、学校环境、独立性、毅力、心身健康。

小学 5、6 年级用和初高中用测验,在内容量表基础上又各自分为 4 个分量表:学习态度、学习技术、学习环境、心身健康。为了提高测验的信效度,各年级组均编有一个效度量表,从小学三年级开始增加归因量表、从小学五年级开始增加学习方式量表包括认知方式和记忆方式两种。

此外为了了解学生生活的实际情况从小学五年级开始增加实际调查量表,为了检查学生对自己的行为的评价严格与否,从小学三年级开始增加要求水准量表。

(二)投射法

投射法就是主试向受测者提供一些意义不明确的刺激物,让受测者在没有控制的情况下,对各种含义模糊的刺激自由做出反应,从而不知不觉地表露出自己的个性特征的方法。主题统觉测验和罗夏墨迹测验就是典型的投射测验。

主题统觉测验是由美国哈佛大学的默瑞与莫根编制的。测验由 30 张黑白图片和一张白纸组成。图片上的内容多为人物,也有部分景物,图片较为模糊,意义较为隐晦。向受试者提供一系列意义模糊的图片,让受试者根据这些图片发挥想象、编造故事。主试者根据其编造的故事主题来分析评判受试者的个性特征。

实测时,根据年龄性别的不同从中选出 19 张画片和一张白纸,并按规定的顺序呈现。指导语是"请你看一些图片,并根据每张图片讲一个故事,说明图片中所表现的是什么事物,为什么会造成这种情况,以后会产生什么,你可以随意讲,故事越生动越好。"被试在想象和叙述故事时眼看空白卡片,可以起到集中注意与刺激想象的作用。每张图片大约进行五分钟。主试在每张图片完成后与被试交谈一次,以求深入了解和澄清故事的内容。主试者从受试者描述的图画和编造的故事中,可以分析推测出受试者的需要、动机、情绪、冲突、所感受到的外界压力等。

罗夏墨迹测验是由瑞士精神病学家罗夏首创的。罗夏墨迹测验由十张墨渍图构成。施测方法分自由联想和询问两阶段。在自由联想阶段要求受试者每看一图,从墨迹联想到什么就说什么,直到无联想就换下一张图。在询问阶段主试将图片逐一交给被试,并询问被试是根据墨迹的哪一部分做出反应的,引起反应的因素是什么。通过分析被试的回答来分析其人格特质。此外还有词语联想测验,即主试者提供一些单词,让受试者围绕这些单词发挥联想说出最先想到的词。绘画测验,即让受试者自由地绘画,从所绘的画中分析推测其个性特征,等等。

虽然用投射法测验人的个性,怎样设计,怎样操作,怎样分析推测和解释测验结果,还有待进一步研究,但是投射法在教育实践中仍可以尝试运用。当问到某些比较敏感、涉及个人隐私或存在利害关系的问题,孩子不愿意正面回答时,家长和教师就可以尝试采用投射法。比如很多家长和老师会遇到小学生不愿意上学的情况,询问原因时,孩子多数会说"我头疼或者我肚子疼"等。家长和教师可以采用投射法,先给孩子展示一幅图片,图片上一个小男孩子低着头提着书包走在上学路上,妈妈在前面喊,"明明,快一点,要迟到了",请孩子讲一讲图片上画的是什么,发生了什么事,为什么等,家长和老师可能就会了解到孩子不想上学的真正原因,比如老师不喜欢他,经常批评他,某一门课总是听不懂,学校里有大孩子欺负他,孩子写作业写得太晚很困,作业没有完成怕老师批评等。

随着计算机技术的发展,"项目反应理论"(IRT)等理论在教育和心理测量领域得到越来越多应用,这些理论有一定难度,有待我们今后继续深入学习。

【巩固与思考】

1. 什么是教育测量?有何作用?
2. 教育测量使用什么工具?有何特点?
3. 如何计算信度,怎样提高信度?
4. 如何估计效度,怎样提高效度?

【应用与实践】

以小学第十册语文课本为考试范围,绘制一张命题双向细目表,并编制一份期末考试试卷。

第七章　调查研究法

调查研究是教育科学研究中常用的基本方法之一。通过调查了解已经取得的成绩、经验与教训，弄清存在的问题。从对调查到的大量事实的研究分析，概括出有关教育现状的规律，以及教育现象之间的联系。在调查研究的基础上，预见教育发展的趋向。这就是本章要讲的调查研究法。

第一节　调查研究的意义

调查研究，作为了解事实、收集第一手资料的手段，已被广泛地运用于社会各个领域，而其中尤以教育活动中的调查研究最为活跃，最有成效。调查研究法适用于研究现实的教育问题，与其他方法相比，调查研究法更适用于描述一个大的总体的性质、倾向，以及用于研究人们对教育的态度等问题。

一、调查研究的概念

研究者为了深入了解某一社会现象，本着弄清事实、发现存在问题、探索其规律而采取的有目的、有计划、有系统的研究方法，称之为调查研究法。当调查研究法运用于教育领域，研究教育问题时，人们常常称之为教育调查法；当这一方法运用于人类学等领域时，又称之为田野调查法。田野调查又叫实地调查或现场研究，主要用于自然科学和社会科学领域的研究，如人类学、民俗学、考古学、生物学、生态学、环境科学、民族音乐学、地理学、地质学、地球物理学、语言学、古生物学、社会学等学科的研究。

科学的人类学田野调查方法，是由英国功能学派的代表人物马林诺夫斯基（Bronisław Kasper Malinowski）奠定的，在我国这方面卓有成绩的是著名社会学家费孝通先生。其最重要的研究手段之一就是参与研究对象的活动。它要求调查者与被调查对象共同生活一段时间，从中观察、了解和认识他们的社会与文化。

调查研究作为教育研究的基本方法之一，与其他方法相比，有自己突出的特点：其一，它不必像实验法那样控制实验对象以及其他变量，而是在自然状态下去收集资料；其二，它在更多情况下不必像观察法那样去直接感知现象，而是通过资料进行间接的研究；其三，它不像历史法那样以教育的"过去事件"为研究对象，而是以教育的"现在事件"为研究对象，来研究教育的史实。

调查研究作为一种研究的方法，之所以能够广泛地运用于社会各个领域，能够有如此多的实践工作者去运用，是与它自身的优点分不开的：① 不受时空限制，能在较短时间内、以较快的速度、对较大范围的事实进行研究；由于调查研究法在很多情况下不必直接感知现象而是一种间接的研究方法，因此，它可以通过邮寄、电话等手段，以问卷、访谈等形式，大量地迅速地收集信息。② 简单方便，容易操作。由于调查是在自然状态下进行的，对环境和其他一些研究条件要求不高，且不需要操纵和控制调查对象，所以能在较大的范围内为较多的研究者采用。但作为一种研究方法，它也有自己的局限性。主要是：① 无法确定现象之间的因果关系。由于调查研究法是在自然状态下收集资料，而不是通过实验去主动操纵和改变现象与变量，因此，即使当我们通过调查发现甲乙两现象之间有密切关系时，我们也难以确定谁是因谁是果，因为甲乙之间的关系会有多种可能。② 调查研究的可信度受被调查对象的态度和作风影响。由于调查研究法是向别人间接了解情况，因此，被调查者所反映事实的客观性和真实性程度，决定了我们获得资料的可靠性程度。如果被调查对象所反映的事实主观加入成分太多，我们所获得的资料的可靠性就差，自然调查的信度就差，而对于被调查对象有意无意地主观加入，研究者是很难控制的。

二、调查研究的方法和步骤

教育调查有各种方法，或者由调查人员直接访问、记录；或者发调查表由被调查者填写；或者由被调查人员回答问卷；或者查阅档案文件及统计资料。具体运用时应根据实际需要选择最佳方法。

（一）调查研究的主要方法

根据调查时收集资料的方式不同，我们可以把调查研究分为开会调查、填表调查、问卷调查、访谈调查、查阅资料等。

1. 开会调查

开会调查，就是通过召开座谈会进行调查。它是在小范围内，通过与少数人的谈话来了解情况、收集资料的一种调查研究法。

通过召开座谈会进行调查,需要注意下面三个问题:

第一,调查者要事先拟好详细的调查提纲,并将调查内容事前发给被调查者,请他们事先做好准备。

第二,与会者必须是与调查内容有关的人员,要尽可能避免因领导或专人指定带来倾向性、暗示性,尽可能避免人事关系对与会者的影响。

第三,参加座谈会的人,每次数量不宜太多,3~5 个、7~8 个即够。人数不多,大家都有发言的机会,可以畅所欲言,互为补充和印证。

2. 填表调查

填表调查,是由调查者根据调查的内容设定有一系列调查项目的表格(如表7-1),请调查对象如实填写的一种调查研究法。调查表与问卷的区别在于:调查表偏重于事实及数字的材料收集,而问卷则偏重于意见的征询。

表 7-1 _____市_____小学专任教师学历调查表

调查对象	调查人数	高等学校本科毕业及以上		专科毕业		中等学校毕业及以下	
		人数	占被调查教师(%)	人数	占被调查教师(%)	人数	占被调查教师(%)

编制调查表要符合以下要求:

(1)表的标题应简明醒目,让人一目了然。

(2)表中的调查项目要有系统的排列,表述清晰,每一项要留有足够的填写答案的空白。

(3)表中项目的设定要便于前后参照。比如表7-1中,既有本科、专科、中等学校三个不同学历层次的教师数量的调查,又有被调查教师的总数的调查,这样可以防止答案不确实。

(4)表尾应注明调查单位,并留有书写调查员及填表者姓名和填写日期的空当。

(5)调查表应附有"填表说明",向被调查者说明调查目的和意义,以争取被调查对象的配合。

3. 查阅资料

查阅资料,是调查者通过查阅书面资料来获得信息、掌握情况的一种调查研究的方法。如常用字句的研究、错别字的研究、儿童绘画能力发展水平的研究等等都要用这种研究方法。可查阅的材料一般包括档案、文件、经验总结、汇报资料、统计报表等。在教育科学研究中，通常包括以下几个方面的资料：① 教育工作情况的资料，如总结、工作计划等。② 教学工作的资料，如教师的教学计划、总结、工作日志等。③ 学生方面的资料，如笔记本、练习本、作业本、试卷、班级日志、个人日记、成绩等。

调查研究中，除了以上介绍的几种方法，我们还可用观察、测验等手段来收集资料。无论采用哪一种方法，都应该强调调查者对自身主观意向的有效控制，采取积极措施，力求获取第一手的、真实的调查资料。

关于问卷调查和访谈调查，我们将在第二节和第三节分别加以叙述。

（二）调查研究的一般步骤

调查研究是一种有目的、有计划、有系统的活动，需要有严格的工作程序。就调查过程的顺序而言，一般有下面 4 个步骤。

1. 调查前的准备工作

调查前的准备工作是搞好调查研究的基础和前提。它包括：

（1）确定调查课题。选择什么样的课题进行调查，是我们在调查研究中首先遇到的问题。一般情况下，课题的选择不要太大，涉及的范围不要太广，要根据自己的需要和能力确定课题。在确定课题时还要考虑课题本身的科学价值和实际意义。不要为没有价值和实际意义的课题去浪费时间。

（2）选取调查对象。调查对象就是被调查的单位或个人。当调查课题确定好以后，实际上调查目的、任务也就基本确定。接下来就是选择调查对象。有的课题的调查对象是固定的，如某特级教师教学经验的调查，这类调查对象是不需要进行选择的。有的课题的调查对象会有许多，我们无法逐一进行调查，这就需要用抽样的方法去选取调查对象。如学生学习负担的调查，我们不可能对所有的学生进行调查，只能采取抽样的方法选取学生中的部分作为调查对象。

（3）列出调查提纲。调查提纲，就是调查的项目。调查提纲，是收集资料的依据。有了提纲，才可能有序地进行工作。调查提纲列好以后，还要根据提纲设计好调查表、问卷、测验题目等。

（4）制定调查计划。调查计划是调查工作的程序安排，一般应包括如下内容：调查课题和目的；调查对象及范围；调查地点及时间；调查的方式方法；调查的步骤及日程安排；调查的组织领导及人员分工；调查报告完成的日期。调查计划的制订要切合实际,尽可能详细、周密。

2. 开展调查收集资料

收集资料是调查的关键。一般来说调查资料有两大类:一是书面资料,如教科书、学生作业、总结、计划等;一是来自调查对象的口述资料及由调查者观察所得的教育现象的事实材料等。资料的收集力求全面、系统、典型、客观和真实。

3. 整理调查资料

对通过各种方法收集来的资料必须进行整理和分析。整理资料的方法,通常是按资料的性质分为两大类:一类为叙述的材料,这类材料要用明白流畅的文字加以整理;另一类为数量的材料,这一类材料则要用统计法、图表法加以整理。

4. 写调查报告

调查的材料整理完以后,应当对调查事实进行分析和讨论,在此基础上,得出结论,提出建议。结论要准确、突出概括性;建议要从实际出发,中肯可行。并写成文字报告,至此,调查研究的全部过程结束。关于调查报告的撰写,将在本书第十四章作详细阐述。

第二节　问卷调查

问卷调查是由研究者设计、邮寄或交给被调查对象填写"问题表格"的一种研究方法。它是把要研究的主题分为详细的纲目,拟成简明易答的一系列问题,编制成标准化的问卷,然后根据收回的答案,进行统计处理,从而得出结论。

问卷法不如观察法了解行为反应那样具体细致,也不如实验法控制条件那么严密,揭示自变量和因变量之间因果关系那么透彻,但是,它却可以获得多因素资料,取样大,代表性强,能够在较短的时间内获得较多的资料。它更适合在大面积范围内使用,具有适用面广、信息量大的特点。

问卷根据其内容和目的大致可以分为事实的调查和个人反应的调查。前者要求调查对象回答确实知道的既成事实。这一类问卷只要所问项目是被调查对象确实知道并且愿意回答的,其准确性就不成问题。后者要求调查对象回答的是心理事实,诸如个人意见、信仰、好恶、判断、取舍、态度等等。这类问卷主观性强,信度和效度较低。

115

一、问卷的内容和结构

（一）问卷的内容

就问卷的内容而言，一般来说，有下面 3 种类型。

1. 基本资料

这一部分内容是收集答卷人基本情况的，一般不要求答卷者写出姓名。一般来说，调查者在进行问卷调查时，总要根据需要收集一些基本情况，以便统计分析。

2. 行为表现

这一部分内容是专门向答卷者收集已发生的行为事实或事件发生的经过。这些行为或事件，有的是答卷者本人的，有的是他人的，总之，答卷者是知情人，要求他实事求是地回答清楚，以便了解事实。

3. 态度资料

这一部分内容是搜集答卷人对某些问题的观点、看法、态度、兴趣爱好、意志、性格等评价项目，如学生的学习目的、理想、兴趣等。

无论是行为表现方面的资料还是态度方面的资料，都是由调查者以问题的形式提出，要求被调查者如实回答。

（二）问卷的结构

一份完整的问卷，一般包括标题、前言、指导语、问题、选择答案、结束语等。

1. 标题

它是调查内容高度概括的反映，它既要与研究内容一致，又要注意对被调查者的影响。

2. 前言

是对调查目的、内容的扼要说明，以引起被调查对象回答问题的热情，消除顾虑，合作愉快。

3. 指导语

主要用来指导被调查者如何填写问卷、注意事项，有时还附有例题，以帮助被试理解填写问卷的方法与要求。指导语要简洁、明了，用词恰当，便于理解。

4. 问题与选择答案

这是问卷的主要部分。问题是表达问卷的核心内容，问题的设计要具体、清楚、客观、可操作、通俗易懂而且应是被调查对象熟悉的。问题有开放式和封闭式两种,开放式只提问题不提供答案,被调查对象可以根据题意自由作答。封闭式不仅要提出问题,而且还要提供答案。封闭式问题所提供的答案要准确、符合实际,便于被调查者进行选择。

5. 结束语

这是问卷的最后一部分。一般包括两个方面的内容:① 提出几个开放式问题由被调查者自由回答,或者由被调查者提出意见;② 表示谢意。结束语根据问卷的需要可以有也可以无(一份完整的调查问卷的结构请见案例一《中小学学生自我意识发展调查问卷》[①])。

一旦决定使用问卷法进行调查后,就必须做好问卷的设计工作。问卷的设计包括题目的设计和问卷的编制,这是关系到调查结果质量的关键所在,研究者必须予以足够的重视。

二、问题的设计

一份科学、有效的调查问卷关键是问题的设计。

(一)问题设计的基本步骤

调查问卷中问题的设计过程如下:

1. 建立理论构架

问题设计的第一步就是建立理论构架。所谓建立理论构架就是根据调查研究的课题,确定调查的变量或概念。如本章末所附案例一中,调查者根据“中小学学生自我意识发展”这一课题,把自我评价、自我控制、自我体验、性意识的发展和稳定性确定为问题的五个变量。这样,问题的设计就有了一个理论的框架。

2. 根据变量设计问题

调查问题的理论框架建立以后,也就是调查者所要调查的变量确定以后,就要根据这些变量设计问题。如案例一中,根据“自我评价”这一变量,调查者设计了 14 个反映中小学学生自我评价方面的问题(详细内容请见案例一中的问题 1、2、10、11、19、20、28、29、37、38、46、47、55、56)。在设计具体问题时,要注意设计的问题与所反映的变量的操作定义的性质应一致。如研究中小学学生自我意识的发展,经过理论建构,确定自我意识包含自我评价、自我控制、自我体验三种变量,自我意识还

---

① 资料来源:杨丽珠《教育科学研究方法》第 196 页“韩进之、魏忠华等人研究中小学学生自我意识发展的调查问卷”。

包括性意识的发展和稳定性,因此,具体问题的设计就应根据这五种变量去分别进行。如何把各种变量再分解为若干具体的问题呢? 调查者应从各种变量或概念入手,找出与这些变量或概念相联系的行为、态度、价值观念等方面的表现,然后根据调查的需要及问卷的容量,表述为若干具体的问题。

(二)问题设计的一般要求和技巧

一般说来,在设计问卷的问题时,必须遵循一些基本的要求,在用词上注意使用一些技巧。

1. 问题的设计和研究目的要一致

有人把它称之为"适宜原则",它强调问卷中所有问题应和研究的主题相符,要切合主题、要针对主题。

一项研究课题,有一个总的研究目的,而问卷中题目的设计过程就是把研究的目的逐步具体化的过程。在进行问卷设计时,调查者的头脑中必须有一个"目标体系",问卷中的所有问题都必须纳入"目标体系",使研究课题所需要探讨的每一个具体问题在问卷中都有所反映。我们仍以《中小学学生自我意识发展调查问卷》为例来加以说明。该问卷的调查者经过理论构建以后,确定了调查的五种变量,又把每一种变量具体分解为 14 个问题(稳定性为 7 个),详细分解情况请结合本章末的案例一。见图 7-1。

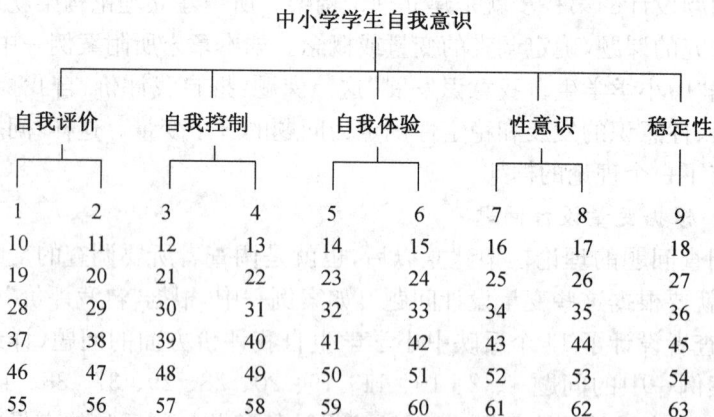

中小学学生自我意识

自我评价	自我控制	自我体验	性意识	稳定性
1 2	3 4	5 6	7 8	9
10 11	12 13	14 15	16 17	18
19 20	21 22	23 24	25 26	27
28 29	30 31	32 33	34 35	36
37 38	39 40	41 42	43 44	45
46 47	48 49	50 51	52 53	54
55 56	57 58	59 60	61 62	63

图 7-1 《中小学学生自我意识发展调查问卷》问题设计的目标体系图

图注:图中的阿拉伯数字代表案例一中问题的序号

对于"目标体系"之外的问题,即与研究课题无关的问题,就不应在问卷中提出。否则既浪费时间,又影响资料的整理和统计。当然如果是把某一个需要调查的问题遗漏了,结果就会因缺乏某一方面的资料而影响研究。因此,问卷中问题的设计首先应有一个完整无缺的目标体系,使具体问题的设计和研究的目的一致。

2. 问题的表达要清楚、简洁、明了

问卷中的每一个问题都要力求简洁、明了,便于回答,切忌繁杂。每一个问题在表达上只能有一个提问,不能有兼问。下面几个问题的设计就可能会使答卷人在选择答案时产生困难。

(1) 你是否认为儿童有不想学好的?(　　　)

A. 是　　　　　　　B. 否

这个问题是双重否定句。双重否定句在叙述问题时,题意往往比较隐含,会使答卷人感到费解。因此,问卷中问题的题意应能直接表达出来为好。

(2) 你认为玩具的发展会产生影响吗?

这个问题太空泛,范围太大,玩具对儿童哪些方面的影响? 是好影响还是坏影响?

(3) 你在哪里读书?

"哪里"是指学校还是指城市? 由于指代不明,会影响答卷人准确地回答问题。

(4) 你喜欢生物和化学吗?

这个问题实际上出现了两个选择项,如果答卷人只喜欢其中一项就不知如何回答。因此,像这一类问题,最好把两个问题分开表述。

3. 不要使答卷者因回答问题而产生情绪上的困扰

在设计问卷的问题或答案时,应避免社会道德、个人隐私等方面的问题,使题目和答案看起来是中性的,以消除答卷者的顾虑。比如:"你经常抄别人作业吗?"这种问题谁也不愿肯定回答,即使他经常抄别人作业,也很难自己承认。因为人在回答问题时,总是希望自己的回答能够得到社会的认可,而不愿选择明显地违反社会规范和道德、容易受到他人指责的答案。

因此,对这类涉及道德规范等敏感的问题,可以采用"两难问题"来解决。如:"你认为偷东西对吗?"答案是显而易见的,我们无法获得被试者的真实想法,于是,我们便可以这样设计问题:"有一个人的妻子生了病,必须买一种药才能治好,可此人买不起药。现在他有两种选择,一是买不起药而让妻子死去,另一个是他有机会去药房把药偷来,治好妻子的病。请问他该怎么做?"这样,就把一个有社会规范的问题,"模糊"为一个不是简单可用"对"、"错"评价的问题,从而了解被试的真实想法。

除此之外,问题的设计还应避免引起答卷人情绪困扰的内容,比如:你认为你的校长的管理水平:A. 高 B. 一般 C. 低,这个题目涉及教师对学校领导的评价,容易引起答卷人的困扰。如果问卷必须涉及这一类诸如社会道德、个人生活和情愿等问题时,可以转移到不具名的第三者身上,请答卷人回答,这也可以在一定程度上反映出答卷人的观点。

4. 在问卷的问题中要避免不适当的假设

如:你喜欢《狮子王》这部电影吗?

这个问题里隐含了一个不适当的假设,即假定答卷人都看过《狮子王》。事实上并非如此。这里最好改用一个有条件的问题,先提一个过渡问题,然后再进一步问上面这个问题。如:"你看过电影《狮子王》吗?"如果答"是",就加问:"你喜欢看吗?"

5. 问题的表述要避免对答卷者造成启发和暗示

如:很多专家呼吁不要择校,你的意见呢?(   )

A. 要   B. 不要

以专家意见作为问题的开头,很容易引导答卷人与专家意见一致。

6. 在设计问题时,不要超出答卷者的知识范围

如:你赞成中学会考采用标准分数吗?

"标准分数"是属于学术上的专用名词,不是所有人都懂得,因此,艰深难懂或学术上的名词应尽量少用。

7. 类别项目列举要完整,项与项之间必须相互排斥

如:当你学习上有困难时,常常先找谁?(   )

A. 父母   B. 老师   C. 同学

上面这个问题,属于类别项目,由于列举不全,答卷人可能无法选择。如有人喜欢先找朋友,而在上面的答案中是找不到的,因此,当反应项目很多又不可能做到完全列举时,可以加上"其他"一项。

再如:你长大了想干什么?(   )

A. 科学家   B. 天文学家   C. 教师

D. 工人   E. 医生   F. 其他

上面的第二例中,项与项之间出现重合,如 A 和 B 两项,B 项包含在 A 项中。像这样的情况,在问卷中是不宜出现的。

8. 对需要强调的概念,要在该概念下加画横线,以引起答卷人的注意

如:你赞成中小学分<u>重点和非重点</u>吗?

三、问卷的编制和使用

问卷法是将研究的课题分为若干项目,然后再根据这些项目拟出具体题目编制成问卷,让被试选择。

(一)问卷的编制

由于调查内容、调查对象不同,问卷在编制时就有不同的形式。

1. 问卷编制的形式

(1) 开放式(又称不定案型、自由答题式)

开放式问卷的题目没有列出答案,它是由答卷人自由作答的一种问卷。例如我们要对儿童的家庭教育和父母教养方式进行调查,就可以设计成下面这些问题:"孩子犯了错误后,你怎么办?""孩子学习上遇到困难后向你反映,你通常怎么做?"等等。

开放式问卷适用于研究者说不清或难以预料回答结果的研究,经常用于一些探索性研究。开放式问卷还常常用于收集定性分析资料,用于难以进行定量分析和对比分析的研究。但由于开放式问卷的题目答案是由答案人自由填写的,故答案的内容常常非标准化,而且还常常会有一些答案的内容与主题无关,这就难以进行量化和比较。一般说来,开放式问卷比较适合于小样本。

(2) 封闭式(又称定案型)

封闭式问卷的题目,事先由调查者列出若干种可供答卷人进行选择的答案或者对填答方式做出规定或限制,由被调查对象选择填答或做出记号。封闭式问卷在编制时又有不同的形式。

① 是否式 是否式问卷是让答卷人在调查者事先提供的两种相反的答案中选择其中一个,如"是"与"否"、"同意"与"不同意"、"赞成"与"不赞成"等。

如:a) 你认为学生必须服从老师吗?(　　　)

A. 是　　　　　　　　B. 否

b) 你喜欢教师工作吗?(　　　)

A. 是　　　　　　　　B. 否

② 排序式 排序式问卷是由调查者列出若干反应项目,由填答者用数字按一定依据为这些反应项目编排顺序。如调查师范学校学生的学科兴趣时,可列出这样的题目:

请将下列课目按你喜欢的程度依次编号。

(　　　)语文　　(　　　)数学　　(　　　)化学　　(　　　)生物

（　　）历史　　　（　　）英语　　　（　　）音乐
（　　）美术　　　（　　）体育　　　（　　）地理
（　　）教育学　　（　　）心理学　　（　　）教学法

③ 类别式　类别式问答是由调查者为答卷人提供不同类型的答案，让回答者进行选择。

如：你报考师范学校的原因是：（　　　）

A. 喜欢教师这个职业

B. 听从父母的意见

C. 听从班主任的意见

D. 受同学朋友的影响

E. 其他

④ 配对式　配对式问卷是要求答卷人在已经搭配好的成对的答案中进行选择。

如：你学习是为了什么？（　　　）

a)　甲：学习好能受到老师和家长的表扬。
　　乙：因为对读书有兴趣。

b)　甲：为了将来受到别人的尊敬。
　　乙：为了将来祖国的四化建设。

⑤ 条件式　在拟定问卷题目时，有些问答仅适合一部分答卷人回答，因此，就必须采用有条件的题目。另外，有时对某些问题需要更深入的了解，也需要用条件式题目。如：

a) 中师毕业后你是否想升学？（　　　）

A. 是　　　　　　　　　　B. 否

如果是，请回答第二题，如果不是，就回答第三题。

b) 中师毕业后，你想升入哪类大学？（　　　）

A. 师范大学　　　B. 综合大学　　　C. 其他

c) 中师毕业后，你想到什么样的学校工作？（　　　）

A. 重点小学　　　B. 一般性学校　　　C. 差一些的学校

上面问卷题目中，a)叫做过滤问题，b)、c)叫做有条件问题，因为是否需要回答要视题目 a)的答案而定。

⑥ 表格式　表格式问卷适用于一连串问题的问答。如果调查者需要了解答卷人对连续好几个问题的态度，这时便不必把每题分开选择，只要把它们集中在一个表格中，一边是问题排列，一边是选择的答案，如表 7-2。

表7-2　对学校教学工作满意程度的问卷表

问　　　题　　　　等　　级	①很满意	②满意	③不满意	④很不满意
① 学校的办学方向				
② 学校的常规管理				
③ 学校的教学质量				
④ 教学的设备、设施				

　　封闭式问卷,由于问题答案是标准化的,因此,既便于答卷人回答问题,又便于调查者对调查资料进行统计分析。另外,封闭式问卷调查一般不署名,主试和被试之间相互作用小,被试可以较为真实地反映自己的内心世界,因此,这种问卷的心理干扰小,回答较为真实。由于封闭式问卷可以对众多被试同时进行调查,因此,样本取样大,所得资料具有典型性和代表性。但封闭式问卷,由于答案是由调查者提供,因此就限定了答卷人的自我表达,这不利于研究者发现新问题,也容易出现答卷人随便乱答或因没有适合他们的答案而不答题的情况。

　　2. 题目排列的顺序

　　一份好的问卷,设计者在拟定编排题目时,必须按照一定的顺序将题目排列起来。一般说来,题目的编排应遵循下列顺序:

　　(1) 时间顺序。按照时间上的顺序,由近及远,连贯排列。

　　(2) 内容顺序。编排题目时,应把容易回答的问题、人们感兴趣的问题放在前面,不容易回答的或生疏的问题放在后面,由浅入深,由易到难。

　　(3) 类别顺序。按问题的类别(静态资料、行为、态度)编排题目。排序为:静态资料的项目、行为项目、态度项目。此外,开放式的题目最好安排在封闭式的题目后面,因为回答开放式问题要花较多的时间。

　　对于问卷中问题答案的排列,也必须按一定的顺序编排。如案例一中问题答案的排列就是按水平的高低排列的,③为高水平,①为低水平。

　　3. 编制问卷应注意的问题

　　由于问卷法操作简单,且能在短时间内收集大量的、多因素的实证资料,因此,使用的人越来越多。但由于问卷法自身的缺陷以及人们在使用时的不谨慎,常常造成很多失误,不能正确反映要研究的问题,因此,在编制问卷时应注意下面几个问题。

（1）同一因素的问题应有多个题目。问卷法容易受社会变量的影响，因此，同一因素要多出一些题目，多个试题可以检验答卷人回答问题的一致性。比如，研究儿童性格是内向还是外向时，我们会涉及到社会适应问题，这就需要设计测量社会适应问题的题目，同是测量社会适应问题，可以设计不同的题目。如：① 在课堂上你经常发言吗？② 在小组会上你经常发言吗？③ 在人多的场合下你经常发言吗？如果有人回答不一致，答卷人就可能没有认真如实地回答问题。

（2）不同变量的问题应交叉排列。在排列问卷的题目时，对反映同一变量或概念的问题要按一定的规律把它们分隔开来，使反映不同变量的问题做到相互交叉。如案例一中，每种变量都有 14 个具体的问题（稳定性为 7 个），在编制问卷时，调查者从每种变量的 14 个问题中，依次抽出 2 个（稳定性为 1 个）题目，重新编号组合成我们看到的案例一中的 63 个题目的问卷，组合方法见表 7 - 3①。

表 7 - 3　测题合成表

因　素	SA		SC		SE		XC		E
	1 ①	2 ②	1 ③	2 ④	1 ⑤	2 ⑥	1 ⑦	2 ⑧	1 ⑨
	3 ⑩	4 ⑪	3 ⑫	4 ⑬	3 ⑭	4 ⑮	3 ⑯	4 ⑰	2 ⑱
易↑	5 ⑲	6 ⑳	5 ㉑	6 ㉒	5 ㉓	6 ㉔	5 ㉕	6 ㉖	3 ㉗
合成	7 ㉘	8 ㉙	7 ㉚	8 ㉛	8 ㉜	8 ㉝	7 ㉞	8 ㉟	4 ㊱
↓难	9 ㊲	10 ㊳	9 ㊴	10 ㊵	9 ㊶	10 ㊷	9 ㊸	10 ㊹	5 ㊺
	11 ㊻	12 ㊼	11 ㊽	12 ㊾	11 ㊿	12 51	11 52	12 53	6 54
	13 55	14 56	13 57	14 58	13 59	14 60	13 61	14 62	7 63

由表 7 - 3 我们可以看出，问卷中的 63 个题目，相同因素的题目被 2

---

① 杨丽珠：《教育科学研究方法》，辽宁师范大学出版社 1995 年版。

个一组 2 个一组地交叉开来。①、②题是自我评价(SA)问题,③、④题是自我控制(SC)问题,⑤、⑥题是自我体验(SE)问题,⑦、⑧题是性意识(XC)问题,⑨题是稳定性问题(E),其他问题依次类推。这种有秩序地将同一变量的问题分隔开,把不同变量的问题相互交叉地有规律地混合排列,可以有效地避免答卷人的心理定势,防止反应倾向的出现。

(3) 开放式、封闭式问卷相结合。问卷法主要是封闭式问卷,但封闭式问卷只是选择答案,无法进行深入阐述;只能了解是什么,不能解释为什么,因此,在编制问卷时,最好封闭式问卷和开放式问卷相结合。

(4) 匿名问卷。问卷法容易受社会认知因素的影响,答卷人在选择答案时,容易选择社会认可的答案而隐瞒自己真实的想法。为减轻答卷人心理压力,问卷最好不要署名。回答人在无忧无虑的情绪状态下回答问题容易真实。

(5) 进行预测和信效度检验。正式问卷制定前,要进行预测和信效度检验。虽说封闭式问卷是在开放式问卷基础上产生的,但作为制定者难免会掺入主观性,因此,开始制定的问卷必须要经过预测,将那些不合适的题目去掉。另外,要进行信效度检验,直到确认问卷可靠有效,才能进行大规模的问卷研究。

(6) 问卷的长度要适中。整份问卷的长度应尽可能简短。否则,花时间太多,答卷人可能因不耐烦而不认真回答问题。

(二) 问卷的使用

根据问卷调查的步骤,当一份合理、适量又有信度和效度的问卷编制好以后,就应进入问卷的操作应用阶段。

1. 问卷的发放与回收

由于问卷是一种使用得相当普遍的收集数据的方法,因此,邮寄问卷就成为进行大范围调查的最常用的发放问卷的一种方法(对于小范围的小样本调查,问卷的发放也可以由调查者直接送到被调查者手中)。

为了保证问卷调查过程中问卷的回收率,在邮寄问卷时,采取跟踪发信函的方法对于问卷调查是必要的。跟踪发送信函事先应有计划,有时还要进行两次或两次以上的跟踪发送,连续发出的信函应该始终是令人愉快的,但又应是坚决地激励答卷人迅速回答的。跟踪发信函的方法有两种:① 紧接着给那些没有回答的人寄一封信或明信片;② 给每个人都发一个空白问卷的信封。前者更受欢迎,因为它较经济,而且排除了从同一个人那儿收到两张已做好的问卷的可能。后一种方法只有当不能鉴别出不答卷人时才使用。如果使用后一种方法,就应该告诉答卷人,如果已经回答了第一次问卷的就不必做第二次了。

为了提高回答率,研究者应设计一张富有吸引力、简洁的问卷,而且应附有信息丰富的前言,以便适时进行信函的跟踪发送工作。

2. 不完全的和可能不真实的回答

在问卷的回收过程中,常常会有一些回答者会省略掉一道或几道题目。被省略的题目可能是答卷人对该题目没有理解,也可能是没有把握。如果整份问卷只有少数几道题被省略,而且被省略的问题又不具有统一的模式,便不会带来多大问题。但如果省略频繁出现,那就应该对问卷作一些核实。

据观察,当要求答卷人对某个人或某件事作详细评价时,消极评价者比积极评价者更倾向于省略一些题目。另外,开放式题目比封闭式题目更容易被省略,可能是答卷人不想花时间,也可能是有别的什么原因。对于此种现象,可以对题目的回答进行内部核对,办法是把问卷分成两组,其中一组为被回答的题目,一组为被省略的题目。接下来可以按两组分别对相对题目的回答进行分析。如果得到的结论不一致,省掉题目就可能与回答者对这些题目的回答方式有关。省略题目是一件值得注意的现象,有必要找到可以解释的原因,因为省略有可能会使结论出现偏差。

当问卷题目是一些较为敏感的问题时,答卷者便可能有不诚实的动机。诸如,违反社会道德规范的行为问题、考试作弊问题等等。如果是遇到这类问题,就有必要对不诚实回答进行核对。核对的方法有多种,若纳(Wrone)、沙波恩(Sanborn)和科恩斯坦蒂(Constantine)在进行中学生吸毒问题的调查中讨论了4种识别有关吸毒学生调查中不诚实回答者的方法。它们是:

(1) 不可能的回答——回答者表示使用某种不存在的药物。

(2) 难以置信的回答——药物使用的频率和范围。

(3) 答案的组合不可能——题目之间的回答缺少一致性。

(4) 诚实性题目——要求回答者在回答题目时的诚实性程度。

运用上述4种方法中的任何一种,都可识别出不诚实的回答,一旦如此,不诚实回答者的其他数据就应被排除,这便会使总的数据信息减少,但这样的数据,总比一个包含着错误的信息数据更让人信服。

第三节　访谈调查

访谈调查是调查者通过与调查对象面对面谈话的方式来了解情况、收集资料的方法。与问卷法相比，访谈调查有着更大的灵活性。调查者和被调查者作为谈话的双方，可以聊天，可以插话，可以质疑，可以追问，我问你答，你答又进一步引出我的新问题，这种互相影响、互相作用的方式，使调查者得以在广阔、深入的范围内探讨关心的问题。通过访谈可以揭示研究对象比较隐秘的态度、情感、观念，获得深层次心理活动的情况。它适用于研究比较复杂的问题，适用于需要访问不同类型的人、了解不同类型的材料的调查。它的优点是可以更详细、更准确、更真实地了解有关细节，深入摸清情况。有时还可以与对方共同讨论一些问题，使自己获得的资料更加深刻。比如对待儿童试卷上"15－8＝13"这类错误的原因，很难从卷面上获得，如果访问者当面询问儿童，便可得知儿童的错误原因："5 比 8 小,5 不能减 8,因此用 8 减 5 得 3。"除此之外,访谈具有生动性和情感交流的成分，还可以避免调查对象不肯或不会填写问卷的问题（只要访谈能定下来，一般就不存在调查对象不肯回答的情况）。当然，作为调查研究方法之一的访谈，又不同于日常生活中的谈话，它有特定的调查目的，有一整套设计、编制和实施的原则，正是这些保证了访谈的科学性、有效性和收集资料的客观性。但访谈调查也有它的缺点，主要是谈话的方式较难安排，花费时间较多，取样也不方便。访谈有两种形式：一种是正式的访问。它要求严格按照预先拟定的计划进行。它的好处是可以在较短的时间内获得所需要的材料，但这种访问由于访问之前，访问者和调查对象之间缺少接触，调查对象有时会存在"警戒"心理，说话留有余地，影响材料的真实程度。一种是非正式访谈，虽然没有详细访谈提纲，但在宽松、自然的环境中进行，有时会获得意想不到的宝贵材料，常作为正式访问的预访谈。

从访谈的内容看，大致可以分为 3 类：

1. 事实调查，要求被调查对象提供确实知道的一般情况。

2. 意见征询，即征求被调查对象对某个问题的看法、意见和建议。

3. 了解个体的心理世界，包括个人经历、抱负、兴趣、爱好、动机、信仰、思想特点、个性特征、心理品质，乃至家庭情况、社会关系，等等。

"访谈"是研究者"寻访"被研究者并且进行"交谈"的一种活动；而质

的研究又常常涉及到人的理念、意义建构和语言表达,因此"访谈"便成为质的研究中一个十分有用的收集资料的方法。

一、访谈的准备

访谈题目应当对访谈对象有意义,而且应以问题的形式向被访者陈述。访谈题目可以是开放型的、半开放型的和选择型的。开放型的,访谈者鼓励受访者用自己的语言发表看法,有大量可解释的余地;半开放型访谈中,访谈者对访谈的结构具有一定的控制,根据自己的研究设计对受访者提出问题,但同时也鼓励受访者参与;选择型的,则应按给定的框架结构选择结果。

访谈的准备主要包括设计访谈提纲、和受访者商量有关事宜:

(一)设计访谈提纲:明确访谈目的,选择适宜的访谈方法;列出要了解的问题和主要的内容;拟好提问;

(二)选择有代表性的被访者;和被访者就访谈的时间和地点进行商定;确定访谈的次数和长度以及是否录音等问题;

(三)如有多个访谈者,访谈前要进行统一培训,以保证访谈的一致性。

二、访谈的进行

访谈对访问者要求较严,有时访问者的资格、态度、口气、问句等都会影响被调查对象的回答,因此,访谈要求访问者具有一定的水平和经验,掌握一定的访谈技巧。

(一)访谈的技巧

访谈是言语的直接交际,是谈话双方互相支持的言语。调查者是访谈的主动一方,有责任在访谈一开始就营造一个谈话的氛围。

1. 亲切善意的访问态度

访谈双方见面,作为访谈的主动一方——调查者,应亲切称呼受访者,并作自我介绍,做到不亢不卑,使对方感到你的来访是善意的。同时,要向被访问者说明访问的目的意义,取得被访者的协助和支持。

2. 把握主题,善于引导

在访谈时,要努力营造一个亲切友好的谈话气氛,打破陌生的隔阂。谈话时,应从题外到题内,等到谈话投机,再转入正题。在与被调查对象进行谈话时,访问者必须集中精力倾听,倘若对方离题,千万不要表现出不耐烦的厌倦情绪,要耐心等待有利时机,用插话的方法,提出问题,引导对方把话题转到谈话的主题上来,使被调查者觉得他提供的情况很有价值,乐意继续说下去。

3. 提问明确,避免误解

在访问时,来访者的提问要做到言简意赅,通俗易懂,少用专业术语,使对方听不懂,发生误解。

4. 准确记录谈话内容

访谈记录对事后的分类、对比分析至关重要。记录应围绕访谈内容进行,突出访谈问题的变量和结构。记录应尽可能详尽,尤其是那些开放式问题的回答和围绕主题展开的额外说明更要注意记录下来。不仅要记录言语的资料,还要把言语交流中的非言语信息如动作、表情记录在案,这些都对分析资料有着积极的意义。记录中不要试图去总结、分析和改正记录中的语句毛病,能详尽记下最好,不能详记的,可记下关键词或用符号记录均可,目的是帮助事后回忆。另外,记录不要妨碍对方的谈话,不要让他觉得你未记完而停下来等你记,打乱思路,也不要因他想看你记下了什么而分散其注意力。访谈结束后,要抓紧整理笔记,防止有效信息的遗漏。记录的方式有表格记录、选择答案记录、笔记记录。征得被访者同意也可录音或录像。

(二)访谈注意的问题

要使访问成为调查研究的有效手段,在访谈中应注意下列几点:

1. 选择访问对象时应考虑到对方能否提供有价值的事实材料,是否乐于回答所提出的问题。因此访问者对被访者的经历、地位、个性特征等个人资料应有所了解。

2. 访问的时间和地点应以不影响被访者的工作或学习为前提,最好利用课余或休假时间。

3. 事先约定会晤时间与地点,切忌不期而至,使被访者心中不快,对不速之客产生怀疑;或由于被访者当时已有别的安排而无法接待,从而影响访谈。

4. 访问者服装衣着要适合自己的身份与地位,既不要过分华丽,也不要过于随便,防止被访问者心理上产生不悦。

三、电话访谈

近年来,在调查研究中电话的使用增多了,如果使用恰当的话,可以提高效率。

（一）电话访谈的主要优点

与面对面的访谈相比，电话访谈具有自己的优势：

1. 节省费用。一般说来，电话访谈的花费仅是面对面访谈的 1/3 到 1/2。

2. 由于电话访谈省去了到被访对象那里去的时间，所以可以从更大范围的、可接近的总体中抽取访谈对象。

3. 资料的收集可以更集中，并可实现自动输入。

4. 电话访谈最便于实现对整个资料收集过程的质量控制。

5. 电话访谈可以避免家庭访谈时由于陌生人的出现而带给访谈对象的不妥及家庭其他成员的不便。

6. 对于不能信守访谈约定的被访对象，通过电话访问，可减少因失约而造成的时间浪费。

（二）电话访谈和面对面访谈的效果比较

1. 电话访谈的弹性不如面访。在面对面访谈时，谈话的时间可以长一些，因此能获得更为详细的资料，但电话访谈一般来说超过 25 分钟被访者就会感到厌烦，而面对面访谈 45 分钟、甚至 1 小时都不感到疲倦。

2. 苏德曼（Sudman）发现，电话访谈和面对面访谈时的合作率差不多相同，但电话访谈的拒绝率比面对面访谈可能更高。

3. 对于居住在边远偏僻地区的被访对象来说，电话访谈的效果会更好一些。另外，对诸如教师、校长等学校成员这类专业化回答者，电话访谈通常比面对面访谈更容易接近。苏德曼认为：电话访谈和面对面访谈区别很小，在大多数研究中可以忽略不计。因此，在两种访谈之间做选择时，电话访谈值得优先考虑。它们在调整敏感问题和有争议问题时，可能效果不是很有效，但这一点可能会因为精力、时间、花费的节省而获得补偿。

【附　案例一】

中小学学生自我意识发展调查问卷

前　言

这份问卷调查表想了解同学们的一些情况和想法，希望大家认真填写。这份表不对你个人做任何鉴定和评分,也不留给你的老师和学校。可以不填写姓名,仅为科学研究所用,谢谢你的合作。

指导语

　　卷子里的问题都是同学们非常熟悉的,而且每个问题已经给你写出了答案,只要求你选择一个符合你的情况或想法的答案。每份问卷另备一张填写答案的"答案纸",请把你选择的答案号码①或②或③或④填写到答案纸上相应问题的空格里就可以了(注意对准问题,不要将问题一的答案号码填写到问题二的空格里),不要在问卷上乱画或做任何记号。

　　对于小的同学,有些问题可能还不懂,实在不能答就不答。希望大的同学一定做完。现在先做几个练习题目,看同学们会不会把选择的答案号码正确地填写到答案纸上。把答案放好,打开问卷,做例题。

例题

　　例题1　你在哪一级学校上学?

　　① 在小学;② 在初中;③ 在高中。

　　说明:如果你是小学生,就应该选择答案①,并把答案号码①填写在答案纸上例题1的空格里。

　　例题2　你是男生还是女生?

　　① 我是女生;② 我是男生。

　　例题3　你的学校在哪里?

　　① 在城市;② 在县城;③ 在农村。

　　例题4　你的家住在哪里?

　　① 在城市;② 在县城;③ 在农村。

　　例题5　你上过幼儿园吗?

　　① 没有;② 上过一段时间幼儿园;③ 一直在幼儿园。

　　例题6　你是否是独生子女?

　　① 不是,我兄妹好几个;② 不是,除我之外,还有一个;③ 我是独生子女。

　　例题7　你家里对你管教很严吗?经常有人给你讲道理、教育你吗?

　　① 不严,家里人很少管我;② 管得不太严,有时也给我讲些道理教育我;③ 家里对我要求比较严,经常教育我。

　　(主试检查一遍,然后开始做正式题)

问题

1. 你爸爸妈妈说的话都对吗？
① 不知道；② 好像都对；③ 不一定都对。

2. 同学对你的批评都对吗？
① 没有想过；② 有批评就听；③ 不一定都对。

3. 你的爸爸妈妈出门(上街)不带你去,你就表现出：
① 闹着要去；② 嘴上不闹,心里不高兴；③ 不吵闹,听大人的话留在家里。

4. 你觉得上学是一件很愉快的事吗？
① 没有想过；② 好像是的；③ 是的,上学很愉快；④ 不是的,总不想上学。

5. 你常常和你爸爸妈妈闹别扭吗？
① 没有；② 好像有过；③ 是的,常常闹别扭。

6. 如果你是一个男学生(女生不答),你认为：
① 和男同学在一起玩好些；② 男女学生在一起玩一样好；③ 和女同学在一起玩最好。

7. 如果你是一个女学生(男生不答),你认为：
① 和女同学在一起玩好些；② 男女同学在一起玩一样好；③ 和男同学在一起玩最好。

8. 作业题不会做的时候,你愿意问男同学还是女同学？
① 谁学习好就问谁,不管男同学或女同学；② 有时也考虑找男同学好呢,还是找女同学好？③ 我是男生就找男生,我是女生就找女生。

9. 老师说的话学生就应该完全听吗？
① 是的,我总是听老师的话；② 有时听,有时不听；③ 对就听,不对就不听,我有自己的想法。

10. 你认为班主任老师对你的看法(印象)正确吗？
① 没有想过；② 好像是正确的；③ 正确与否,我有自己的看法。

11. 做一件事之前,你总要问一问父母或老师吗？
① 是的；② 有时问,有时不问；③ 一般都不问,能自己做主。

12. 你做作业总是要别人督促吗？
① 是的；② 有时要督促；③ 不用督促,总是自觉完成。

13. 你有骂人的缺点吗？

① 有,生气时常骂人;② 现在有进步,骂人少了;③ 从不骂人。

14. 你爱生闷气吗?

① 没有生过闷气;② 有时也生闷气;③ 是的,总爱生闷气。

15. 当你受到老师批评以后:

① 批评完了就完了,不放在心上;② 当时不愉快,过一会儿就好了;③ 很不愉快,总想着老师的批评。

16. 你和男生或女生坐在一起时,你感觉是:

① 和谁坐在一起都一样;② 有时候也感到不便;③ 总感觉不自在,别别扭扭的。

17. 你的同学是否常议论男女生同坐一个桌子的事?

① 没有;② 个别同学说过;③ 是的,同学们经常为男女生同坐在一起开玩笑。

18. 当你想做一件事,爸爸妈妈不让做时:

① 我完全听大人的话;② 想做,又觉得应该听大人的话,最后还是不做;③ 我有时坚持按自己的想法做。

19. 有时候做一件事,别人说你做得不对,但你自己认为并不错:

① 好像没有这种情况;② 好像有过这种情况;③ 经常有这种情况。

20. 你觉得班主任老师很喜欢你吗?

① 不知道;② 好像喜欢,也好像不喜欢;③ 老师很喜欢我;④ 老师不喜欢我。

21. 你做作业时,字迹是否自始至终是工整的?

① 很难做到;② 开始写得好,时间长了就写不好了;③ 能坚持书写工整。

22. 你曾有过,当别人有件你很喜欢的东西,他不在时你就拿来玩?

① 是的,玩一玩再放回去;② 不敢拿,只是去看一看,摸一摸;③ 别人不在,从不乱动别人的东西。

23. 你经常有一些不愉快的心事吗?

① 没有;② 有时候有,很快就忘掉;③ 是的,心里总有一些不愉快的事,很难忘记。

24. 你受过委屈吗?

① 没有;② 好像有过;③ 多次受过委屈。

25. 排座位时,老师让你和异性同学坐在一起,你感觉是:

① 和谁坐在一起都一样;② 和异性同学坐一起有些别扭;③ 不愿和

异性同学坐在一起。

26. 有时候,你觉得自己很漂亮吗?

① 没有想过;② 有时这样想;③ 总希望自己漂亮些,注意穿衣和修饰打扮。

27. 当同学想要这样做时,你常认为应该那样做才对。有过这样的情况吗?

① 没有,大家怎么做,我也怎么做;② 有过这种情况,次数不多;③ 是的,我认为自己的想法对时就应该坚持。

28. 你常常和同学争论问题吗?

① 没有;② 偶尔有过争论;③ 经常争论。

29. 对一些事,你总有自己的看法(想法)吗?

① 没有什么看法;② 有时有看法;③ 总有自己的看法。

30. 你在劳动中的表现是:

① 老师不在时,就磨磨蹭蹭偷着玩;② 干一会儿就不想干了;③ 总是认真地劳动。

31. 你能坚持锻炼身体吗?

① 不能;② 有老师组织时能锻炼;③ 能自觉锻炼身体。

32. 你在家里受气吗?

① 没受过气;② 有时受气;③ 在家里总是受气。

33. 你自己做错了事,总觉得见不得人吗?

① 没有这种感觉;② 有时有过这种感觉;③ 总觉得怪丢人的。

34. 你曾经想过男生、女生有什么不一样吗?

① 没想过;② 偶尔想过;③ 想过。

35. 你愿意帮助异性同学做事吗?

① 没有想过;② 心里愿意,但不一定去做;③ 我很愿意帮助异性同学做事;④ 不愿意。

36. 你遇事拿不定主意吗?

① 不管遇到什么事我总想去问问别人该怎么办;② 有些事拿不定主意;③ 我遇到事自己解决。

37. 你认为自己有足够的能力应付困难吗?

① 没有想过;② 有些困难能应付,有时想得到别人的帮助;③ 我认为自己有能力应付困难。

38. 你觉得自己有一些别人没有的优点吗?

① 没有想过;② 有过这种想法;③ 我确信自己优点很多。

39. 你经常有"大错不犯,小错不断"的事吗?

① 是的;② 有改进,现在犯错误少了;③ 能严格要求自己。

40. 当听到别人说你的坏话时,你的表现是:

① 大发脾气;② 只是不高兴,但不发火;③ 能冷静对待。

41. 在课堂上发言,你总是局促不安吗?

① 没有这种感觉;② 有过这样感觉;③ 我发言总觉得大家都在看自己,经常局促不安。

42. 你总觉得有同学经常在议论你吗?

① 没有这样感觉;② 偶尔有过这样感觉;③ 经常有。

43. 你与同学来往时:

① 从不考虑他们的性别;② 一般只和同性同学交往;③ 喜欢与异性同学交往。

44. 你爱看描写爱情的小说(或电影)吗?

① 没有兴趣;② 偶尔也想看;③ 很爱看。

45. 你认为你们班级是好班还是差班? 你有不同看法吗?

① 我对班级的看法和大家的意见一样;② 我有点自己的不同看法;③ 我和大家看法完全不一样。

46. 你对自己过去的生活感到满意吗?

① 说不清楚;② 满意;③ 有满意的,也有不满意的地方。

47. 你对自己的未来有什么想法?

① 没有想过;② 想过但说不清楚;③ 我对自己的未来有自己的打算和信心。

48. 有人打扰你时,你会:

① 立即表示不满;② 虽然不满但尽量克制;③ 耐心地劝告他。

49. 有同学错怪了你,你就表示出不愉快,甚至发脾气?

① 是这样;② 有时是这样;③ 从不这样。

50. 你生活得很好,天天快快乐乐的吗?

① 是的,无忧无虑;② 有时很愉快,有时不是;③ 经常会遇到或考虑到许多不愉快的事。

51. 当同学们赞扬你时:

① 和往常一样,并不放在心上;② 虽然也高兴,但过一会儿就不再想它了;③ 能高兴几天。

52. 在你看来,男生和女生在一起是好还是坏?

① 没有想过;② 想过,但也说不清;③ 没有什么坏处。

53. 划分小组时,你认为男女分开好还是混合在一起好?

① 怎么分都行,无所谓;② 分开好;③ 男女混合编在一起好。

54. 你对你的班主任老师是否有自己的看法?

① 同学们怎么看,我也怎么看;② 有时也有自己的看法;③ 我对班主任老师有自己的看法。

55. 你对自己的道德品质有一个评价吗?

① 没有想过;② 想过,但说不清楚;③ 是的,不管好坏,对自己有一个评价。

56. 你考虑过自己的世界观问题吗?

① 不知道什么是世界观,没想过;② 想过,说不清楚;③ 考虑过,自己有自己的看法。

57. 你能控制自己的表情吗?

① 不能;② 有时能做到;③ 一般情况下都能控制自己的表情。

58. 与人共事,遭到误会时:

① 非常反感;② 有时会辩解几句;③ 暂不做声,以后再说明情况。

59. 你愿意在大庭广众之下站起来发言吗?

① 这是无所谓的事;② 需要时也可以,但会感到不安;③ 不愿意,那样会不知所措,说不出话来。

60. 你经常思考自己的未来吗?并为自己的前途感到自慰或是失望?

① 没有考虑过;② 有时想过,但并不放心上;③ 经常为自己的前途感到自慰(失望)。

61. 有时候你对异性同学很反感吗?

① 没有想过,也没有这种感觉;② 有时有点反感;③ 是的,我很反感;④ 没有反感。

62. 你产生过想交一个异性朋友的念头吗?

① 没有想过;② 好像想过;③ 想过。

63. 对社会上发生的事,在你和同学们议论时:

① 大家怎么议论,就跟着同样议论;② 有时候也和同学们争论几句;③ 如果看法不一致,我就和他们争论。

表 1　答案样表

_____市_____县

测验日期 年 月 日			文化程度	职业	学校	
出生日期 年 月 日		父			年级	
		母			性别	

例题	1	2	3	4	5	6	7		
		SA		SC		SE		XC	E
正式题	1	2	3	4	5	6	7	8	9
	10	11	12	13	14	15	16	17	18
	19	20	21	22	23	24	25	26	27
	28	29	30	31	32	33	34	35	36
	37	38	39	40	41	42	43	44	45
	46	47	48	49	50	51	52	53	54
	55	56	57	58	59	60	61	62	63
$\sum X$									
$\overline{X}$									

表注：请对准题号，把你选择的答案号码①或②或③或④填写在与该题序号对应的方格里。只写答案号码，不要写任何字。

结束语

下面还有两个问题请你回答，能写多少就写多少，回答得越完全越好。

1. 你认为怎样才算一个好学生？
2. 你认为怎样才算一个坏学生？

非常感谢你的合作。

【附 案例二】

访谈计划的设计

课　　题:"我最喜欢的人"——他人对幼儿人际吸引的调查

调查目的:通过对幼儿的调查,了解幼儿"喜欢"哪些人,分析影响幼儿"喜欢"的因素及形成机制,探讨他人对幼儿吸引的作用及发展他人对幼儿人际吸引的策略。

调查时间:　　年　　月　　日

调查地点:某市妇联幼儿园、商业幼儿园、印染厂幼儿园、市级机关第二幼儿园

调查对象:中、大班幼儿 200 名左右

调查方法:访谈法

调查步骤:(1)找园长联系,说明来意。

(2)和班主任联系,随机抽取访谈幼儿,摘录幼儿的"登记表",了解家庭背景(主要抚养人及职业、文化程度)。

(3)接触幼儿,融洽气氛。

(4)访谈实施。

调查内容:(1)幼儿喜欢哪些人?(多少、种类,了解喜欢的广度)

(2)最喜欢谁?其次是谁?(了解喜欢的深度)

(3)幼儿喜欢这些人的哪些品质?(做什么?怎样交往?了解喜欢的品质)

调查反映的问题:

(1)影响幼儿"喜欢"的因素及关系(假设:相似性、表面特征、满足需要、接触频度、接近的距离)。

(2)幼儿自我概念、关于他人知识和父母的影响对幼儿"喜欢"认知的影响。

(3)幼儿"喜欢"来源于直觉、具体形象和理性体验的程度。

(4)发展儿童人际吸引的作用,发展儿童人际吸引的策略。

访谈问题设计:

了解姓名及生活一般情况的问题(略)。

表 2　访谈内容准备表

访谈意图	访谈问题	备选问题
儿童排序、列举了解广度	① 你最喜欢谁？其次是谁？（问及关系、职业、距离、表面特征）	提示：幼儿园、家中、亲戚中、工、农、兵…中喜欢谁？ 归纳：这些人中最喜欢的是谁？
了解喜欢的原因	② 你为什么喜欢××？（问及××行为、态度、为人处事）	提示：他和你在一起干什么？他喜欢干什么？
广泛地了解	③ 讲一个××的故事	提示：在某一方面或根据前面谈话

访谈记录设计：

表 3　访谈记录表

姓名		性别		班级		父	职业		文化程度	
						母	职业		文化程度	

问题及回答	记时	非言语信息			
		平静	微笑	沉默	手势

【附　案例三】

访谈调查实例选段①

1. 谈话目的

调查父母如何对待儿童的侵犯行为，以及父母对待男女孩子侵犯性行为的态度是否一致。

2. 准备工作

（1）将父母对侵犯性行为的一般控制方式分为三类：严格制止；放任纵容；有时制止有时放任。必要时可设计更多的类型。

---

① 王坚红：《学前儿童发展与教育科学研究方法》，人民教育出版社 1991 年版，第 124～127 页。

（2）设计谈话时所提出的问题，使之能达到获取所需资料的目的，并现实可行。

（3）预试，即先找少数父母试问各个问题，看问题是否明确，措词是否恰当，是否易于理解，会不会产生误会等。

（4）根据预试结果，修改谈话计划，制定记录表格，与谈话对象取得联系，约定或排定谈话时间与顺序。

3. 谈话内容及可能的反应选例：

（E表示谈话者的问题，R表示受谈者反应，括号内是编著者加的说明）

选段1：

E："有些父母认为男孩应当学会保护自己，不受别人侵犯；也有父母认为，男孩应学会自我控制，避免和人打架。你怎么看这个问题？"

（这个问题中对两种观点都提出了接受的理由，从而可平衡"社会认可效应"，谈话者没有提供可选择的答案，故此项为不定案式问题。）

R："嗯。我看这儿附近有些孩子挺够呛，常见有打架的。我们小时候可不允许这样的。"

（受谈者并未答到点子上，故未能提供可以记录的反应。）

E："哦。嗯……现在有些父母觉得男孩应学会自卫，保护自己不受侵犯；也有些父母却认为男孩应该学会自我控制，不要和别人打架。你对这个问题怎样认为呢？"

（谈话者只是重复了问题，除语气词之外，未加其他含意。）

R："我认为，孩子们应多学会一点自我控制。老是打架，又危险，又让人看了讨厌。"

（现在的回答上了题，受谈者讲出了自己的态度。如果我们预先规定了一个记录系统，如规定"不要打架"记为"0"分，"反击"记为"2"分，二者之间的中性回答记为"1"分的话，此时按该受谈者的反应可记"0"分。）

选段2：

E："平时你对儿子说话时，下面的哪种可能性较大——是对他说，'要保护自己，不要让人家打你'，还是说'人家打你你就打他'，还是说'不要和别人打架'呢？"

（注意：上例中的问题是针对一般人的态度和行为而说的，而本例中是针对受谈者本人的态度，要求受谈者报告本人行为。由于父母不可能记录下自己每一次对儿子说的话，故这种对行为的报告可能并非完全准确。此处提出该问题只是为了了解父母一般的态度与信条。）

R："嗯,有时我们实在很难作出选择。在没有办法的时候,孩子只好学会自卫。比方说吧,上星期有3个男孩追打他,我真不明白这些孩子的父母怎么会让他们这么干。最后我没办法,只好教他留起长指甲,只要他们来打,就抠他们。这样果然不敢打了。其实我并不愿这么做,但没办法。"

(此回答可记作"2"分。)

选段3:

E："要是在学校里,有个男孩想跟小敏打架,您会对他说什么呢? 是对他说:'想办法要打过他',还是想个另外的什么办法来处理这件事呢?"

(注意:如果是自由式谈话,就可接着再问下去,了解那个孩子后来具体怎么打的,后果如何,等等。)

R："哦,那没用。我曾跟他去过几次学校,他们才不会和好呢。"

(又是未针对问题直接作答,无法记录。)

E："哪您怎么办呢? 您会对他说什么呢? 是对他说:'想办法要打过他',还是想个另外的什么办法处理呢?"

R："我想⋯⋯两种可能都有。我告诉他不要惹出麻烦来,不过我也说过,人家要打你,那你就跟他打!"

(此处应记"1"分。在谈话之后,将受谈者的反应分数累计起来,除以问题数,便可得出该受谈者在关于孩子是否应当反击问题上的均分。)

【巩固与思考】

1. 什么是教育调查法? 它有哪些具体的方法?
2. 什么是问卷调查? 问卷的内容和结构包括哪几个方面?
3. 什么是访谈调查? 你认为访谈有哪些技巧?

【应用与实践】

请你就目前小学生的学习负担问题,设计一份调查问卷(问卷题目的类型包括开放式和封闭式两种),并将该问卷在一定范围内发放,实地进行调查。

第八章　经验总结法

在教育研究活动中,除纯思辨的研究外,多数都属于经验研究。经验总结作为一种研究方法,是最古老,也是使用频率最高、最简单易行的方法之一。人们的教育实践活动是丰富多彩的,教育实践包孕着闪光的思想,它们需要慧眼去发现,需要教育工作者在积累中不断提炼经验。教育实践工作者和教育研究工作者如能善于运用经验总结研究方法,将大量的教育经验上升为理论,对于丰富教育理论,指导教育实践都有着重要意义。

第一节　经验总结法概述

要运用经验总结法,首先要认识经验总结法,弄清经验总结法的基本特征。

一、经验、教育经验及其价值

经验指实践过程中形成的感性认识,是人们在实践过程中与环境相互作用的结果。

教育经验指教育工作者在从事教育教学实践过程中所形成的感性认识。它同教育的理性认识相比,具有生动、具体和零碎的特点。

教育科学理论来自教育实践,又对教育实践发挥着指导作用。而教育理论的概括与形成,并不能直接来自实践,它必须借助于教育经验这一中介,也就是说教育经验是教育实践向教育理论过渡的中介环节。没有教育经验,就难以产生可靠的教育理论。人们在教育实践活动中直接接触教育客体,首先会对客体的表面现象与外部联系产生反映,并产生大量的体验,这便是教育的感性认识,即教育经验,在这个基础上,如果再进一步进行思维加工,就会使教育经验上升为理性形态。同时,教育经验还是提出教育构想和检验教育理论科学性的重要依据。

二、教育经验总结法的涵义

教育经验总结法指在不受控制的自然状态下，依据教育实践提供的事实，通过思维加工，分析概括教育经验，使之上升为理性认识的思维加工过程。因此，它往往以既成的感性经验为研究内容，即它总是在某一教育实践已经结束或已告一段落的基础上进行，是对过去的回顾与发掘，通过对过去的回溯，探寻经验形成的相关因素，并用理性的思维之光，使它对实践指导具有普遍性。

这里指的教育经验，可以是研究者本人的，也可以是别人的。如果是别人的，又可包括个体的与团体的两种。教育经验总结法与其他教育科学研究方法有区别也有联系。经验总结法既不像实验法那样必须在一定因素控制下进行，也不像调查法、观察法那样研究结果偏重于事实材料，它来自事实又高于事实，因而对实践更具有一般指导价值。教育经验总结法作为一种研究方法，要求经验获得者以研究者的身份去审视零碎的经验，用理论家的头脑去整合经验的实质。

三、教育经验总结法的特点

教育经验总结法表现出如下一些鲜明的特点。

（一）以直觉为基础

经验总结研究区别于一般研究方法的一个重要方面是它以直觉为基础。例如，教育行政部门在工作中不难发现，某些学校教育教学质量总是名列前茅，同时他们也会发现，某些学校教育教学质量很不理想。他们意识到这中间必有经验，这里的经验，显然不仅指成功的因素，也包括失败的因素，即反面经验。长期以来，我们习惯于总结研究成功的经验，忽略了对失败经验（即教训）的总结研究，在一定程度上影响了教育实践的发展。现在一些有识之士强调反思，强调在教育过程中要不断注意总结，尤其是注重对失误的总结研究。在一定意义上可以说反思也是经验总结，经验总结与反思二者具有共同性。

（二）追因性

由于经验总结法总是在实践活动取得了一定进程的基础上进行的，它的宗旨就是探索影响活动的因素和原因，因此，它在本质上就是一种追因，它总是先要对实践活动进行回顾，在实践活动大量积累的基础上进行抽象和概括，这是本研究方法区别于其他教育研究方法的重要标志。

（三）本土化

经验总结研究法是我国一种古老的教育研究方法。这些年,虽然它在发展过程中也不断融入了国外的一些先进思想理念,如把建构思想引入经验总结研究中,以更好地解释事物的发展机理。但它始终坚持使外国的理念扎根于中国实际之中,坚持在本国本土的实践基础上扎根研究,这是教育经验总结法的又一特征。

四、教育经验总结法的意义与作用

教育经验总结法具有悠久的历史,我国古代第一部教育典籍《学记》,就是先秦时期教育实践的经验总结。目前,许多教育研究仍然主要依赖归纳方法探寻理论、发现规律。从某种意义上说,教育经验是教育研究的逻辑起点。可见教育经验总结法在教育研究中的重要地位,其意义与作用在于:

（一）有效揭示教育规律,发展教育理论

开展教育经验总结研究是推进教育科学理论建设的重要手段。任何教育活动都有规律可循,教育规律客观存在着,遵循它便能获得教育的成功,反之便失败。因此,总结成功的经验与失败的教训,往往使教育的客观规律不断地得到揭示。例如一个差生的成功转化、一种新的教学方法的尝试等,只要你留心观察,善于反思与总结,就能悟出其中的诀窍,就会有新的认识。而教育经验的点滴积累正是教育理论取之不尽的源泉。可以说,没有教育经验总结法,就不可能有今天如此灿烂夺目的教育理论精华。

（二）促进教师水平和教育质量的提高

无论是社会进入知识经济时代,还是学生个体发展,都对教育提出了更高的要求,而对教育的要求实际上主要是对教师的要求。一般而言,教师的水平既与他们接受的教育与训练有关,也与他们能否自觉地、有意识地不断总结和认识自己与他人的教育经验有关。因为知识就是对经验的概括与总结,经验总结的过程本身就是认识过程,是提高过程。实践反复表明,一个善于总结经验的教师往往掌握了更多的教育教学规律,从而也就掌握了更多的教育教学主动权。魏书生、李吉林等中小学著名特级教师所以能够取得如此显著的教育教学业绩,与他们善于总结自己与他人的教育教学经验不无关系。

（三）简单易行，适用范围广泛

就操作而言，教育经验总结法在教育研究诸方法中是最为简单的，它既不需要创设特定的条件，也无须控制无关因子的干扰，一切都可以在自然状态下进行。而它的适用范围却特别广泛，既可用于宏观教育研究，也可用于微观教育研究；既可用于群体研究，也可用于个案研究；既可用于学校教育研究，也可用于家庭教育研究。而且研究活动本身又渗透着经验的作用，富有教育研究经验的人在研究的整个过程中往往能得心应手，例如研究课题的选择与确定比较恰当，选择的研究方法比较合适，对教育研究成果的价值定位比较准确，对教育研究成果的推广也较富有成效。

对于教师而言，经验总结法可以广泛运用于自己的教育教学工作，做到"在教学中研究，在研究中教学"，同时，也就会"在研究中发展"。苏霍姆林斯基、马卡连柯、陶行知等大教育家都是这样成长起来的。

第二节　经验总结法的实施步骤与方法

教育经验总结法在操作过程中虽无固定不变的模式，但也有相对明确的方法体系与实施步骤。为了正确、有效地开展教育研究，达到预期的研究目的，可以按以下步骤进行：确定研究的课题与对象；搜集与记录经验；初步归纳与提出经验；筛选经验；核实与验证经验；分析、抽象与概括经验；撰写经验总结研究报告。

一、确定研究的课题与对象

总结教育经验，研究者首先要考虑总结什么教育经验和谁的教育经验这两个问题。

教育经验广泛存在于教育、教学的各个领域，研究课题的确定一般都是选自有价值的，能真正解决实际问题，并确有成效的经验素材。如：能激发学生兴趣的学习方法，效果突出的教学设计，见解独到的教育理念等。对教师来说，课题的选定是教师在对自身工作进行研究思考的基础上展开，选择那些能够有效改进教育教学工作，提高教育教学质量和效率的手段、办法、措施、方案以及符合教育教学规律的科学认识、体会、启示等。这些经验针对性强，能为具体的教育教学实践服务。

确定了研究课题后，研究者必须根据经验总结的目的与任务，选择具有代表性的地区、单位或个人（他人或本人），按照经验总结的要求，有计划地进行。例如 1998 年，《人民教育》杂志社拟在全国总结推广中小学课堂教学结构改革的经验，他们便在全国南北两方分头着手，北方选择了城市学校，南方选择农村学校。作为农村学校改革的先进典型，江苏省泰兴市洋思中学的"先学后教，当堂训练"的经验进入了他们的视野，当他们将洋思中学的经验在《人民教育》刊载后，立即引起了全国各地广泛的关注与好评。

通常情况下，经验总结是以单位或个人的成功经验为前提来确定研究对象的。但也不尽然，教育是一项复杂的社会活动，有时为了全面考察教育的实践过程，特别是考察某一教育行政部门在贯彻教育方针、政策或实施教育改革方案等方面的情况，就需要总结正反两方面的经验与教训。为此，选择研究的对象就应包括好、中、差三种类型，使研究范围有点有面、点面结合，以取得完整的经验。例如在这次基础教育新课程改革中，各地在改变教学方式上作了许多尝试，也积累了不少经验，有些研究者通过对这些经验的研究，发现有的是能够体现新课改要求的，有的则背离了新课改要求，还有的片面理解课堂中的"互动"，把"互动"变成了"师生问答"。研究者通过对实验区经验的比较，及时发现了问题，并通过有关部门进行纠正与指导，从而保证了新课改沿着正确的道路健康发展。

二、搜集与记录经验

明确了研究课题与对象之后，就可以着手对研究对象的经验进行搜集与记录。

教育经验有直接与间接、有关与无关的区分。直接经验指本地区、本单位或个人（他人或自己）教育工作实践的切身经验。如教育过程中发现的新问题、新现象，解决问题的新办法；提高教育质量所采用新的教法与学法；教学内容和教学组织形式的调整；转变学生思想与行为的工作态度、影响方式、策略及其手段；个人对教育问题的新体会、新设想与新观念等。间接经验指单位或个人通过学习他单位或他人的经验和方法，或通过对文献资料的学习而获得的理论观点和实际做法。一般说来，直接经验通常是新经验，而间接经验都是别人用过的旧经验，当然，一个单位或个人在工作中运用了他单位或他人的经验后，自己又有了新看法，并对工作做了创新性的改进，这种新看法和改进就不是间接经验而是直接经验了。

有关经验一般是指与本研究专题关系密切的经验,无关经验则指与本专题研究关系不大或完全没有关系的经验。

研究者应依据经验总结的目的,紧紧围绕直接经验与有关经验,全面搜集能够反映经验的信息,掌握大量第一手资料,为后面的经验总结与研究提供最重要的保证。

在搜集经验的过程中,记录是极其重要的环节。研究者一定要从客观性的要求出发,真实、准确地做好记录。对相关的实施方法、手段不篡改,对经验带来的效果不拔高、不扩大。经验记录力求全面,一般应包括以下内容:① 关于问题或现象的具体叙述。如问题或现象发生的时间、地点、人员、当时的环境、人员的心理状态等,还包括问题发生的原因和背景。② 经验获得者(集体或个人)对问题所作的分析与判断。③ 解决问题的方法,指经验获得者解决问题过程中的具体方法与操作步骤以及采取的相关态度。如经验获得者讲了哪些话,改变了哪些行为,做了哪些具体工作,这些说法与做法各在哪些时间、场合下进行的等。④ 解决问题的实际效果如何,即认真记录经验者在改变了教育影响后被影响者所产生的各种变化,包括被影响者的言行表现、神态举止、学习和行为效果等。育人是一项长期的工作,并非教育者施加影响后会立即收到明显效果,往往需要一段时间才能表现出来。这要求研究者必须认真耐心地做好长期的观察记录。⑤ 对不可控制因素影响的估计记录。学生心理行为的变化受到多种因素的影响,其中有些是实质性影响,有些是非实质性影响。有些效果的获得并非是经验者施加影响的结果,而是不可控因素造成的。例如一小学老师曾要求学生加强体育锻炼,一周后班上男生一个个踢起了足球,研究者认真做了记录,发现学生迷上了足球的原因是老师教育的那一周,正好电视台转播亚洲足球赛,他们迷上足球主要是受足球赛影响而非老师的教育。可见记录过程中全面地了解情况,掌握实质性资料,对分析概括经验是十分有益的。

三、经验的初步归纳与提出

研究者搜集到一定的经验材料之后,便可整理经验记录,写成书面的文字材料,归纳并提出初步经验。在这一过程中,研究者必须注意的是切不可改变原始的经验记录,以确保经验的客观性。二是归纳时应按种类分层次进行。

例如前面提到的某中心小学近年来坚持全方位多角度地改革教育教

学,使全体学生的素质明显提高一例,研究者对此认真做了记录,通过整理,他们按种类分层次归纳的初步经验如下:

（1）提高教师素质

（2）努力改善办学条件

（3）实施"自能化教育"

（4）办"少年体校"、"少年艺校"、"少年军校"

（5）学生作文互批自改

（6）学生自办语文、数学学习小报

（7）让学生广泛参加社会活动

四、筛选经验

原始经验是大量的、多样的,有些是有理论价值或应用价值的先进教育经验,有些则是价值不大的,这就需要进行筛选,把那些符合先进教育经验标准的、有研究价值的经验作为进一步研究的对象挑选出来。一般说先进教育经验的标准有 4 项。

1. 有效性

它应在实践中被初步证明是有效果的经验。有效性是经验的一个不可或缺的特征,是确定取舍的一个重要指标。筛选经验应把它放在首位来考虑。

2. 新颖性

先进的、有研究价值的教育经验往往都不是旧经验,而是新经验,是在教育实践中获得的新发现、新规律和提出的新观点、新方法。

3. 普遍性

即新经验不限于某人某处使用时才表现出明显效果,而是别人别处使用时也会有明显效果。

4. 稳定性

即经得起时间考验并有发展前景的经验。

上例中,研究者把实施自能化教育作为先进教育经验挑选了出来,因为它是该校经验中起统领作用的经验,是能够反映该校教育改革本质的主题经验,其他经验不过是这一主题经验的分解,是该校教改经验中的一部分。而且,这一经验也是当时鲜有的先进经验,是该校教改的特色之所在。

五、教育经验的核实与验证

对筛选出的教育经验还要进行认真核实与验证。教育经验的核实与验证是采用科学的检测手段或实验方法对经验加以检验,检验教育经验的真实性、可靠性、有效性。对教育经验进行核实与验证是对教育经验进行研究的必要环节。因为经验来自教育教学的自然状态,经验所提供的方法措施在实施过程中缺乏对无关变量的严格控制,所以经验往往难以揭示教育现象中因果关系,只有通过实验的方法来加以科学的验证。例如经验认为,某种新教学方法使学生学习成绩明显提高了,实际上,学生学习成绩的提高可能并不是教学方法的作用,而是教师教学态度或对学生的期待发挥了作用。如果不经过实验,误认为是教学方法引起的,这种经验就靠不住了。

对教育经验的核实与验证既有联系又有区别,它们的目的都是验证经验的真实性与可靠性。但核实指的是把经验提供的方法和效果与实际情况进行比较,看经验提供的方法和效果与实际是否相符。而验证采用的是实验方法,依据经验提供的方法和结果设计一项或几项实验,验证此方法是否真实有效,或鉴定这一方法是否是导致结果的真正原因。对教育经验的核实与验证是紧密联系在一起的。一般来说,在验证之前先对经验进行核实,在核实的基础上进行实验验证。

对教育经验进行核实包括三大内容。其一是核实经验中所提供的方法措施的具体内容和形式。如教师在解决问题时采用了什么手段,运用了哪些具体形式,说了些什么话,采取了什么样的态度,要求学生做了些什么以及使用了哪些材料、教具等。其二是核实方法措施的实施过程。包括时间、地点、人员、环境、背景、过程的阶段步骤等。其三是核实效果。包括学生行为的变化,学习成绩的变化,能力的提高以及个性特点的变化等等。对先进教育经验常采用座谈、观察、问卷等方法核实经验所提供方法措施的内容和形式;采用录音、录像等手段核实方法的实施过程;采用测验(书面的、口头的、技能操作的)手段核实经验产生的效果等。为确保核实工作有实效,最好在不被对方觉察的自然状态下进行。

对教育经验的验证有两种形式,即实验室实验的验证和自然实验的验证,而后者居多。实验室实验的验证用来验证经验所提供的自变量与因变量的关系,确定经验中涉及到的变量,哪些为有关变量,哪些为无关变量,以及经验提供的方法等是否真实有效等。自然实验的验证,一般通过配设实验学校或实验班级,在一定样本范围内实施某种先进教育经验,观察并记录其是否有相同效果。

教育经验通过核实与验证,便可鉴定出哪些属于真实有效的,哪些属虚假无效的;还有哪些经验需要作进一步修改与完善。这使经验的科学性大为提高,因为它是在因果联系中探求事物的本质。

六、教育经验的理论化

提取出来的经验虽经过核实与验证,是正确的且有实用价值,但很大程度上它们都带有经验获得者极强的个性特征,往往缺乏理论深度,仅停留在对经验的一般阐述与概括上,有待深化。可以说,对经验的抽象水平或曰思辨的深刻性,决定了经验研究所能达到的理论水平。爱因斯坦指出,"任何一种经验方法都有其思辨概念和思维体系","只有最大胆的思辨才有可能把经验材料之间的空隙弥补起来"。因此,提纯了的教育经验要上升到理论形态,还需对它们进行去粗取精,去伪存真,分析综合,抽象概括的思维加工,提炼出科学的概念或基本假设,从而创立一种新的学说或理论。

这一提炼过程粗略地说可分三步进行。

第一步,抽取经验主题。所谓经验主题,就是指反映经验实质的主题思想。它通常可用一句话来表示,如"实施差异教学可以大面积提高教学质量"。揭示主题的过程实质上就是对具体经验进行抽象的过程。研究者要想达到准确而迅速地抽取经验主题的目的,必须注意下述三点:一是应掌握科学的逻辑思维方法。有的经验事实一开始就有明确的思路与目标,提炼主题可沿着经验者的思路和行为过程,概括出他的最具特色的思想观念。对于经验者一开始构思笼统模糊,没有形成主导思想线索的经验,则可以将经验先分项,再逐层提炼,以概括出经验各层中共同的且贯穿始终的主导思想。二是要善于摒弃非本质因素的干扰,要善于透过现象抓本质。例如搜集与记录经验时有这样的事实:某课程改革实验区的一位老师,学生反映上他的课思想不会开小差;老师反映他上课时学生发言踊跃,课堂气氛好;学校领导反映他上课学生热情高。如果仅从现象上分析难以找出其教学经验的精髓,若深入本质就不难发现该老师的经验是善于激发与调动学生的思维积极性,这便是经验主题。三是应善于把经验事实纳入教育理论框架,为经验寻找高新的理论支撑,往往能抽取出更为深刻的经验主题,构建出更有价值的理论。

第二步,形成理论术语。要使经验理论化,必须通过一系列概念来组合,这些概念的语言表现形式便是术语。一般说来,术语化的程度反映出理论的抽象水平,所以,在教育经验理论化的过程中,应重视术语体系的建立。美国学者布鲁姆的"教育评价理论"中就构建了"诊断性评价"、"形成性评价"、"终极性评价"等术语,揭示教育评价与教学过程的关系。构建术语的方法很多,常用的有:① 改造。将日常用语科学化,赋予日常用语以科学内涵,并做出界定。② 借用。将其他学科的术语搬来解释教育问题,如"反馈"、"系统"等。③ 引进。从国外引进适合本经验理论体系使用的一些新术语。④ 创新。研究者通过类比等方法创造一些新术语。

第三步,构建理论模式。有了经验主题和术语还不够,因为这还不足以揭示教育经验中的本质联系,只有把这些术语用经验主题科学地有层次地组合起来,才能使经验成为真正的理论,以发挥经验对实践的指导作用。这一组合工作便是构建理论模式,如江苏省常州师范学校特级教师邱学华将自己的数学教学经验概括为"尝试教学理论模式"就是一例。

这里需要强调的是,被用来分析综合、抽象概括的教育经验一定是经过核实和验证的。因为没有经过核实与验证过的经验,往往是不可靠的,对不可靠的经验作理论概括,其形成的新理论可能是不科学的,不科学的理论会对教育实践产生误导。我国报刊介绍了诸多的改革经验,至今被应用推广的并不多,原因固然很多,其中缺乏可靠性与科学性可能是最重要的因素。当然,对经验进行抽象概括的理论化过程也要有正确的方法与科学的理论作指导,特别是应有先进正确的哲学思想作指导。经验总结法是教育研究方法之一,教育科学研究不仅要揭示大量的教育事实,更要对这些事实做出说明和解释,这是教育研究的必然结果。

这里还有一点需要说明的是,在教育经验理论化过程中,有些研究者不从经验者提供的实际经验出发,从经验中提炼理论,为经验寻找理论支撑,而是为理论而理论,搞"外加式"、"装饰型"提炼,甚至为某种利益搞炒作性"包装",这不仅导致失去教育经验总结研究应有的作用与意义,还会影响教育研究工作者的个人形象。这对教育研究工作者来说,应该是忌讳的。任何理论或学说总是在一定条件和范围内才是可信和正确的。因此,所有基于经验材料建构的理论解释都必须诉诸经验的检验,检验方式既包括逻辑的也包括实践的。逻辑检验,它是清除理论解释逻辑谬误的手段。面对着从教育经验中提炼出的教育理论,研究者还应将其再放入实践中检验,对已有理论作修正与完善工作。另外,在给先进教育经验进行价值定位时必须坚持辨证性与客观性,在看到先进教育经验具有广泛适用性的同时,还必须看到其局限性,这在先进教育经验推广过程中显得尤为重要。

第三节 经验总结法的基本要求

运用经验总结法进行教育科学研究,必须遵循以下基本要求。

一、研究的对象要有代表性

教育经验总结既可选择集体,也可选择个人;既可在教育宏观层面进行,也可在微观层面进行,但无论从哪个方面入手,研究的对象都应有代表性。因为有代表性的经验才具有更多的共性,才能上升为一般理论。由于共性寓于个性之中,因此,经验提升的教育理论就有更大的适用性。确定总结研究的对象有无代表性和典型意义,主要标准有三条:一是看研究对象本身所提供的主要内容是否有广泛的群众基础;二是看研究对象的经验能否推动面上实践的发展;三是看其经验是否真有效果,任何时候都不能人为地树典型,搞"泡沫经验"。

二、要严肃认真,全面考察

如前所说,教育是十分复杂的社会活动,任何教育的成功都不是单因素所能奏效的,因此,总结教育经验决不能一叶遮目、只见树木不见森林,否则,不仅搜集的资料是支离破碎的,难以真正揭示出教育内部的必然联系,可能还会歪曲事实真相,形成错误的理论,贻误教育实践。全面考察要求教育研究者既要考察教育外部的纵向、横向联系,又要把握教育内部各要素之间的关系,在此基础上努力分清本质联系与非本质联系。如果不全面考察就轻率地下结论,总结出的经验很难产生有益的社会效果。

三、以客观事实为依据

经验总结法由于是在自然状态下进行的,所以如果研究者思想路线不端正,很容易掺杂主观因素,从而出现感情用事、任意发挥的做法,使经验被歪曲。因此,研究者必须坚持辩证唯物主义的实事求是态度,坚持研究对象提供什么事实，就总结什么经验；有什么经验，就提供什么理论依据。为保证经验总结能够揭示教育规律，经验总结必须坚持定性定量分析相结合。过去，教育经验总结法主要采用定性分析的方法，有一定局限性。现在，人们在教育经验总结中，也比较重视量化分析，发挥数据、资料在经验总结法研究中的效能，以准确地把握与描述教育现象与规律。

四、把握现象的本质

唯物辩证法告诉我们，事物的现象与本质之间的关系有时是很复杂的，有的现象反映本质，有的现象却歪曲本质，经验也是如此。尤其是面对众多的经验材料，研究者容易停留于表面的浅层认识，孰是孰非，难以把握。无法把握经验的实质，便只能泛泛而谈，流于形式，抓不住问题的核心。因此，研究者一定要分清现象与本质，任何时候都不能被现象所迷惑，只有牢牢抓住本质，才能掌握住经验总结的核心，实现经验总结法的目的。

五、要有所创新

创新是科学研究的生命，可以说，没有创造就没有科学的发展。运用教育经验总结法这一古老的教育研究方法，如果缺少创造性，就很难取得研究成果。以往的经验总结存在的一个突出问题是用已有的理论来剪裁经验，很少创新，因而尽管这里树典型那里出样板，结果推广一阵，人们仍然回到老路上去，这与经验总结时因循守旧不无关系。因此，为使经验上升为理论，而且上升为新理论，研究者一定要有创新的意识。在总结经验的过程中，教育研究工作者要力戒带着旧理论的框框去套新经验，而是要真正以经验创造者提供的素材概括、提炼教育理论，也许这一理论就揭示了教育领域中的重要规律，成为教育理论宝库中闪烁着思想光辉的财富。

六、要与时俱进

时代在发展，教育在前进，一成不变的教育方法和不思变革的教育观念是缺乏生命力和活力的，教育改革为新时代的教育开辟了一片广阔的天地，无论是成功的教育经验，还是失败的教育经验，总结它们必须站在时代的前沿，以新的思维与视角来看待。教师在教育过程中会不断地遇到新问题、新情况，通过经验总结过程能促使教师有意识地去研究和思考教育工作,不断完善教学行为,提升教学品位。教育过程中倘若不能及时、有效的通过经验总结法发现教育中的问题、提炼教育中的规律,就无法达到实施素质教育的要求,也就达不到新课改中促进学生全面发展的总目标。因此,运用经验总结法也必须与时俱进,教育中旧经验的不适应,新经验的可行性都需要随时间的发展不断地调整和完善,通过更新教育理念,提高教育质量。

【附 案例】

校本教研中"新集体备课"的实践与启示①

一、缘起:我们需要怎样的"集体备课"?

在很长一段时间里,我们在业务管理上普遍存在只重形式,只抓表面,不注重过程、不注重实效的情况。推行"集体备课"的开始一段时间,老师们都能做到相互交流、探讨,可后来为了"省事",往往是"你按资料抄写的教案复印一份给我,我按资料抄写的教案复印一份给你"。"你备你的课,我上我的课",失去了集体备课的本真意义。

这让我们陷入沉思:我们要不要集体备课?我们需要怎样的集体备课?如果需要集体备课,那么应该怎样定位?集体备课就限于写出平时上课用的"教案"抑或是"学案"?为什么从理性角度分析的那种"既有利于个性张扬,又利于真诚合作"效果很难在实际工作中出现?

生成教学过程观告诉我们,"有备无患"的课堂已经不再可能。教师仅仅凭藉课前的一次性备课根本无法高效有序地完成教学任务,课堂上没有预期到、无法预期的现象此起彼伏。我们认为,教师的备课合作,就应该是互相交流,互相进步,互相提高;集体备课,就应该是在对教材的处理、教法学法的确定、教学资源的开发与利用、预设与生成的技巧等等方面进行相互交流;最根本的是教师之间要围绕"问题的解决"而进行教学思维的碰撞或者是有教学智慧的共享,从而促进教学行为的改进。

二、预设:"新集体备课"的有关概念

1. 基于问题聚焦及解决的课例研究:将教师分成若干个学科研究

① 载《上海教育科研》2009年第1期。作者:夏玉成、李彩仙。

小组,研究小组在群体对话中寻找研究问题,确立研究的主题;其次,以课例为载体,通过建构性反思,形成教师个人和集体对课例所涉及的情境、问题的看法和观念,并产生相应的应对策略;再次,将其运用到真实的情境中,由此产生新课例;更次,在新旧课例的比较中,解决现实问题,形成教学实践智慧。其基本过程是:聚焦问题、形成方案、行为跟进和课后反思,四者可以相互交叉,可以螺旋式循环。

2."新集体备课":就是"基于问题聚焦与解决的课例研究"的系列活动,是我校校本教研的载体,为了区别以前的做法,我们在这里称之为"新集体备课"。通过这样的系列活动,实现"和而不同",既有分工合作,又有个性张扬;实现知识的共享,通过"行动——体验、问题——对话、问题——反思、新的行动——体验",教师隐形知识、显性知识得到相互转化、共同发展,促进自我专业成长的知识创新与学习循环;实现问题的解决,教师与教师之间跨越各自的边界,公开自我,倾听吸纳,关注问题,相互学习,如能如此反复,将出现新的见解和发展,将达成知识的共享与知识的创新。

三、生成:"新集体备课"的实践操作

基于课例研究的问题聚焦及解决的"新集体备课",是作为教师观点碰撞、学术争鸣、经验介绍、思想交流的载体,也是展示师生才华的舞台。学校依托"新集体备课",培养学生自主学习能力,提高教学质量;教师依托"新集体备课"理论引领、反思构建,群体合作,互动分享,立足课堂,研训一体,提高课题效率,促进专业发展。

1. 聚焦问题　确立主题

要点:第一,本组内各位教师交流自己教学中存在的薄弱点或困惑点;第二,筛选出教学中存在的具有"共性"并"有研究价值"的问题;第三,根据问题确立研究主题,落实集体备课的内容。

"新集体备课"是校本教研的形式之一,既然是教学研讨,就需要有一定的主题。只有主题明确,教师才不会在研讨活动中为备课而备课。各同年级同学科(称为"科组")结合新课程理念,可在科组内先布置学习新课标的要求,然后组内各位教师交流自己教学中存在的薄弱点或困惑点,经讨论后每组提炼出教学中存在的具有"共性"或"普遍性"的问题;然后按照已经"聚焦的问题"(待解决的问题)形成本组本次的研究主题。聚焦的问题和过程一一记录在案。每个教师、每个组要养成勤于动笔的习惯,

把想到的问题、解决问题的办法都要记录在案。主题不是空穴来风，它来自于老师群体、学生或老师们共同关注的话题。如低段组在商讨的基础之上聚焦了这个问题：部分学生作业拖拉如何解决？面对作业拖拉问题，老师们商量后一致认为：一是与学生学习习惯有关；二是与课堂作业设计有关。因此，为了提高教学效益，解决部分学生拖欠作业的问题，他们把这次的研究主题定为：《精心设计开放式作业，提高学生学习兴趣》。

2. 共同研讨　形成方案

要点：第一是本组各层次教师根据主题，提出并形成问题解决的有效策略；第二是本组各层次教师根据策略，参与方案的设计。本过程展示了教研组组从带着主题到解决问题的全过程，组内全体成员带着问题，本着研讨的态度进行研讨交流。

"明确任务，撰写草案"：各科组教师在教研组长的协调下，根据本组本次的研究主题，落实集体备课的内容，每个教师根据个人的特长，提出"解决问题"的办法，对同一堂课进行备课，即初步完成"确定目标、重点难点分析、教学过程设计、资源利用"等方案预设。

"专人主讲，形成预案"：为了保证备课质量，确定专门时间，以科组为单位进行集体活动，承担上课的教师负责主讲，介绍"解决问题"办法和途径，分析教学目标、重点、难点和教学过程设计，提供多媒体教学素材等，其他教师提出建议及补充意见，形成大家公认较好的教学预案。教研组要将依据重建后的问题解决策略编写的教学预案，提供给每位教师，人手一份。

3. 课堂实践　跟踪会诊

要点：首先，承担上课的教师进行公开教学，同科组教师观课。观课教师在课堂观摩中记录成功与失败的教学细节，以及对问题的理性思考。其次，组织小组成员对照预设的课例方案和设想进行跟踪分析和讨论。

"课堂实践，同伴观课"：根据活动主题、跟进目标，将集体讨论所形成的课例方案和设想，通过个体建构性反思形成新的思考和想法，并付诸课堂行动的过程。这一环节既是向参与教师展示和检验问题解决的效果、展示集体智慧的结晶，又是教研组研究成果的展示，也是为下一环节互动研讨提供素材。整个过程一定要记载、摄像。

"对照预设，跟踪会诊"：首先，上课教师要谈设计意图。设计意图要着重说明以下两点：一是解决问题的有效策略，二是这些策略在这堂课中的具体运用。其次，小组成员共同讨论，就课堂实践的效果或观课中发现的不足进行讨论会诊。

4. 反思提炼　聚焦新问题

要点：一是对课堂教学的细节研讨，研讨策略的有效性及策略的现实意义；二是对教研流程的细节研讨，围绕过程与实效进行剖析。本环节有利于问题解决策略的改进与完善，提升教师的实践智慧，既是经验、信息、资源的共享，更是一种提高教育理论修养和教研活动组织策划水平，促进教师专业成长的有效机制。

"反思提炼"：根据公开课，组内成员再联系课堂实践反观预设，围绕主题讨论、交流预设的策略、措施在课堂上的落实情况；或聚焦新的问题，提出新的解决办法，再次调整教学设计，然后将调整后的教学设计，带入新一轮的研讨中去；或对成功解决问题的策略进行归纳总结提升，形成有效的教学方法。对表现出的成功之处或存在的问题，以及集体反思、讨论的过程和结果，一一记录在案，形成科组系列教学资源，供总课题结题时参考使用。

"聚焦新问题"：根据小组课后会诊的内容，对照课前预设的方案和策略，如果问题已经解决，策略已经得到验证，那么就聚焦新的问题，进入新的一轮循环研讨活动；如果没有达到解决问题或者解决问题不彻底，那么，进一步分析原因，寻找新的策略，重新进入循环探讨之中。如果本次活动的问题解决策略是有效的，但是发现了与原问题相关的问题，那么，可把这个相关的问题作为下一轮活动中要探讨的问题。如高段年级语文组，围绕主题"慢读细品，读出文章的精彩"开展研讨活动时，发现阅读教学要达到读出真、读出情、读出悟、读出思、读出美，还得要培养学生的阅读兴趣。"如何培养学生的阅读兴趣"就成了下一轮研究的新问题。

四、启示：我们可以这样引导校本教研

教师的工作积极性是做好任何教育教学工作的先决条件，也是组织集体备课的先决条件，是搞好集体备课的重要保障。而积极性的产生，既来源于"这事有效"的吸引力，更来源于"做这事"过程中对"有效"的体验。如何引导学校开展校本教研，我们认为：

1. 要注重效果：开展一项教研活动，我们首先要设身替教师的工作效果着想，要通过"这项活动"让教师们感到"这样做才是有效的"，感到"原来事情应该这样做（比如新集体备课）"，让教师们看到"这样做"所产生的"好效果"。

157

2. 要注重效率：开展一项教研活动，我们还要切身替教师的工作效率着想，要通过"这项活动"让教师们感到"这样做省事多了"，感到"原来事情可以这样做(比如新集体备课)"，让教师们看到"这样做"所带来的"高效率"。

【巩固与思考】

1. 经验总结法的实施步骤是哪些？每一步骤应如何操作？

2. 作为教育研究方法的经验总结与日常工作中的工作总结有何异同？

3. 实施经验总结法除了本章提及的那些要求，你认为还应补充哪些？并说出理由。

【应用与实践】

以三人为一合作学习小组，试用经验总结法研究一位优秀小学生家庭的教育经验，并试着写出经验总结报告，在老师组织下全班交流。

第九章 理论研究法

对研究对象,使用哲学的、逻辑的方法,进行理论思维,也是一种常用的教育研究方法。比如,要探讨控制论、信息论、系统论的基本原理指导教学研究的可能,就可以借助哲学的方法,研究其理论的指导意义,借助逻辑方法,研究其基础理论和方法论用于教育研究的可能性与现实意义。理论研究是相对于经验研究、实验研究、行动研究等类型的实证研究而言的。其实在多数情况下,人们往往将理论研究与实证研究结合起来。事实上,我们所知道的成功的范例式的教育研究,大多是将这两种研究有机地结合起来的。由于论述的需要,本章只讨论理论研究法。

应该说,哲学方法、逻辑方法是具有普遍意义的高起点的理论研究方法。这一研究方法适用于各种科学研究。必须强调的是,它们既是可以独立使用的研究方法,其思想与原理又是其他任何一种研究方法必须遵循的。

在日常生活中和教育研究领域,有些观点或做法中隐藏着错误。这些错误往往有害于教育事业。通过理论研究方法,可以找出其错误,使教育事业健康地发展,使教育活动正确地开展。此外,有些做法或经验,本身并不错,但只是孤立地存在着,缺少提炼和概括,人们并不能找出规律性的东西,将其上升为具有指导意义的理论或结论。通过理论研究方法,可以弥补这一不足。

这里,我们主要介绍哲学的方法和逻辑的方法这两种理论研究法。

第一节 哲学方法

这里的哲学,指马克思主义哲学。马克思主义哲学包括辩证唯物主义和历史唯物主义。辩证唯物主义是关于自然、社会和思维发展的一般规律的科学。它既是科学的世界观,又是指导我们进行认识活动和实践活动的科学方法论。历史唯物主义是关于社会历史发展一般规律的科学。它既是科学的历史观,又是指导我们进行社会科学研究和从事社会实践活动的科学的方法论。

辩证唯物主义与历史唯物主义从哲学的角度,从世界观、历史观、方法论的高度,向我们提供从事教育科学研究的根本方法。正如恩格斯所说的,马克思主义向我们提供的是研究问题的出发点和研究中使用的方法。在教育研究中,我们应该遵循辩证唯物主义与历史唯物主义所揭示的基本规律,科学而有效地展开研究。

一、遵循马克思主义哲学关于人类社会发展基本原理的理论,研究和分析教育现象中的种种矛盾形成和发展的基本原因

马克思主义哲学认为,生产力与生产关系的矛盾运动,是人类社会向前发展的根本原因;研究社会问题和分析社会现象,必须抓住生产力与生产关系这两个历史发展的最终决定因素。可以说,这是历史唯物主义最基本的原理。

所谓生产力,是指人类征服自然、发展生产的能力。生产力中,决定的因素是人。生产关系是人类物质生产过程中人与人之间的社会关系。生产关系的基本要素有三个:生产资料所有制形式、生产活动中人与人之间的关系、产品分配形式。一定的生产关系的总和,构成了一定社会的经济基础。经济基础又决定了政治、思想、道德、教育、法律、宗教、艺术等上层建筑。在人类社会的发展过程中,生产力是最活跃的因素,它总处在不断的发展过程中。生产关系是与生产力相适应的。生产力发展到一定阶段时,就会与原有的生产关系产生矛盾,使原有生产关系显得不适应。最终的结果只能是改变生产关系,以适应生产力的发展。而生产关系、经济基础的变更,又将引起政治、思想、道德、教育、法律、宗教、艺术等上层建筑的变更,从而引起社会制度的变革。马克思主义哲学认为,这一矛盾运动是社会发展的根本原因。

教育研究者如果看不到上述社会发展的根本原因,就教育而论教育,研究就难以深入。教育属于上层建筑。任何教育现象,都是社会经济机制的反映,其根源都在于生产力的发展及生产力、生产关系、上层建筑的矛盾运动。教育科研只有从这一观点出发,才能在纷繁复杂的教育现象中,较好地分析制约和影响教育发展的一系列因素及相互之间的关系,找到不同时代不同社会背景下教育发展的规律。

举例来说,我国教育方针中"教育必须为社会主义建设服务,社会主义建设必须依靠教育"这一表述，就体现了马克思主义关于人类社会发展的基本原理。十一届三中全会以来，我们在教育本质理论、人的全面发展理论、素质教育理论等理论的研究中，在办学规模预测、城乡教育体制改革、农科教统筹安排、鼓励私人或集体单位办学等教育实践中，都取得了不小的成绩。这些成绩的取得，都建筑在坚持马克思主义关于人类社会发展基本原理的基础上。比如，鼓励集体或私人办学的政策，就是在分析生产力的发展所引起的市场经济的发展和新形势下教育与市场经济的关系基础上形成的。事实上，只有坚持马克思主义的这一原理，才能对种种看似纷繁复杂的教育现象作出科学的解释，才能较好地推动教育事业的发展；而离开了这一原理，就会在教育研究中陷入唯心主义的泥坑。

再如，世纪之交展开的新一轮基础教育课程改革，其根源同样在于生产力、生产关系、上层建筑的矛盾运动：科学技术的迅猛发展、生产力的长足进步，社会的剧变，使属于上层建筑的旧教育无法适应新形势的需要，原基础教育的核心要素——旧课程体系的种种弊端日益明显，必须通过课程改革使基础教育较好地适应新时代新形势的需要。

二、运用马克思主义哲学关于事物普遍联系的原理，揭示教育规律

辩证唯物主义告诉我们，物质世界是普遍联系的，世间的每一事物都是与周围事物相互制约、相互作用的。即使就某一事物来说，其内部各要素之间也处于相互制约、相互作用之中。世界上没有什么事物是绝对孤立的。因此在科学研究中，必须将事物联系起来加以考察，切忌孤立地看待问题。

教育是一种复杂的社会现象。在教育系统中，事物间的各种联系错综复杂。教育者与受教育者之间、教育者与教育者之间、受教育者与受教育者之间、课内与课外之间、不同课程之间、课外不同活动之间、德育与智育之间、智育与体育之间、不同的教学方法之间、不同的教育形式之间、课程与教法之间、教材与教法之间、教育目标与社会需要之间、学校与家庭之间、学校与社会风气之间等等，存在着各式各样的联系。忽视这些联系，将它们割裂开来，进行孤立的考察，只能得出错误的结论，根本不可能揭示教育规律。例如，在新一轮基础教育课程改革中，不少学校置课改的指导思想、课程标准的基本要求于不顾，我行我素地片面追求升学率，一如既往地搞应试教育。我们在为解决这一问题而研究这一症结形成的原因时，必须本着联系的观点，将这一现象与老百姓的教育价值观、教育管

161

理者的管理思想、考试与升学制度、教师的教育价值观及其教学方法、学生家长的期望等联系起来进行考察,才能找到问题形成的原因,才能找到解决问题的办法。

在承认事物是相互联系的基础上,还要认识到事物之间的联系方式不是简单的和整齐划一的,而是复杂多样的,不同的联系对事物的存在和发展所起的作用是各不相同的。我们在用联系的观点考察教育时,要具体分析事物联系的特殊性。可以根据事物不同的具体情况和研究的不同需要,将事物之间的联系分为内部联系与外部联系、主要联系与次要联系、必然联系与偶然联系、本质联系与非本质联系、直接联系与间接联系等。内部的、主要的、必然的、本质的和直接的联系,通常决定着事物的根本性质和发展的基本趋势,处于支配地位;而外部的、次要的、偶然的、非本质的和间接的联系,一般说来处于被支配的、从属的地位。其中,事物的间接联系,则是经过其他"中介"的联络作用,曲折地影响事物的存在和发展;研究教育教育规律时,必须研究和把握被研究对象与"中介"的关系。此外还要认识到,内部联系与外部联系、主要联系与次要联系、必然联系与偶然联系、本质联系与非本质联系、直接联系与间接联系等,在一定的条件下是可以相互转化的;在特殊情况下,处于从属的、被支配地位的联系,也能起决定性的作用。例如,上文所说的与应试教育弊端相联系的各种因素中,考试制度、升学制度与应试教育之间的联系是居支配地位、起决定作用的联系;但当考试制度与升学制度作了相应的合理的改革后,问题并不能马上解决,其原因就在于教育管理者的管理思想、教师的质量观及其教学方法并没有(也不可能)一下子作出相应的改变,这时原本居从属、被支配地位的联系,上升到决定性的、支配的地位,解决教育管理者的管理思想、教师的质量观及其教学方法等方面的问题成了新的当务之急。

三、遵循马克思主义哲学关于事物发展变化的原理,揭示教育规律

从上文的例子可以看出,事物之间不仅是相互联系的,而且其联系的性质和类型是可以发展变化的。事实上,事物的发展变化,并不局限于事物之间的联系;事物的发展变化是事物的根本属性,是宇宙间的根本规律。

辩证唯物主义告诉我们,事物的发展变化是永久的、绝对的、无条件的,而事物的静止是暂时的、相对的、有条件的。发展过程是事物由低级

到高级、由旧到新的变化过程。教育研究者必须运用辩证唯物主义的科学发展观分析教育现象,揭示教育领域里客观存在的发展规律。

事物的发展是有规律的。辩证唯物主义的科学发展观,包括发展变化中的对立统一规律、质量互变规律和否定之否定规律三条基本规律。我们应该运用这三条规律来研究教育活动的发展规律。

(一)运用立统一规律,揭示教育发展过程中的矛盾运动规律

对立统一规律认为,在事物的发展过程中,矛盾的普遍性与特殊性是相互连结、对立统一的;普遍性是共性,反映是共同特点;特殊性是个性,反映的是共性下的个别特点。人们在分析和处理教育问题时,必须本着这一认识,将二者结合起来。

一般说来,即使是不同的国家,其教育基础理论学科,如教育学、教育心理学、教育史、教育哲学、教育社会学等,所揭示的也是人类教育发展中共同性的规律。在当代不同国家的教育研究中,一般都比较重视诸如教育如何适应国家长期发展的需要、在科学技术迅猛发展形势下如何改革课程体系而不增加学生的负担、如何使学生更好地适应社会的需要和竞争环境、教育与生产劳动如何更好地结合起来、如何对在职劳动者进行在职培训、如何在物质文明高度发展情况下较好地进行思想品德教育、如何普及更高水平的义务教育等问题的研究,这些研究及有关研究成果,都体现了世界范围内教育研究的普遍性或共性。不过,我们在把握教育事业和教育研究普遍性与共性的基础上,还要研究和分析中国教育的特殊性与个性,研究和分析具有中国特色的社会主义教育的客观规律。例如,我们要在认识人类教育的本质和发展规律基础上,研究我国教育在社会主义现代化建设中的作用和地位,研究教育如何为"两个文明"服务,研究社会主义初级阶段教育的特征,研究社会主义市场经济与教育改革的关系,研究我国教育体制的改革方向,研究老、少、边、穷地区教育的发展策略,研究改革开放形势下的德育问题,等等。这些就是矛盾的特殊性和个性在我国教育研究中的表现。

事实上,即使是诸如小学语文中的阅读教法或作文教法、小学数学中的概念教学或应用题教学等非常具体的教育研究课题,学习和借鉴共同的规律性的东西时,都有一个与自己的学校、自己的班级和教师个人素质等方面的实际情况相结合的问题。实践离不开具有普遍意义的理论的指导,但这种指导不能简单化和公式化,必须具体情况具体分析。教育实践中的许多问题,完全按照现成的教科书中或其他理论书中所说的去做,是行不通的。必须将已有理论或他人经验与自己的实际结合起来,灵活地创造性地展开自己的教育研究,解决所面临的实际问题。

对立统一规律还认为,在事物的发展过程中,许多矛盾往往搅和在一起,但在众多的矛盾中,必有一种是主要矛盾。主要矛盾居支配地位,起着主导的决定性的作用,它的存在和发展,规定和影响着其他矛盾的存在和发展。非主要矛盾处于次要和服从的地位。抓住了主要矛盾,就能抓住事物的关键,把握事物发展的方向。我国教育事业中存在着许多矛盾,有许多需要解决的问题,但中心工作应该是解决教育改革与发展过程中的基础理论问题和重大现实问题。即使就某一个具体的教育问题来说,也应该在纷繁复杂的矛盾中,抓住起决定作用的主要矛盾,集中力量解决它。例如,实施素质教育往往有多方面的阻力,但如果抓住了升学制度与教育评估制度的改革这一"牛鼻子",素质教育是可以大规模地实施的。

(二)运用质量互变规律,揭示教育发展过程中的矛盾运动规律

唯物辩证法认为,事物的发展变化,是由量变到质变的转化过程。数量的增减或场所的变更,是量变。由一种质向另一种质的飞跃,是质变。事物的发展总是先从量变开始的;当量变超出一定的范围,事物就会发生质的变化,产生质变。一个质变完成后,又会开始新的量变。如此循环往复,以至无穷,导致事物的永不停息的发展变化。这就是质量互变规律。

进行教育科研时,我们应当运用质量互变规律分析教育现象,既要看到质变需要量的累积作准备,也要看到质变是量变的必然结果。一方面,教育研究者应该看到,在教育活动中,知识的传授、能力的形成、知识结构的达标、良好行为习惯的养成、思想品德的发展、教育模式的酝酿等,都是一个渐进的过程,需要长期的累积,必须通过长期的踏踏实实的工作,向既定的目标不断前进。如果不愿做艰苦的长期的具体工作,急功近利,期望一蹴而就,只能导致最后的失败。另一方面,教育研究者应该看到,量的变化必然会在条件成熟时带来质的飞跃。对于量变的结果,既不能悲观,又不能盲目不仁。如果看不到或者不希望看到最终会发生的质变,缺乏改革的远大目标,满足于小动作,搞小修小补小改良,甚至于满足于暂时性的平衡状态,最终是不能形成教育改革的新局面的。

教育研究者不仅要看到教育改革中的量变质变规律,在自己的课题研究中运用这一规律,还要看到在自己的教育科研中存在的量变质变规律。在教育科研中,最终的思想飞跃或科研成果,都是平时量的积累的结果,没有平时长时间的艰苦耕耘,就没有来日的收获;平时的艰苦积累,必然会在不同程度上为自己的教学工作或科研事业带来回报性成果。人们常说的"功夫不负有心人",就是这个道理。

（三）运用否定之否定规律,揭示教育发展过程中的矛盾运动规律

唯物辩证法认为,任何事物都是肯定和否定的对立统一,肯定是事物保持自己存在的方面,否定是事物促使自己灭亡、转变为其他事物的方面;事物的发展是由肯定到否定,再由否定到否定之否定,如此循环往复,以至无穷;事物的发展,是靠辩证的否定实现的,一次又一次的否定,使事物的发展过程成为螺旋式上升或波浪式前进的过程。这就是否定之否定规律。

教育活动也是这样。昨天的教育,今天必须改革、发展;今天的教育,明天也会显得不适应,需要新的改革与发展。必须通过及时的否定和改革,使教育与社会需要之间达到一种动态的平衡,使教育活动的开展保持一种相对合理的状态。我们的教育研究,正是为这种否定和改革服务的。

新事物对旧事物的否定,是对旧事物的质的根本性否定。但这种否定不是对旧事物的简单、彻底的抛弃,而是扬弃,即既抛弃又有所保留。事物就是通过这种对原有事物不断地有选择的抛弃和保留,由简单到复杂、由低级到高级不断地发展和完善的。

在教育改革中,一定要认清旧教育中哪些是造成问题的消极因素,哪些是应该保留和利用的合理因素,应坚决地舍弃消极因素,稳妥地保留合理因素;决不能搞一刀切,进行简单的全盘否定。例如,对传统教学方法进行改革时,就要对它作具体分析,坚决抛弃其忽视能力培养、忽视学生主体地位、忽视课外学习的做法;但传统教学方法中重视教师的指导、重视讲与练的结合等做法,是应当予以继承的。

此外,事物的发展往往是一波三折的,甚至会出现暂时性的倒退,决不能以为事物发展变化中的每一次否定都是正确合理的,都体现了事物发展的正确方向。但必须相信,事物发展的总趋势总是由低级到高级的,总是顺应历史潮流的。这正如滚滚长江水,虽会出现迂回曲折甚至暂时的倒退,但东奔大海的总方向是不会改变的。

比如,学生思想品德的发展,是一个知、情、意、行诸因素矛盾运动的过程,学生的思想品德,通过这种矛盾运动,通过新境界对旧境界的不断否定,由低级到高级逐渐发展,走向完善。但应该看到,在思想品德发展的漫长历程中,充满了反复性和曲折性,思想品德的发展出现暂时的倒退,是一种常有的正常的现象。教育工作者的责任是力求及时地发现和

克服这种倒退,将学生思想品德的发展扭回到正确的轨道上。

否定之否定规律,是一个具有普通意义的矛盾运动规律。它不仅对我们办教育或者开展某种具体教育活动有指导意义,对我们的教育研究活动也具有指导意义。无论是选择教育科研课题,制定教育科研计划,还是选择研究手段,实施成果测评,都有一个不断提高科学性,不断满足教育改革的实际需要的问题。旧的研究课题、研究方法、实施手段、测评方式、推广形式等,都有一个否定和发展的问题。应该通过及时、合理的否定,努力提高我们的教育科研水平。

四、运用辩证唯物主义认识论实践第一的原理,研究教育规律

辩证唯物主义认识论认为,实践是理论的来源,是理论研究的最终目的;实践是理论发展的动力,是检验理论正确性的唯一标准。可以说,实践第一、理论依赖于实践的观点,是马克思主义认识论最基本的观点。

这一原理,可以科学地说明在一般教育活动和教育科研中教育理论与教育实践的关系。

首先,教育实践是教育理论发展的源泉。教育理论反映的是对教育实践规律的认识,这种认识不仅起源于实践的需要,而且是在实践的土壤上发生的。对于教育科研工作者来说,只有植根于教育实践这一丰厚的土壤,自己的工作才有根基,才能找到最好研究课题,才能总结出最好的研究方法,才能为研究成果找到最佳推广途径。

其次,教育实践是教育理论发展的动力。教育实践中改革和发展的需要,是推动教育理论一步一步地向前发展的动力。随着社会的发展,教育实践中总会有新的问题产生。于是,教育实践总是一方面经常地向包括教育理论研究在内的教育科研提出新的课题,另一方面又为新课题的研究提供必要的、供分析归纳的数据和材料。这不仅能推动教育科研和教育理论的发展,还能提高教育理论工作者、教育实际工作者和教育研究人员的认识能力。

第三,教育实践是检验教育理论和教育研究成果的标准。实践是检验真理的唯一标准。教育理论是否合理,教育科研成果是否可靠、可行,这类问题必须让教育实践来回答,必须经过教育实践的检验。正因为如此,与教育实践有着密切联系的教育实验、教育统计,在教育研究中有着特殊的意义。对教育研究来说,必须有强烈的让实践检验理论或结论的意识。

实践第一的思想，必须成为教育科研的重要指导思想。我们不仅要把这一思想融入自己的方法论，用实践第一的观点去看待所研究的问题，还要用这一思想来规范教育科研工作，在选择科研课题、制定研究计划时，一定要把教育实践放在重要的位置。没有实际意义的课题、空洞的教育理论、脱离实际的研究方法等，即使新，即使深刻，都应坚决摒弃。

辩证唯物主义认识论还认为，人的认识是在实践基础上，由感性认识到理性认识，又由理性认识到实践，经过实践与认识间的多次反复而形成和发展的。认识的形成和发展过程中，一蹴而就或一劳永逸，都是不可能的。

人们对教育规律的认识也是如此。对教育规律的认识，是一个由低级到高级无限发展的辩证过程。我们在进行教育改革时，总是先经过一段时间的实践，然后总结经验，试图找到带有规律性的东西，由感性认识上升到理性认识，然后再回到实践中去，在实践中继续探索，然后再进行总结，提高认识。事实上，任何教育工作者，都必须通过"实践——认识——再实践——再认识"多次的反复，来逐渐加深对教育规律的认识，并使自己的思想跟上形势的发展。

第二节　逻辑方法

科学研究需要建立一条从证据到理论，再从理论到证据的推理链，这条推理链应该是严密的、大家认可的。这就要用到逻辑的方法。教育研究离不开人的思维，而人的思维是必须遵循一定的逻辑规律。要强调的是，在教育研究活动中，教育研究者不仅要遵循正确的思维逻辑，避免逻辑错误的发生，而且在遇到来自他人的逻辑错误时，要运用逻辑武器指出其错误。举例说，如果根据"美国的多数名牌大学是私立学校"这一现象，得出"中国的名牌高校也应私有化"这一结论，就犯了起码的逻辑错误：由"美国的多数名牌大学是私立学校"这一前提，是得不出"中国的名牌高校也应私有化"这一结论的，二者没有必然的联系。我们不仅自己要避免犯这样的错误，在别人犯这样的错误时，我们应能指出这一说法什么地方是错的，从逻辑角度讲它为什么是错的。

教育研究中，最基本的逻辑方法是分析与综合。在分析与综合过程中，经常要用到比较与概括、演绎与具体化等方法。为了叙述的方便，我

167

们将它们分开来论述。

一、分析与综合

所谓分析,指将比较复杂的事物或现象按一定的原则分解为各个部分,分别加以研究,或者把事物或现象的个别方面、个别特性从事物整体中划分出来,单独加以研究,二者的目的都是获取被分解者的本质特性或发展规律。

所谓综合,指将通过分析获得的事物或现象的各个方面、各个部分或各个侧面的认识,有机地结合起来,形成对整体的概括性的认识。

分析和综合都是人们常用的思维方法。在人们的思维活动中,二者相反相成,互相配合,成为人们研究、思考问题的最基本的方法。

在教育科研中,研究者经常要用分析法与综合法,对有关教育问题进行研究,使自己的认识由混顿到清晰,由表面化到本质化,由不着要领到逐渐抓住要害。

运用分析法研究教育问题时,必须紧扣研究目标,对事物进行有机的分解。分析不是机械的、随意的肢解,而是为研究目的服务的以事物的本质特征为依据所作的有机分解。运用分析法时,应在把较为复杂的事物进行分解基础上,把事物的各个部分、各个方面、各个要素或各个层次,放到相互联系、相互作用的矛盾运动的整体系统中,逐个认识它们各自所处的地位和所起的作用,从而发现诸多矛盾中的主要矛盾和起主导作用的矛盾的主要方面,使自己能够抓住事物的本质和要害。比如,如果要研究某校某学科课堂教学效率不高的原因,就可以采用分析法,首先应把影响课堂教学效率的激励与测评机制、教师素质、学生素质、教学设备等各个要素从整体中分解开来,逐一研究各自对教学效率所起的作用,研究这些要素相互间的关系,在这些要素的相互关系中找到起决定作用的激励与测评机制这一基本因素和关键因素。在上例中,如果胡乱地将课堂教学肢解为人、书、语言、讲台等,或者虽进行了合理而有效的分解,而没有把各个要素放在相互关系中进行考察,都是没有意义或不得要领的。在分析中,只有围绕研究目的,进行合理的分解,才有意义;同时,部分只有作为整体的部分,被置于与其他要素的相互关系中,才能达到研究目的。

运用分析法研究教育问题时,必须尽可能具体地将事物分解,要分解到构成它的最简单的要素为止。否则就难以清晰而深刻地认识研究对象。将事物分解到它的最基本最简单的要素,可以尽可能简化较为复杂的研究对象,使问题具体化和明朗化,使研究者能够认识被分解的要素的质与量,认识各个要素之间的关系,使事物间的复杂的联系暴露出来。例如,在上例中,如果仅把影响课堂教学效率的因素分解为教师因素与学生因素,就过于粗糙,达不到我们的研究目的,必须分解到上文所说的影响课堂教学效率的最基本要素为止。

分析法是不能单独使用的。分析法把本来相互联系的东西,暂时从整体中分解开来进行研究,分解后所着眼的是局部,所得的主要是有关事物各部分的认识,它不能单独地为我们提供对事物的完整、正确的认识。如果满足于、局限于单纯的分析法,有可能养成一种孤立地片面地看问题的习惯。为了在已获得事物的各个部分、各个方面或各个层次的认识基础上,将它们联结起来,得到对研究对象整体的结论性的认识,必须将分析与综合结合起来,在分析的基础上进行综合。

所谓综合,指将已有的关于研究对象的各方面、各部分、各要素的局部认识有机地联合起来,形成对研究对象的整体的新认识的思维方法。

在教育研究中,综合法与分析法不可分离。首先,没有分析,就没有综合。分析是综合的起点,只有对复杂的事物进行了充分而严密的分析,在认识了部分之间的相互联系与相互作用的情况下,才有可能实现科学的综合,完成对事物整体的比较深刻的认识。因此我们说没有分析就没有综合。有时,在完成了分析的情况下,为了验证分析的结果是否可靠,是否符合客观实际,还有必要进行再分析。其次,有分析,必然要有综合。分析只是手段,不是目的;研究者的目的应该是获得有关研究对象的整体认识或总的结论,认识部分、局部是为认识整体服务的。显然,如果只有分析,没有综合,如同只见树木,不见森林。

在教育研究中运用综合法时,必须力求获得对研究对象的本质而全面的认识。综合时,我们的研究已不再停留在对事物的表面特性、个别特性进行认识的阶段,应该在分析的基础上对有关研究对象的各种认识进行有机的整合。这种整合,不是对事物各个部分、各个侧面或各个要素的任意、简单、机械的凑合与堆砌,而是按照它们的有机联系进行的一种统一的复杂的加工活动,其目的是全面而概括地揭示事物的本质特性或本质规律。

在教育研究中,对一些比较复杂的事物,往往需要进行多次的以分析为前提的综合,才能达到对事物本质特性或本质规律的认识。这是因为,对比较复杂的事物的深刻而全面的认识,需要多次的分析和随之而来的综合。在实际研究中,起初的综合可能是静态的,只能把握研究对象在相对静止、相对稳定情况下的整体结构和整体状态。随着研究的深入,就会把事物的整体状态和整体结构看成运动的和变化发展的,对事物进行动态的研究,这样就会出现较高水平的动态的综合。这种综合,使我们能够把握研究对象的因果关系和发展规律。以后,随着事物的发展变化和研究水平与研究要求的提高,还有可能出现新的更高水平的综合。在教育研究中,我们不能满足于一次性的综合,应该根据实际情况,尽可能经过多次水平越来越高的综合,不断加深对事物的认识。

比如,如果我们研究影响儿童学习成绩的因素,通过初次分析与综合,我们可能会找到智力方面的因素、非智力方面的因素这两方面的主观因素和某些客观因素;通过再次的动态的分析与综合,我们会发现智力因素与非智力因素、主观因素与客观因素在儿童学习的相互作用;以后,通过再进一步的研究,我们或许会发现,在青少年的学习中,智力因素的作用呈逐渐减小、非智力因素的作用呈逐渐增大的趋势。显然,在教育研究中,通过反复的分析与综合,研究者的认识在逐渐深入,越来越趋向于科学化。

以上我们比较详细地讨论了分析与综合两种逻辑方法。这两种密不可分的方法,是人们思考问题时所用的最基本的逻辑方法。在分析与综合过程中,人们往往还要借助于比较、概括、演绎和具体化等逻辑方法。下文谈谈这四种方法。

二、比较与概括

比较与概括是分析与综合中常用的方法。所谓比较,指在分析的基础上,把同一事物或不同事物的某些方面、某些要素或某些侧面加以比较,确定其相同点、不同点和相互间的关系或联系,从而把握事物的本质属性或运动规律。一般说来,比较是以分析为前提的。只有在对事物进行分析、清楚地了解其组成部分或组成要素的本来面目基础上,才有可能进行有效的比较;没有分析,事物混混沌沌一片,是谈不上比较的。

所谓概括,指在分析或比较基础上,抓住不同事物的异同或同一事物中不同方面的异同,舍去其非本质性的不同点,将共同性的本质特征综合起来,并将其推广到同类事物中去的过程。显然,比较后必须要进行概括;而概括可以以比较为前提,也可以以分析为前提。

认识现实中的种种问题(包括教育问题)时,比较法是最常用的方法之一。它是一种非常重要的逻辑方法。人们常说"有比较才能鉴别","不怕不识货,就怕货比货",反映的就是这个道理。从某种意义上讲,人认识一切客观事物都是通过比较来实现的。人只有在将对象、现象彼此加以比较的时候,才能认识事物的本质属性和运动规律,才有可能正确地确定自己在周围世界中的活动方向。

比较法是教育研究中最常用的方法之一。在教育研究中运用比较法时,应当注意事物的可比性。只有对可比的事物或事物的不同方面进行比较时,比较才有意义,才有可能得出正确的结论;如果所比的是不可比的事物或事物的不同方面,这种比较是没有意义的,得出的结论是不可靠的。比如,如果要通过不同国家中央政府对教育投资比率的比较,来看我国的教育投入是否过少,首先应当找那些中央集权制的国家进行比较,如果找地方分权制的国家与中国进行比较,就是不可比的;其次应当找那些私立学校所占比例大体与中国相当的国家进行比较,否则也是不可比的。

再来谈谈概括。教育研究中的概括,是对教育活动中的某一现象或某一系列现象的本质所作的提炼和升华。在概括时,必须紧紧抓住事物的本质,果断地舍弃非本质的东西。否则,患得患失,胡子眉毛一把抓,只能束缚自己的手脚。当然,概括不等于主观武断地作结论,必须从实际出发。比如,如果我们要探讨将小学教师的学历升格为大专的必要性,一方面可对小学教育工作的需要作一深入的调查研究,另一方面可通过比较找出当今世界小学教师要求的总体趋势。后者必须通过比较和比较后的概括,才能实现。通过阅读资料或出国考察会发现,当今发达国家和发达地区早已将小学教师的学历要求提高到大专和大学本科水平,相当多的发展中国家,尤其是那些发展势头较好的发展中国家,也已先后将这一要求提高到大专水平,相比之下,象中国这样一个经济发展迅猛、部分地区的经济发展水平已接近或达到发达国家水平的大国,中师毕业这一学历要求显得很不协调。在这种情况下,我们可以果断地概括出形势发展要求提高小学教师学历规格这一总体趋势。但是,如果提出中国应当像其他许多国家一样,一下提出新的学历要求,对师范学校作一刀切的处理,是武断的。必须从中国的经济、文化教育的发展状况与大多数已进行学历升格的国家不同这一实际出发,舍弃仿照这些国家搞一刀切的想法,提出根据各地经济、文化教育发展的水平分步实施的要求。这样的概括,才是既抓本质、又舍弃非本质特征的,才是既考虑到事物之间的关系、又从实际出发的。

三、演绎与归纳

演绎与归纳，是在教育科研中常用的两种既相互对立、又相互联系的逻辑推理方法。前者思维过程，是从一般到个别，从共性到个性；后者的思维过程，是从个别到一般，从个性到共性。

演绎法，是一种以已知的一般性或普遍性认识为前提，推断出个别的或特殊的结论的逻辑方法。它的基本原理是，如果 A 类事物含有某种属性，那么凡属 A 类事物的每一个个体 A_1、A_2……A_n，都必然具有这一属性。演绎法如果能够得到正确运用，是一种非常可靠的逻辑方法。运用演绎法进行推理，其过程是从一般到特殊，推断到的结论，其认识范围没有超过前提所断定的范围，因此结论具有必然性。

演绎法，是一种非常重要的常用的思想方法和逻辑方法。由于它的可靠性，科学研究中经常采用演绎法，对许多命题、现象和假设等给予相应的证明。实验研究的推理过程就是演绎推理。研究者或者由人们普遍承认的理论推导到具体事实，或者给已有事实以相应的解释，或者对事物的发展前途以一定的预测。不过，人们在运用演绎法时，有时是自觉的，有时是不自觉的。

演绎法有不同的类型。在教育科研中，常用的演绎法主要有著名的"三段论"和假言推理法。

"三段论"将思维过程分为三个步骤。这三个步骤是三个简单的判断。前两个判断，称为"前提"。一个称"大前提"，另一个称"小前提"。第三个判断，是推导的结论。"三段论"的常见逻辑格式可大体分为如下两种：

一种是肯定式，其格式为：

> 所有的 A 都有某种属性。（大前提）
> A_1 是 A。（小前提）
> _____
> 所以，A_1 有这种属性。（结论）

比如：

> 所有学校都必须贯彻党的教育方针。
> 私立学校是学校。
> _____
> 所以，私立学校必须贯彻党的教育方针。

另一种是否定式：

> 所有的 A 都有某种属性。（大前提）
> B_1 没有这种属性。（小前提）
>
> _____
>
> 所以，B_1 不是 A。（结论）

比如：

> 所有合格教师都有良好的教师职业技能。
> 他没有良好的教师职业技能。
>
> _____
>
> 所以，他不是合格教师。

在实际运用中，我们可以把有关思想、观点写成典型的"三段论"形式，来判断其正误。例如，有人提出对学生的思想品德教育，应采取"灌输"方式，其理由是革命导师列宁曾指出，无产阶级思想不会自发地产生，必须依靠"灌输"。其实，列宁是在谈到如何唤起工人的觉醒时阐述自己的"灌输"理论的。我们可以把推导过程补齐，使之成为以下"三段论"：

> 列宁指出，要传播无产阶级思想，使工人觉醒，必须用"灌输"法。
> 我们的学校要传播无产阶级思想。
>
> _____
>
> 所以，我们必须采用"灌输"法。

推敲一下，可以看出，这一推导犯了以下三个错误：

其一，在两个前提里，教育对象不是一种类型。在大前提里，教育对象是 20 世纪初没有什么文化的俄国工人，而在小前提里，教育对象是中国的当代青少年。由于这两句话说的是不同类型的事情，它们实际上不能成为同一个三段论中的大前提和小前提。从逻辑学的角度看，这儿犯了"推不出"逻辑错误。

其二，在两个前提里，"无产阶级思想"的含义不同。在大前提里，"无产阶级思想"主要指被剥削意识和推翻旧制度的意识，在小前提里，"无产阶级思想"主要指当代青少年应有的"爱祖国、爱劳动、讲文明、讲礼貌"等道德品德规范。从逻辑学的角度看，这儿犯了"偷换概念"逻辑错误。

其三，大前提不成立，大前提反映的应该是毫无例外、没有辩驳余地的事实或真理，某个人的话或观点是不能当大前提使用的。从逻辑学的角度看,这儿犯了"大前提不成立或不存在"逻辑错误;从语法的角度看,大前提必须是含有明确的是非判断的判断句,是公认的无可辩驳的常识或研究结论,而"列宁指出,要传播无产阶级思想,使工人觉醒,必须用'灌输法'"这句话只是介绍性叙述性的句子,它是不能作为大前提使用的。

经以上分析,可以看出,原推导貌似正确,实际上是站不住脚的,其结论很不可靠。

假言推理,指以假设为前提的推理。它的基本类型有充分条件的假言推理、必要条件的假言推理两种。充分条件的假言推理,表示原因必然导致结果,其形式为:

如果 A,则 B。
A。
_____

所以 B。

如:

中小学如果长期忽视安全和安全教育,就会发生伤害事故。
某小学长期忽视安全和安全教育。
_____

所以某校发生了伤害事故。

必要条件的假言推理,表示产生结果要有的必要条件,其形式为:

只有 A,才 B。
非 A。
_____

所以非 B。

如:

取样具有代表性,实验才有意义。
该实验取样不具代表性。
_____

所以该实验没有意义。

归纳法与演绎法的逻辑取向相反。它是从若干个个别性前提推出一般性结论的逻辑方法。其形式为:

A₁。

A₂。

A₃。

……

─────────────

A。

如：

江苏教育比较发达。

上海教育比较发达。

浙江教育比较发达。

福建教育比较发达。

广东教育比较发达。

─────────────

沿海省市教育比较发达。

根据归纳范围是否涵盖所有有关对象,可将归纳法分为完全归纳法和不完全归纳法。在上例中,如果所列前提涵盖了所有沿海省市,就称为"完全归纳";事实上,由于其前提没有涵盖所有沿海省市,故这儿采用的是"不完全归纳"。显然,由完全归纳得来的结论是可靠的;由不完全归纳得来的结论,未必可靠。因此,在科学研究中进行不完全归纳,是有风险的。

在教育研究中,归纳法的运用非常广泛。定性研究中大量运用了归纳推理。在形成理论过程中,在进行假设检验时,都要求研究者对收集到为数众多的事实或数据进行归纳,以形成理论或结论。

四、抽象与具体

抽象与具体,是两种相反相成的逻辑方法。抽象,其推导过程是从具体例证到一般结论或普遍真理,从个性到共性;具体化,其推导过程是从一般结论或普遍真理到具体例证,从共性到个性。抽象的目的,是获得概括性认识;具体的目的,是将对事物的普遍性认识落实到具体实例之中。

在教育研究中,研究的现象和对象是具体的,但教育的本质和规律是抽象的,于是教育科研往往要经历一个由具体到抽象的过程。即使是定量研究,最后也总要转到定性分析,并借助概念或理论进行科研抽象。但

175

是,教育科研的最终目的是指导实践,通过研究得来的理论或结论用于实践,又需要一个由抽象到具体的逻辑过程。比如,要实施素质教育,首先应当通过研究给"素质教育"一个明确而科学的理论界定,使学校管理者获得关于"素质教育"的普遍性认识,然后将这一认识具体化到学校各项教育活动的安排中和测评机制中。事实上,在教育科研中,不仅在将理论付诸实践时具体化,有时为了验证某种结论、理论或设想,也常常需要借助具体化这一逻辑方法,用例子来进行验证。

上面我们抓住重点,谈了理论研究中的逻辑方法。在教育研究中,研究者不仅自己要有严密的逻辑思维,而且应能及时发现业已存在的逻辑错误,努力提高教育研究的科学水平。

【巩固与思考】

1. 什么是理论研究法?
2. 马克思主义哲学中哪些原理是教育研究中常用的?
3. 在教育研究中,最基本的逻辑方法是什么?
4. 什么是比较、概括、演绎和具体化? 它们与分析、综合有什么关系?
5. 说说"三段论"的结构。

【应用与实践】

1. 有人认为,因经费困难而发不出教师工资的地区,应暂时不搞九年制义务教育的普及。请分别用哲学方法和逻辑方法分析这一观点错在何处。

2. 请分析下面的几段话分别犯了什么逻辑错误:

(1) 课外阅读每天都要进行,《狂人日记》的阅读是课外阅读,因此《狂人日记》的阅读每天都要进行。

(2) 课改开始后,学生考分低的问题时时刻刻困扰着我,只有在工作非常繁忙或心情非常好的时候,我才能暂时抛开它。

(3) 目前的大学生普遍缺乏中国传统文化的学习和积累。教育部有关部门及部分高等院校做的一次调查表明,大学生中喜欢和比较喜欢京剧艺术者只占被调查人数的14%。

第十章　教育叙事研究法

20 世纪 70 年代兴起于西方教育研究领域的教育叙事研究,在 90 年代末以来,越来越引起国内学者的关注,并且,因为这种研究方法亲近实践的本性而受到广大中小学教师的青睐。近年来,在有关学者的倡导下,教育叙事研究的成果也不断涌现,华东师范大学的丁刚教授专门为此筹划了《中国教育:研究与评论》辑刊,以推动叙事研究在教育理论与实践领域的探索。撰写教学故事,也已经逐渐成为中小学教师进行教学反思、研究和表达的重要方式。本章主要介绍叙事研究兴起的背景,教育叙事研究的目的与意义,如何做教育叙事研究等问题。

第一节　叙事研究概述

一、叙事研究的兴起及在教育研究领域的应用

叙事在小说文学中有着悠久的历史,甚至可以追溯到亚里士多德的《诗集》(Poetics)和奥斯丁的《忏悔录》(Confessions)。由于叙事集中关注人类经验,而故事就是人类表达经验的基本框架,叙事正在被广泛地引入到人文社会科学领域,成为探索人类经验现象的一条重要途径[①]。

尽管叙事可以在久远的文学艺术作品中被寻到源头,但是,叙事研究在心理学、教育学等领域的应用,却不得不归功于哲学的发展和转向。20世纪,哲学经历了以语言为中心的语言学转向、解释学转向和修辞学转向;20 世纪中期,在西方发达国家开始由现代工业社会转入"后工业社会"(或信息社会)的背景下,又兴起了一股新的文化思潮——后现代思潮。现代西方哲学以及后现代思潮的一些主张推动了叙事研究的兴起,比如:1) 他们认为人类运用语言来理解世界和表达人类对世界的理解,

---

① 康纳利、克莱丁宁著,丁钢译:叙事探究,《全球教育展望》,2003 年第 4 期。

通过语言而实现的人的自我理解和相互理解,构成人类存在的"意义世界"①。2) 他们反对长期主导自然科学和社会科学的实证主义思想和原则,"完全承认一种作为原因性的实在的内心意识的在先性"对所观察之现实的建构作用②,即承认研究者的个人主观因素对研究结果的影响,并把这种影响作为研究结果的一部分报告出来。因为,对于同一种现象,同一个问题,不同的人会因其不同的理论背景而从不同的角度去解释。因此,任何科学观察与实验总是渗透着个人的理论,都不可能完全是中性的、客观的,也就无法确保其结论的"普遍适用性"。3) 他们主张科学方法的多元化和理论的多元化,认为所谓科学认识的真理都是相对于认识主体和特定文化境况而言的,因为观察者和实验者都是毫无例外地生活于特定的文化领域中的具有一定"文化成见"的认识主体。美国学者 K. J. Gergen 认为,后现代学者必备的条件之一,就是对自己所处的文化具有强烈的反省意识③。也就是说,由于人是文化的产物,人们的观念、行为方式乃至科学研究的思想在很大程度上受制于其所处的文化环境;同时,每个问题也都是特定文化环境中的问题。因此,任何判断、结论都依赖于一定的条件而成立,正如后现代主义典型的口号而言,"真理的标准是依赖语境的。"④现代西方哲学的理论主张,促进了人文社会科学领域认识论与方法论的变革,推动了本土化研究与深入现场的文化人类学研究,推动了研究者与研究对象之间关系的变革,这些都是叙事研究兴起的重要思想根源。

教育学作为一门人文社会科学,其研究范式的转换直接受制于哲学范式的转换。在科学与人文两种教育研究范式的交锋与转换中,语境、语言、故事、叙事这些与大众日常生活密切联系的活动与词语日益成为教育研究、知识建构、自我建构等话题的关键词。早在 1980 年,伯克(Berk,1980)就认为,自传是教育研究的首要方法。艾斯纳(Eisner,1988)在有关经验的教育研究的评论中认为,叙事与以质化为指向的教育研究一致,并把它与经验哲学、心理学、批判理论、课程研究以及人种志相提并论⑤。

---

① 参见孙正聿著:《哲学通论》,辽宁人民出版社 1998 年 9 月第 1 版,第六章。
② 大卫·格里芬著,马秀方译:《后现代学》,北京:中央编译出版社,1995 年,第 147 页。
③ Gergen K. J. , *Toward a postmodern psychology* [A]. Kvale sed, *psychology and postmodernism* [C]. Lodon:SAGE Publication Ltd. 1992 年,第 19—20 页,第 23—25 页。
④ 郭贵春著:《后现代科学哲学》[M],长沙:湖南教育出版社,1998 年,第 3 页。
⑤ 康纳利、克莱丁宁著,丁钢译:叙事探究,《全球教育展望》,2003 年第 4 期。

1990年,阿尔伯塔大学的克莱丁宁(J. Clandinin)教授和曾同时在阿尔伯塔大学、伊利诺斯大学和芝加哥大学担任教职的康纳利(F. Michael Connelly)教授,在《教育研究者》上发表了对广大教育工作者具有启迪性的经典论文《经验的故事和叙事研究》。该文对教育叙事研究做了一个较为全面的评述。他们引用了大量的叙事研究在社会科学领域里的运用实例,详细地阐述了在教育研究领域应如何进行田野文本数据的搜集、如何建构叙事研究的框架以及如何撰写叙事研究报告等。1999年,两人出版著作《叙事研究:质性研究中的经验与故事》。在这本书的第一章,克莱丁宁和康纳利对为何要转向教育叙事研究的回答是:因为个体经历背后蕴藏着对于该个体而言有重要参考价值的经验。[①] 他们的研究工作大力地推动了叙事研究在教育领域的应用。

20世纪90年代末,叙事研究开始引起国内学者的关注。学者们在反思传统实证研究范式的基础上,越来越关注教育过程的复杂性、整体性,教育研究日益走出书斋,走进学校,走向教师的日常教学生活。尤其是在新一轮基础教育课程改革的推动下,以校为本的教学研究逐渐成为学校、教师、教研系统、专业研究者共同认可的研究取向。在这样的背景下,叙事研究日益成为中小学教师和专业研究者推崇的研究方法。

二、叙事研究的描述性定义与特征

什么是叙事?《韦伯第三国际辞典》认为,"叙事"就是"讲故事,或类似讲故事之类的事件或行为,用来描述前后连续发生的系列性事件。"据此,莱布里奇(Lieblich, A.)等人认为,"叙事是为了'告诉某人发生什么事'的一系列口头的、符号的、或行为的序列",叙事研究是指任何使用或分析叙事材料的研究,叙事材料可以是一些故事(如一次谈话中听到的或阅读文献著作了解的生活故事),也可以是其他方式收集到的材料(如人类学工作者进行田野研究时所作的观察记录或了解到的个人信件)。叙事材料可以作为研究对象或研究其他问题的媒介,也可以用来比较不同的群体,了解某一社会现象或一段历史时期,或探索个人发展史[②]。

---

① 张希希:教育叙事研究是什么——由中央教科所首届博士后学术报告会经历引发的探究,2005年。尚未发表。

② Lieblich, A. Tuval, R. Tamar Zilber, M.(1998), Narrative Research: Reading, Analysis and Interpretation, Thousand Ouks, CA: Sage Publications. P3. 转引自卜玉华:教师职业"叙事研究"素描,《教育理论与实践》,2003年第6期。

教育叙事研究是叙事研究法在教育领域的应用,叙事者可以是中小学教师,也可以是校外的专业研究者。当中小学教师既是"叙说者"又是"记叙者",而且所叙述的内容涉及自己的教育实践及某些教育问题的解决过程时,教师的"叙事研究"就成为教师的"行动研究",实质上是一种"叙事的行动研究"。当校外的专业研究者进入学校担当"记叙者",以中小学教师为观察和访谈对象获取叙事材料时,叙事研究实质是一种教育领域的"人类学研究"。两种叙事研究除了叙事主体不同外,专业研究者更关注教育事件的"结构",尽量使所叙述的教育现象呈现出某种"结构"或"理论框架",保持"教育理论"与"教育实践"之间的"互动"[①]。

从叙事研究的源头及其价值取向来看,教育叙事研究有这样几个主要特征:

1. 关注实践

叙事研究关注教育现场发生的事件,这种研究方法要求校外的专业研究者进入现场,与学校里的人生活在一起,去观察他们的日常生活,聆听他们的声音,关注他们的体验和感受,从中发现教育事件的意义和对他人的启示。

2. 重视经验

中小学教师自己的叙事研究,就是讲述、记叙他们自己的教学故事,以此达到对自己经验的整理与反思,生成个人的教育理论和教育智慧。叙事让教师更关注和珍惜自己经验与体验的价值,并通过记叙来表达自己的思想,传播自己的声音。专业研究者在叙事研究中,带着自己的理论背景与个人经验进入现场,承认自己的主观经验的作用,并依托于个人的经验与体验形成研究文本。

3. 强调民主、平等

叙事材料需要在现场获取,研究者需要进入现场与现场中的人接触、相处,因此叙事研究强调研究者与研究对象建立民主、平等、互信的合作关系,与研究对象平等交流,尊重对方的时间、想法,少作个人的评价与批判。

三、教育叙事研究的目的与意义

教育叙事研究关注实践、重视经验等特性,使得这种研究方法对学

---

 ① 刘良华著:《校本教学研究》,四川教育出版社,2003年9月。

校、教师和教育理论的发展具有重要意义。

1. 在日常生活的反思中促进教师发展

讲故事是人与人交流的主要形式，"人们天生地是故事的叙说者，故事使人们的经验得以一贯和连续，并在与他人的交往中发挥核心作用。我们通过我们所说的故事了解和发现自己，并把自己向他人展示"①。叙事总是与反思联系在一起，我们在叙说生活故事的过程中，也就审视了自己，以理想我评判和要求现实我。教师通过叙事的方式，记叙或向他人诉说自己的教学事件、故事，在这种叙说中更清晰地了解和发现自己的教育教学观念和行为，并向他人传达自己的经验与教训。教师在这种个人的或者群体之间的或者教师与校外人士的故事讲述中得以反思自己，变革自己的行动，获得专业发展。

2. 在真实的问题解决中促进学校发展

叙事研究关注实践，一方面校外专业研究者对某一位教师、某一所学校或者某一个或多个教学事件的关注，会发现或者引起有关人士发现实践中的问题，从而促进问题的解决和实践的改进。另一方面，叙事研究的实践取向，也促使中小学校的教科研从关注大而全的课题转向关注本校发展中存在的真实问题，促使教师关注自己的教学实践，从而促进以校为本的追求本校可持续发展和教育教学质量提升的本土研究。

3. 以多元化的方法和视角研究复杂的教育问题

正如有学者指出的，教育研究所面临的困境之一是：往往教育研究越是精确，其与人类经验的联系则越来越少②。实验、调查、观察以及其他传统的研究方法更适合研究一些普遍性的问题，获得一些普适性的结论，但往往排除了教育教学实践的个性化的丰富信息，恐怕这也是教育实践与教育理论之间存在裂缝的原因之一。叙事研究吸收了多元化的价值观与方法论思想，关注教育教学实践的过程性、个性化的事件，注重从事件中挖掘隐藏在事件背后的复杂因素和经验背后的意义与价值，这在很大程度上能够弥补传统教育研究方法的不足，其所形成的有关结论尽管不追求推广的价值，但是能够让具有类似处境的读者从中获得启示。

4. 解放教师的思想

一直以来，教育研究都是大学、研究机构中的专家、学者的职业权力，

---

① 转引自施铁如：后现代思潮与叙事心理学，《南京师范大学报》(社会科学版)，2003年第2期。

② 康纳利、克莱丁宁著，丁钢译：叙事探究，《全球教育展望》，2003年第4期。

大学、研究院所那样的制造理论的学术殿堂高雅而神秘,令人崇拜而敬畏。在"科研兴校"的口号下,中小学校积极地甚至竭尽全力地申报课题,争取立项,努力向那样的学术殿堂靠近,他们努力地使用学者的语言,将自己那原本丰富的充满生命力与个性体验的教学故事抽象、压缩成一条条的干巴巴的所谓"经验"。教师们在繁忙的日常教学工作中还要抽出大量的时间去编写这种力求让专家认可的研究成果。叙事研究以"面向实事本身"的价值取向,珍视原汁原味的日常学校生活中的种种现象、故事以及学校中人的感悟与体验,教师只要按照一定的结构将这些富有情节的事件描述出来就是一份很好的作品。因此,叙事研究在一定程度上在解放教师从事科研的思想压力,也在改变教师的写作方式的同时相对减轻他们的科研负担。

第二节　教育叙事研究的过程

本节讲述的教育叙事研究过程,主要是针对专业研究者进入中小学校做的研究,也包括中小学管理者或教师对他人或者别的学校所做研究,比如到别的学校进行考察,观摩本校或外校同行的教学,到国外的中小学参观、访问等,都可以以叙事的方式报告考察、研究的结果。

一、确定研究问题

研究方法是为研究目的、研究问题服务的,特定的问题需要特定的研究方法,而不是为了追求方法的独特,为了使用某种研究方法而牵强地展开研究。那么,什么样的研究问题适合用教育叙事研究呢?有学者对研究问题的种类进行了划分[①],认为这样几个方面的问题更适合运用质的研究方法,与质的研究相一致的叙事研究同样可以对这样一类问题进行研究。

1. 特殊性问题

如果我们是想对全校学生或者全省中小学生的课余时间安排进行研究,这就是一个具有普遍意义的"概括性问题",就需要用前面介绍的调查法,通过抽样的方式进行研究。但是如果我们就想了解一个优秀生的课

---

① 详见陈向明著:《质的研究方法与社会科学研究》,教育科学出版社,2000 年 1 月,80—82 页。

余生活是如何过的,这就是一个"特殊性问题",是对一个特殊的个案本身进行探讨,我们就可以通过访谈、搜集学生课余生活中的照片、日记等材料来形成这个学生课余生活的故事,从中发现一些有关他/她个人成长的经历、他/她课余生活与其学校生活的关系等因素对他/她个人发展的意义。

2. 过程性问题

"过程性问题"关注事物的复杂性和动态性,比较适合用叙事的研究方法。它又可以分出两种问题:一种是"意义类问题",比如,教师如何看待同行之间的教学交流与研讨? 这样的问题就需要研究者与参与研究的教师之间的交往、对话,或者从教师平时积累的笔记等材料中获得信息。另一种是"情境类问题",比如中小学教师的教研活动是怎样开展的? 这样的问题就需要研究者进入学校,参与到教师的教研活动当中,去观察、访谈,获取资料。

3. 描述性问题与解释性问题

"描述性问题"是对社会现象进行描述,比如教师如何控制课堂纪律?"解释性问题"是从当事人的角度对特定社会现象进行解释,比如教师控制课堂纪律的方法对学生而言意味着什么? 这样的问题通过叙事研究的方式,可以呈现出鲜活的事件发生、发展的过程,并且传达当事人的声音。如果研究某种控制课堂纪律的方式方法是否有效、对别的学校、教师是否适用这样的价值判断和结论推广性的问题,则不宜用叙事方法,而应采用量的方法或者质的研究与量的研究相结合的方法。

研究问题的产生,可能源于个人长期关注的领域,比如学生德育问题,学科课堂教学方法问题等;也可能源于某一次偶然的经历、突发事件,比如一大学生向黑熊泼硫酸的新闻引发的对教育的思考,一次听课中发现的问题等;也可能是在理论积累和文献阅读中引发的思考;对于中小学教师而言,可能是自己教学过程中的偶发事件,也可能是普遍存在的学生学习与教学问题;或者是与同事交流中受到触动与启发引起的思考。总之,有了一个有意义的并适合运用叙事研究的问题是进行教育叙事研究首要的一步。

二、选择研究对象,进入研究现场

确定了研究问题以后,就需要根据研究问题的需要选择研究对象,并进入研究现场。研究对象的选择,往往采用"目的性抽样"的方式,即按照

183

研究的目的抽取能够为研究问题提供最大信息量的研究对象。比如,我们想了解一所学校是如何促进教师发展的,我们应该从哪些人那里获得我们想要的信息呢?对于一所学校的整体规划、教师队伍建设,校长是第一责任人,因此校长一定是能够为我们提供最大信息量的人;学校的主抓教学的主任直接负责各学科教师的培养,因此他们也可以提供有价值的信息。那么学校采取的有关措施对教师的发展效果如何呢?我们还应该从不同年龄段、不同学科的教师中选取几位老师,让他们从当事人的角度来叙说学校所实施的制度、措施对他们发展的意义。

确定研究对象,可以事先有所设计,那么进入现场以后就直接按照事先的计划选取就可以了;也可以先进入研究现场,在现场中与教师、学生有过一段时间的接触、了解以后,再确定能够为自己的研究提供最大信息量的研究对象。

在现场工作,有两个问题值得注意。首先,叙事研究者要在现场与研究对象(研究参与者)建立良好的合作关系。因为叙事研究重视研究者和研究参与者双方的体验,研究者要密切关注参与者自身的体验和故事,所以必须通过与研究参与者建立不同程度的亲近关系来理解、记录和思考现场①。研究者可以通过大量地长时间地参与现场的活动,与研究对象相处,让自己逐渐被研究对象接纳为"自己人"(局内人),这样可以获得更真实的信息;但同时也不能忘记自己"局外人"②的身份,要尽量保持一些作为研究者必要的理性,去审视现场发生的故事,而不是随意地发表议论、看法或者对研究对象指手画脚。其次,叙事研究者在现场中"必须超越即时性来观察他们(研究参与者)遇到的经验。例如,仅仅研究学校一天的开放活动是不够的,因为你没有从整体上去理解这些开放活动对于这位教师、对于那个班级、对于这所学校,乃至对于学校教育和文化的历史大背景的意义。叙事探究需要建立叙事和事件的文化历史,以便为以后的研究文本创造提供解释"。③ 因此,研究者需要较长时间地生活于研究现场,通过多种方式搜集叙事材料,才能互相验证,以提高研究的效度。而不要轻易地作出判断,这对研究参与者是不公平的。

---

① 康纳利、克莱丁宁著,丁钢译:叙事探究,《全球教育展望》,2003年第4期。
② 关于研究者的"局内人"与"局外人"的身份问题,请参见陈向明著:《质的研究方法与社会科学研究》,教育科学出版社,2000年1月,133—148页。
③ 康纳利、克莱丁宁著,丁钢译:叙事探究,《全球教育展望》,2003年第4期。

三、搜集叙事材料，形成现场文本

有学者认为，一般意义上搜集的"资料"在叙事研究中称为"现场文本"更为恰当，因为普通意义上的"资料"是指事件的客观记录，而"文本"带有叙事的性质，并且是由研究者和参与者创造的代表现场经验各个方面的文本，是产生于现场经验的复杂混合体，牵涉到研究者和参与者之间的合作关系，是经过选择的、演绎解释的经验记录[①]。

搜集叙事材料，形成现场文本的方法有以下几种[②]：

1. 口述史

口述史是相对于文字资料而言，是搜集当事人或知道情况人的口头资料。哥伦比亚大学的路易斯·斯塔尔认为，"口述史学是通过有准备的，以录音机为工具的采访，征述人们口述所得的具有保存价值而迄今还未得到的原始资料。"[③]因此这种方法比较适合了解具有历史性的问题，比如一所学校发展的历史，一位优秀教师成长的历程等。获得口述史，可以强调研究者的目的，按照事先准备的结构性问题进行访谈；也可以尊重研究参与者的意向，由他按照自己的方式讲述他自己的或者他所知道的故事。

2. 故事

故事与口述史有着密切的联系，但故事可以由口头讲述，也可以撰写成文字。人生本来就充满了故事，每一位教师在自己的职业生涯中也充满了个人职业发展、师生之间交往等各种内容的故事；机构也有故事的特征，可以从校长、老师、家长和学生那里听取很多关于学校发展的故事。透过这些故事，感悟个人、机构发展的历程。研究者也可以提供一个问题框架，由研究参与者据此写出自己以往的教学故事。

3. 访谈

访谈是在双方约定的时间和地点，按照一定的问题结构比较正规地谈话来获得信息的方法。根据访谈录音一字不漏地记录、访谈笔记、访谈

---

① 康纳利、克莱丁宁著，丁钢译：叙事探究，《全球教育展望》，2003 年第 4 期。

② 本部分可以参考康纳利、克莱丁宁著，丁钢译：叙事探究，《全球教育展望》，2003 年第 4 期；陈向明著：《质的研究方法与社会科学研究》，教育科学出版社，2000 年 1 月，第十章—第十七章。

③ 转引自焦鸿根：论口述史研究在教育科学研究中的方法论意义，《兰州商学院学报》，1997 年第 4 期（总第 43 期）。

摘要都可以进入现场文本。访谈能够在现场中清晰地获得研究参与者的经验与意义解释,并影响着研究者和研究参与者之间的合作关系。

4. 谈话

与访谈相比,谈话就显得不是那么正规和拘谨,在合作研究过程中,双方可以随时的进行一些口头交流,因为双方都比较放松,往往能够获得比访谈更有价值的信息,当然这需要研究者具有敏锐的捕捉信息的能力,同时善于及时记录和整理。谈话也包括双方的书信来往,甚至是网上的交流,这样的方式可能更有利于资料的留存。

5. 现场笔记

现场笔记是标准的人种志收集资料的方法。研究者在现场中参与或者旁观一些现场活动的过程中,比如课堂教学观摩,通过观察、现场对话等方式会获得大量的信息,需要当时做好描述性记录。并且研究者总是参照自己的理论背景去观察,因此总会有所想、有所悟,这些思想火花要以问题、观点的形式与现场情况一并记录下来,为后期的研究报告的撰写积累素材。

上述几种方法都是需要研究者在现场与研究参与者共处过程中获取的,渗透着双方的研究关系因素和双方的经验与体验。下面几种方法属于实物资料的搜集方法,搜集到的是已经形成的文本或物品。

6. 日记、书信、自传和传记

日记、自传和传记、书信、个人备忘录等都是个人类的材料。日记是个人在独处或者个人时间里撰写的对事件的描述与反思,往往是个人内心思想感情的真实流露,并能够反映在过去某一时间所发生事件的来龙去脉,从中能够获得研究对象对某一事件最真实的感受和态度与想法。日记这样的资料不太容易获得,如果能够得到,研究者要遵守研究伦理,做好保密工作。书信是个人与他人之间的书信往来保存下来的文本,比如教师同行之间的、教师与某些专业研究者之间的书信来往。写信者往往是与收信人之间就某些问题进行交流、对话,表达个人的思想观点和生活经历。很多名人的自传和传记都借助于日记、书信来了解这个人的思想、知识与社会背景。因此,通过这三种方法,可以更多地了解发生在过去的事件以及这些事件对其撰写者本人的意义,非常适用于叙事研究。

7. 年鉴和编年史

年鉴是为个体或机构而做的关于重要时间或事件的简略的资料历史。编年史是比年鉴更具有主题性的描述。当研究者想对研究对象(个人或者机构)的发展历程有所了解时,就可以通过这两种方式获取资料。也可以从这种资料中发现一些值得关注的问题和重要事件,再结合访谈等方式获得进一步的了解。

8. 文献分析

就学校而言,日常的学校管理会有一些文件、规章制度、各种通知,学校的课本、教师用书、学生用书、课表、师生档案、会议记录等一些内部资料;还有一些学校宣传页、期中、年终总结报告、学校简报、学校发展规划等对外的资料。在叙事研究中,这些文献是非常有价值的,从中可以发现学校管理文化、制度文化等重要信息。

9. 照片、个人/机构的纪念品等

个人或者机构拍摄的照片,可以提供事件、时间、地点、参与者、事件过程等描述性信息,当然,让照片发挥作用,需要当事人的介绍和解释。个人收集的和学校的奖品、纪念品、证书等物品背后多半隐藏着很多动人的或心酸的故事,这些物品是引起回忆的重要评介。

三、撰写研究报告——从现场文本到研究文本

对于比较规范的课题、项目研究或者学位论文而言,与其他研究方法形成的报告类似,质的研究报告通常包括六个部分:(1) 问题的提出,包括研究的现象和问题;(2) 研究的目的和意义,包括个人的目的和公众的目的、理论意义与现实意义等;(3) 背景知识,包括文献综述、研究者个人对研究问题的了解和看法、有关研究问题的社会文化背景等;(4) 研究方法的选择和运用,包括抽样标准、进入现场以及与被研究者建立和保持关系的方式、收集资料和分析资料的方式、写作的方式等;(5) 研究的结果,包括研究的最终结论、初步的理论假设等;(6) 对研究结果的检验,讨论研究的效度、推广度和伦理道德问题等。但是,因为研究的目的与需要不同,不一定要把六个部分全部呈现,而且呈现的顺序也可以因研究的需要而有所调整[1]。

研究报告的写作,最重要的环节是对研究结果的处理,即对现场文本的处理方式。有学者将质的研究处理研究结果的方式分为两大类型:类属型和情境型[2]。类属型主要使用分类的方法,将研究结果按照一定的

---

[1] 详见陈向明著:《质的研究方法与社会科学研究》,教育科学出版社,2000 年 1 月,344 页。
[2] 陈向明著:《质的研究方法与社会科学研究》,教育科学出版社,2000 年 1 月,345—346 页。

主题进行归类，然后分门别类地加以报道。当研究资料具有分类的倾向，能够明显地提炼出主要议题的时候，就可以采用这种方法。它能够使研究结果逻辑层次清晰，重点突出。但是，这种方法容易失去一些无法进入类别的宝贵信息，也难以生动地呈现研究参与者完整的生活故事和他们的深刻体验，也很难反映双方的研究关系，而这些恰恰是叙事研究所珍视的重要信息。因此，叙事研究比较适合采用"情境型"的方式。因为叙事研究的写作需要遵循"深描"的原则，即详细地介绍问题、事件发生、发展与解决的过程，并尽量展示有意义的细节和情境。而情境法非常注重研究的情境和过程，注意按事件发生的时间序列或事件之间的逻辑关联对研究结果进行描述，它因此能够把叙事研究中的现场文本按照个案的方式呈现出来，形成围绕一个人、一个事件、一个机构或者由多个人和事件拼接成的一个或几个完整故事。这样的处理方式，往往不需要研究者有太多的理论分析，因为一个生动的完整的故事本身就蕴涵着深刻的道理和意义。研究者也可以把自己生发的思想、观点穿插于故事之中，给读者以提示和引导。

第三节　教师如何做叙事研究

如前所述，叙事研究关注实践、亲近实践的本性使其成为适合教师、受教师欢迎的研究方式，也是相对于传统的理论讲授、灌输而言更有效地促进教师专业成长的途径。它倡导、提醒教师重新珍视个人经验的意义和价值，鼓励教师在日常教学生活的积累、反思中蕴育个人教育智慧。那么，中小学教师如何就自己和同事的教育教学实践做叙事研究呢？

一、教师叙何事

教师的教育生涯中，最重要的内容是课堂教学，课堂教学之余还有很多教师、学生、班级管理的事务，也有很多突发事件需要处理。而事实上，一个教师的专业表现在很大程度上受制于教师的个人素养和阅历。据此，有学者认为，教师的叙事研究可以包括这样三个方面的内容：教学叙事、生活叙事和自传叙事[①]。

教学叙事就是教师把自己某一节课的教学过程叙述出来，形成一个

① 详见刘良华著：《校本教学研究》，四川教育出版社，2003年9月，第99—152页。

相对完整的案例。那么,是不是一份完整的课堂教学实录就是一个教学叙事呢?有学者指出,"真正的叙事必须主要是叙说主观之事,必须是只有叙事者才能觉察的内在过程或细节,而不是由客观观察所能见证的客观事实。叙事就是要把事务不为人知的内在过程展示出来。"①因此,叙事必须伴随着,或者说必须融入叙事者在事件发生发展过程中的心理活动和事件结束之后的思考,叙事因此才具有反思和改进实践的意义。

生活叙事。教师除了在课堂教学这一主阵地完成其职业使命以外,还有大量的课外事务需要处理,比如综合实践活动的指导教师可能要随着学生到自然环境或者有关社会机构中去调查、考察;班主任要处理大量的班级管理事务,包括学生突发事故、学生的思想道德培养、与家长的联系与沟通等。这其中会发生各种各样的故事,这些故事往往有着生动的情节,并蕴含着问题解决的智慧。有学者建议把这样的叙事分别称为"德育叙事"、"管理叙事"②。

自传叙事。我们都知道,传记是一种文学体裁,但是传记越来越成为广泛应用于人文社会科学领域的研究方法。自传既可以是在现场搜集研究资料的途径之一,也可以是叙事研究的写作方式。传记是对个人经历的回忆、整理,是对过去事件的再阐释,因而也是一个反思的过程。教师撰写个人的教育传记,从中可以把握教师个人教育信仰的形成原因与过程,也让教师本人有机会重新认识和理解自我。对于教师的职业生涯,传记可能更多地体现为教学日记,他们在独处的个人时间里,将自己认为有意义的教育事件记录下来,有自然的真情流露,也有隐藏其中的教育信念和智慧。一位幼儿园老师曾经这样写道,"开始写教育日记的日子里,发现自己的每一天原来是这么的精彩,精彩于教育生活中的点点滴滴。以前自己的每一天都渐渐地在脑海中淡忘,而现在有了日记的记载,生活变得充实、快乐,富有创意,它使我每一天的教育生活又有了更多的亮点和快乐。"③

二、教师如何叙事

其实,前面关于叙事内容的阐述中也涉及到了如何叙事的方法和要

---

① 康永久、施铁如、刘良华等整理:教育叙事:来自广州的视角,《教育导刊》,2003 年 12 月号上半月。

② 刘良华著:《校本教学研究》,四川教育出版社,2003 年 9 月,第 120 页。

③ http://www.xqkc.com/。

求问题。有学者在对教师叙事研究的实践状况的分析和总结的基础上提出了教师撰写教学叙事的一些建议①：

1. "教学叙事"必须基于真实的课堂教学实践。"教学叙事"作为一种文学性表达的典型形式，不能等同于文学创作，文学创作追求的是叙事安排的艺术性，其中的故事情节与人物可以虚构，"教学叙事"对真实的课堂教学实践可以做某种技术性调整或修补，但不能虚构。

2. 每个"教学叙事"必须蕴涵一个或几个教学事件，即教学过程中出现了某个有意义的"教学问题"或发生了某种意外的"教学冲突"。由于它是对具体的教学事件的叙述，它的叙述必须相应地显示出一定的情节性和可读性。它既不同于教学之前的"教学设计方案"（或"教案"），也不同于教学之后的"教学实录"（或"课堂实录"）。

3. 每个"教学叙事"所叙述的教学事件必须具有典型性，体现"有效教学"的相关教学理念，有较强的说服力。教学叙事可以反映教师以自己的方式化解教学事件之后获得的某种教学效果，也可以反映教师忽视了教学事件之后导致的某种教学遗憾。

4. "教学叙事"的写作方式以"叙述"为主。这种"叙述"可以是上课的教师本人在反思课堂教学的基础上以第一人称的语气撰写的"教学事件"。

5. 在叙述"教学事件"时，尽可能地"描写"教师自己在教学事件发生时的"心理"状态。这使教学事件的叙述常常用"我想……"、"我当时想……"、"事后想起来……"、"我估计……"、"我猜想……"、"以后如果遇到类似的事件，我会……"等等句子。此类心理描写实际上是将教师的个人教育理论、个人教育信仰"附着"、"涂抹"在某个具体的教育事件上。它促使教师在"反思"某个具体的教育事件时显露或转换自己的个人教育理论以及个人教育信仰。

6. 一份完整的教学叙事必须有一个照亮整个文章的"主题"。这个"主题"常常是一个教学理论中已经被提交出来讨论的问题，但它与理论研究中的"主题"的不同之处在于：教学叙事的"主题"是从某个或几个教学事件中产生，是从"实事"中"求是"，而不是将某个理论问题作为一个"帽子"，然后选择几个教学案例作为例证。

一个完整的好的叙事应该既有可读性的情节，又有情节背后、能让情节引人共鸣的主题、思想，但不是所有的中小学教师都能做到这一点。因

① 刘良华：改变教师日常生活的"叙事研究"，《全球教育展望》2003年第4期。

此,有学者指出,帮助老师写好叙事,要引导他们思考整个"问题解决"的过程,主要引导他们思考三个问题:你遇到的问题是怎样发生的;你是怎样解决这个问题的,在解决这个问题的过程中发生了哪些意想不到的事情;问题最后是以什么方式被解决的,你为什么用这种方式来处理这个问题①。这些建议对于中小学教师做研究是非常受用的,其实这涉及到叙事研究的标准问题。质的研究方法总体而言还是比较新的方法(尽管过去早已有定性研究的方法),其研究标准和规范还正处于探索之中。有的学者认为,作为质的研究方法,针对实证研究检验理论假说所采用的"内部效度、外部效度、信度、客观性"等标准,对应的可用"可信性、可转移性、可靠性、确定性"等标准来进行检验。叙事研究也是如此,现在这方面的文献日渐丰富起来,但还尚未形成系统的方法体系和标准。正如有学者指出的那样,"面对教育领域纷繁复杂的人与事,教育叙事怎么可能只有一副所谓'合格的面孔'呢?所以不如先叙再说,随着对教育经验的理解不断深入,叙事的质量自然也会逐渐提高。"②但是,不管怎样,仅有叙事还是不够的,叙事者必须有意识地反省和挖掘叙事的意义及其对他人和社会问题的意义。"教育叙事研究一方面需要深入了解某一个教育实践现象,另一方面又要有足够的理论视角。只有这样,在叙事的过程中,才知道如何组织事件,才知道事件组织起来后能够表达什么样的理论主题。"③

　　通过本章对教育叙事研究法的学习,我们也许会发现这种方法与前面第八章学习的经验总结法有些类似。的确,教育叙事研究法兴起于西方,但这种方法与我国中小学校多年来广泛使用的经验总结法有着天然的联系,他们都重视实践经验,强调在实践中发现问题、总结提升教育规律;研究者既可以是经验当事人,也可以是校外的研究者或者有关同行;都重视在日常教学过程中积累经验、鼓励教师在教学中研究、在研究中教学。但两种方法又有所不同:

　　1. 研究的方法论基础不同

　　经验总结法遵循科学实证范式,要求研究对象要有代表性,从而保证

---

　　①　康永久、施铁如、刘良华等整理:教育叙事:来自广州的视角,《教育导刊》,2003 年 12 月号上半月。

　　②③　周勇:教育叙事研究的理论追求——华东师范大学丁钢教授访谈,《教育发展研究》,2004 年第 9 期。

研究的结果也就是所形成的"经验"有普遍性、稳定性和推广性。而叙事研究法所遵循的是一种人文主义的、文化人类学的研究范式,尊重多元化的理论与方法,尊重叙事者个人的主观体验,注重结论所产生的情境,不追求普适性原理,而重在促进个体的反思与表达。

2. 研究的程序不同

经验总结往往不是从问题切入的,是做了一段时间以后,尤其是在一个阶段的教学结束之后进行有目地、有计划地总结一些成功的做法或失败的教训。而由校外研究者所做的叙事研究,往往是首先有一个引起其关注和思考的问题,然后进入现场,在实践过程中有目地搜集一些情境性资料展开研究。教师本人做的叙事研究,往往是因为一个或几个教学事件而产生叙事的冲动,并通过叙事反思个人的教育教学观念与行为。

3. 写作方式不同

经验总结往往要在描述工作过程的基础上提炼出具体的经验,经历一个归纳、抽象、概括的过程;而叙事研究,尤其是中小学教师做的叙事研究,更鼓励教师将自己教育教学中发生的事件过程及个人的体验完整地叙述出来,不要求教师一定要像经验总结那样概括出几条供别人参考的经验,而更提倡读者通过自己的解读从完整的故事中获得启发。

当然,在日常教学工作和研究过程中,两种方法还是可以结合使用的。比如,为了更好地总结经验,教师要在日常教学过程中注意通过日记、书信、传记等方式积累材料,即通过教学叙事、生活叙事形成一些叙事文本,这样某一阶段的经验总结就会有所依托;同时,经验总结完全可以用叙事的写作方式完成,以自己的教育教学故事在打动别人的同时也让人获得启发。

【附　案例一】

教案在下课之后才完成的故事①

任　英

这段时间我一直在思考"备课怎么备"、"教学设计如何设计"、"写教案如何写"之类的问题。在大学读书时,教《教育学》的老师在讲到"如何备课"这一节时,苦口婆心地强调要"备教材"、"备学生",以教材的"知识

---

　　① 摘自刘良华著:《校本教学研究》,四川教育出版社,2003年9月,第102—106页。

结构"和学生的"学情"作为选择教学方法和教学工具的依据。记得期末考试时出的考题就是"怎样备课"。

自己做了教师之后，我一直按"备教材"和"备学生"这两个要求来设计我的教学。后来我发现，"备教材"与"备学生"其实是合而为一的事情而并非分开的两个要求或两个程序。我将它理解为"根据学生的学情梳理教材的知识结构"。

有一段时间，我很为我自己的这个想法和做法得意。学校曾在全校范围内检查教师的教案，我写的教案作为优秀教案受到学校领导的认可和赞赏。

但做教师的时间长了，我感觉我的教案越来越没有个性、越来越没有生机。像周围其他老师一样，我发现我的教案不过是在不断"重复"昨天的、过去的故事。教案也越来越简单，有时甚至懒得做教学设计，懒得写教案。

我开始为教案的问题感到困惑。

前两天接到学校通知，说有大学的专家来听我的语文课。学校领导提醒我"要注意教学设计"、"专家可能要看教案的"。

我对这个任务并不陌生，我已经习惯于上所谓的"公开课"了。

但是，在为这节"公开课"准备教案的过程中，在我自己提醒自己"要注意教学设计"的过程中，我开始反思我自己以往的"公开课"的得意与失意。我意识到我所有的得意与失意，似乎都与"教案"、"教学设计"相关。而且，关键的问题似乎还不在"上课前"我如何设计教案，关键是"在课堂教学过程中"，如何根据学生在课堂中的实际状况调整我的原先设计好的"教案"。如果这样来看，"教案"可能不完全是在上课之前设计好的，真正的教案，是在教学之后。

我不知道我这个想法是否正确，但我很愿意按照这个想法来展开这次的"公开课"。

今天语文课的主题是《忆读书》，这是语文出版社出版的义务教育课程标准实验教材中的一篇课文。

这是一篇自读课文。这篇课文的教学目标是"把握文章的主要观点"，尤其要理解"读书"的好处。通过对课文内容的理解，让学生明确应多读书，调动学生读书的兴趣。

这节课从介绍作者开始。我结合课本的"注解"，大致介绍了有关冰心的情况，然后让学生说出他们所知道的中国文学史上女作家的名字。

有学生说"琼瑶",有学生提"三毛"。

后来有一位学生说到"石涓"。我问:"你能介绍几篇她的作品吗?"那位同学一时说不出,显得有些尴尬。我建议说:以后大家读书时可以留意一下石涓的作品。这算是对这位同学的宽慰和鼓励,其实这条建议也是说给我自己听的,因为我只是听说过这位女作家的名字,但未读过她的作品。

在分析课文内容前,我先让学生"朗读"课文。我很自信地发出指令:"读吧!"

但全班学生安静地"守候"了大约两秒钟,然后开始整齐地朗读:"一——谈——到——读——书……"我感到有些不对劲,马上纠正说:"不要齐读,自由读。"

教室里再次沉默将近2秒钟的时间,但很快由原来"朗朗书声"变成了一片嗡嗡的"众声喧哗"。这种嗡嗡的"喧哗"虽然显得没有秩序,但它不像全班学生齐读那样速度慢,而且不至于限制学生感情的体验。我喜欢这种嗡嗡的声音。

几分钟后学生自动停下来。我问学生有没有什么问题要提出来讨论。

一位学生问"宴桃园豪杰三结义,斩黄巾英雄首立功"是什么意思。

有同学举手回答:"宴桃园豪杰三结义"是说刘、关、张在桃园结拜;"斩黄巾英雄首立功"是说刘、关、张在剿灭黄巾军起义中首次立功。

我肯定了这位同学的回答。

有同学问到"分久必合"的意思。一位学生站起来讲:这是指三国鼎立几十年后,西晋最终统一了三国。

我插嘴说"这也是历史发展的一个规律"。以前我一直留心让学生自由"插嘴",现在学生被调动起来后,我的发言反过来成为一种"插嘴"。不用说,老师也有"插嘴"的权力。

不过事后想想,我今天"插嘴"说"分久必合是历史发展的一个规律",这样说好像并不准确。历史发展是否是一个"分久必合,合久必分"的过程,倒是可以让学生在课外讨论的问题。如果再次遇到这样的问题,我打算建议学生"可以向历史老师请教"。

后来有一位学生站起来说:"老师,能不能请您介绍一下《荡寇志》这本书的内容?"我对这个学生的提问很满意。部分因为这位同学的提问方式很有趣,似乎认定了其他同学不会了解《荡寇志》的内容,所以"点名"请老师介绍;部分因为我在备课时早预料到这是一个难点,很愿意被学生"点名"做相关的介绍。

不过我还是忍住不说,环视教室,问有没有人知道《荡寇志》的大致内容。等到班上学生一律沉默不语时,我"当仁不让",大致介绍说:《荡寇志》的作者俞万春曾随其父镇压过农民起义,他对农民起义非常仇恨,并亲眼看到《水浒传》对农民起义的影响。他想抵消《水浒传》的巨大影响,写成了此书。在小说中,他对梁山"一百零八好汉"(当时我说走嘴,讲成十八好汉,同学立即给予纠正)极尽诬蔑丑化之能事,说他们是强盗,罪大恶极,最终的结局是被斩尽杀绝。

我这样介绍时,学生似乎对这些知识的来龙去脉很感兴趣。我个人虽然一直提醒自己不要过多地"讲授",以免落人单调乏味的"讲授教学"的陷阱。但当年轻的学生用清澈澄明的眼睛注视自己时,我总忍不住尽量延长这种"被注视"的享受。事实上,对这个问题我至今仍然相信,如果教师的"讲授教学"能够唤起学生求知的兴趣和热情,这种"讲授教学"就是有效的教学。

在我大致介绍了《荡寇志》的内容之后,学生已经无人举手提问了。我开始引导学生理解课文的"主题"。

对课文的主题,我打算从整体入手。我提的问题是"在这篇文章里冰心想说什么?"

很快有学生提出冰心想说的话就是课文最后一句话:"读书好,多读书、读好书。"

我在黑板上写下这几句话,并问学生:读书有什么好处呢?

学生对这个问题好像感到有些为难,教室里安静下来。有时候老师感到容易回答的问题,在学生那里会成为一个难题。作为老师,我在备课的时候估计这个问题不会太难,因为文章中到处都有冰心说"读书好"的句子。怎么学生就不知道如何回答这个问题呢?

为了打破"僵局",我提示学生:书上有哪些"句子"是在说"读书好"呢?

学生似乎有所醒悟,开始寻找相关的"句子",教室里响起学生翻动书页的声音。

看来我的提示是有效的,但我心底也感到一丝悲凉:我备课时是希望引导学生能从整体上感受"读书的好处",可是学生似乎只习惯于从课本中寻找固定的"句子"。

当我问"在这篇文章里冰心想说什么"时,显然是一个需要从整体上考虑的问题。面对这种需要整体把握的问题,学生似乎感到无从下手。

当我提示"书上有哪些句子是在说读书好"时,学生似乎对这种"提问方式"很熟悉,我猜想这种"提问方式"在学生那里已经被转换为一种填空题,就是"课本中提出读书的好处有——"。学生一旦将这个问题转换为一种"课本中提出读书的好处有——"的填空题,学生就能够很"内行"地在课本中寻找出相关的句子。

几分钟后,学生开始回答问题。

第一位学生找到读书的好处是:"从读书中我还得到了做人处世的'独立思考'的大道理,这都是从'修身'课本中所得不到的。"

我在"读书好"的条目下板书"品德修养"。如果有学生先说"读书有利于提高品德修养",然后说:"比如冰心说,从读书中我还得到了做人处世的'独立思考'的大道理,这都是从'修身'课本中所得不到的。"这是我在备课时对学生的期待。也许我对学生的期待是高了一些。我现在仍然在琢磨究竟应该怎样引导学生"整体理解"。

接着,有学生说"读书对写作有很大帮助",并找出文中的语句作证:"老师在她的作文本上批下了'柳州风骨,长吉清才'的句子。"

我在"读书好"的条目下板书"有助于写作"。

我总想让学生超越课本中的具体句子来谈自己的感受,所以后来我问学生:在读了这篇文章后你有什么感受呢?

没想到有一位学生迅速反应,他说:"好笑的感觉。"全班同学笑了起来。

我不知道这位学生为什么说"好笑的感觉"。现在想起来,他可能是想说"有趣的感觉"。

我当时只是说:我们每一个人在读一本书时不只觉得它好笑,还会有其他感受。今天我们的家庭作业就谈读书的感受:从你所读过的文章中选一个你认为最好的谈你的感受,可就整篇文章谈,也可就一个人物、一个方面谈,写成一篇随笔。

接着,我由读书的好处"多"引到应"多读书"并要"读好书",因时间关系,这两点讲得比较简略。

我感到快要下课了,赶紧对本节课的要点作了小结。今天学校的下课铃声很"善解人意",刚做完小结,下课的铃声响了。但我在宣布"下课"时,忽然想起一件事,问哪位同学家里有《满江红》的曲。

一位学生站起来说:"我家里有,我还会背呢!"

我知道他误解了我的意思,再一次讲清我要的是"曲",而不是"词"。这位学生有些失望地坐下了。

下课后,我有些后悔因时间紧而没有让这位学生背《满江红》。这是一个很好的"课程资源"。如果这位学生愿意,我在下节课会让他背《满江红》。

下课了,当学生说"谢谢老师"时,我真想说"谢谢同学们"。孩子们今天在课堂上提出的"问题"、他们在课堂上的"插嘴"使我不断地调整、改写我原先设计好的"教案"。所以,今天我最想说的是"教案是在下课之后才完成的"。

而且,在整个课堂教学中,尽管我一直在努力根据学生提出的"问题"和学生的"插嘴"调整上课前设计好的"教案",但仍然留下很多遗憾,要是再有机会教同样的内容,我想我的"教案"会重新改写。

叙事幕后(华南师范大学教授刘良华博士)

这是广东省茂名市实验中学任英老师根据我们的建议用"叙事"的方式将自己上的一节课整理出来的一篇文章。当时我们建议老师用"叙事"的方式"说课",我们作为大学的研究者也以"叙事"的方式"评课"。然后由上课老师根据自己的"课堂教学"、根据自己以"叙事"的方式所做的"说课"、根据大学研究者以"叙事"的方式所做的"评课"整理成一篇"教学叙事"。

【附　案例二】

四颗糖果的故事

著名教育家陶行知先生任育才学校校长时,有一次,他发现一个男同学拾起一块砖头想砸另一个同学,他及时制止了,要这个学生到他办公室去。这个男同学到了陶先生的办公室,陶先生掏出第一颗糖:"这是奖给你的,因为你很尊重我,听从了我的话。"然后掏出第二颗糖给这个学生:"第二颗糖奖给你,因为你很守时,准时到了我的办公室。"当这个同学深感意外之时,陶先生掏出第三颗糖,说:"据我了解,是一个男同学欺负一个女同学,你才想拿砖头砸人的,这应该奖励你的正义感。"这时,这个同学声泪俱下:"校长,我知道错了……"陶先生打断了学生的话,掏出第四

197

颗糖:"你敢于承认错误,这是我奖励给你的第四颗糖,我的糖果完了,我们的谈话也就结束了。"

当然,这是一个以第三人称记述的关于教育家陶行知对学生进行思想教育的一个经典故事,它虽然简短,却蕴含着深刻的教育哲理。其实,中小学教师的学校生活中每天都在发生着类似这样的故事,把这些故事通过日记、反思录等形式记录下来,就是一篇很好的教育叙事。

【巩固与思考】

1. 叙事研究与前面学习的研究方法有什么不同?
2. 叙事研究一般包括哪些环节?
3. 中小学教师如何做叙事研究?

【应用与实践】

请结合自己的学习经历,撰写一篇个人教育自传,并与同学讨论交流叙事写作问题。

第十一章　教育实验研究法

　　教育实验研究方法是教育科学研究中的一个重要方法。为了促进教育改革,形成办学特色,探索青少年儿童发展和教育发展的规律,必须积极开展各种教育实验。因此,作为一个小学教师,应该学习和掌握教育实验研究这一基本的研究方法。

　　本章将结合典型实例说明教育实验研究方法的基本特点、层次水平和类型,教育实验的设计以及教育实验的评价。

第一节　教育实验研究法的概念与分类

　　近年来,随着教育改革的深入发展,教育实验研究方法被广泛采用。但对什么是教育实验研究,什么是教育实验研究方法,它的基本特点是什么? 教育实验研究方法的应用范围、条件是什么? 它在教育改革发展中起到什么作用,它存在什么局限性等,这些问题还在争论,而且影响到实验研究的水平。

一、教育实验研究法的定义及要素

(一)教育实验研究法的定义

　　探讨教育实验研究法的定义,首先要界定什么是科学实验,什么是教育实验。科学实验是人类特有的活动,是人们为实现预定目的,在人工控制条件下,研究客体的一种科学方法,它是人类获得知识、检验知识的一种实践形式。教育实验作为科学实验的一种形式,研究的对象是教育现象及其过程,它是"在人工控制教育现象的情况下,有目的有计划地观察教育现象的变化和结果"。[①] 这一定义说明,教育实验是一种相对独立的教育实践活动,但它不同于一般的教育实践活动,它是一种科学研究活动,是为了解决现实的教育问题,依据一定的理论假设(或理论构思),有

---

① 《中国大百科全书·教育卷》,中国大百科全书出版社 1985 年版,第 168 页。

199

目的有计划地干预教育过程,探索因果关系的一种研究活动。教育实验不仅有着更为明确的探索教育规律、变革现实的主观要求,而且,将理论探讨与实践探索有机结合,是把抽象的理论思维活动再现于感性的具体之中,从而检验、验证理论以更好地指导教育实践。教育实验既要借鉴自然科学实验求证、理性质疑的科学精神及一些具体方法,又要避免实证主义那种将复杂教育问题简单化,过分强调量化分析,割裂事实与价值、实验情境与实践情境的倾向,这是科学与人文互补的教育实验规范观。离开了这一基本论点,就不能在更深层次上讨论质的分析与量的分析结合问题[①]。

那么,什么是教育实验研究方法呢? 教育实验研究方法,顾名思义,就是用实验的方法来研究教育问题。是研究者按照研究目的,合理地控制或创设一定条件,人为地变革研究对象,从而验证研究假设,探讨教育现象因果关系,揭示教育规律的一种研究方法。

在这一定义中,有以下几个要点:

1. 必须揭示研究对象内在因素间的因果关系

区别于历史研究、调查研究、相关与比较研究,实验研究可以通过变化一定条件,观察因这些条件变化所引起的事物相应变化,从而揭示事物发展过程中各种可变的量(变量)之间的因果关系,说明"为什么"。

2. 要主动变革研究对象

教育实验是为了变革现实,探索和创新,是主动索取,不是消极等待研究现象中某些结果的自然发生,因此,必须主动采取变革措施,否则就不成其为教育实验。这一特点使教育实验区别于经验总结和调查研究。经验总结是把自己或他人积累的实践经验加以分析和归纳整理,成为符合客观实际的具体丰富的材料,从而为进一步进行实验研究提供思路和假设。经验总结受到概括范围的限制,且带有很强的个性特征,容易囿于感性概括,而教育实验,由于主动变革,具有较强的目的性和针对性,从而能超越经验的局限。调查研究、观察研究,是在自然状态下进行,不能改变研究对象的自然条件和发展过程,不能在深层次上认识对象的特性和规律性。实验离不开观察法,但它比观察法具有更多的主动性,它是比观察更复杂的一种特殊的观察。

3. 必须合理控制影响的因素和条件

教育实验,通过采用某些实际操作手段和多种方法,人为地创设某些

---

① 裴娣娜:"基于原创的超越:我国教学研究方法论的现代构建",《教育研究》,2004 年第10 期。

条件或人为地控制某些条件以证明实验结果的有效性。只有控制了无关因素,才能发现或验证某种因素关系或规律性。比如,目的是比较两种教学方法优劣,那么就要设立对照班(组),使两个班除教学方法外,其他条件尽可能保持均衡。正由于控制的重要,甚至有人提出"控制是实验法的精髓"。但是,教育现象极为复杂,很难做到严格的控制,不能完全排除无关因素对实验结果的影响。因此,在教育实验中,要求从被试、内容、时间、实验者、实验设计等方面做到合理控制。另外,要明确,所谓"控制"在教育实验中含有以下 3 层含义:① 研究对于外部因素和实验情境的控制能力,包括各种无关因素的控制;② 研究对于实验所操纵的自变量的控制程度;③ 研究实验设计过程中的控制成分,即研究如何通过实验的设计控制无关变量。

(二) 教育实验研究的基本构成要素

什么是教育实验研究的基本要素,指的是构成一个教育实验研究行为的最起码、最基本的成分,或者说,是形成不同类型、不同层次教育实验研究所共同的普遍的组成部分。

进行一项教育实验,哪些因素是不可少的?我们认为,构成教育实验行为的最基本要素至少应包括以下 4 个方面:

1. 实验研究假设及研究问题的界定

所谓研究假设,指的是教育实验中对所要研究问题的现象、过程、本质或原因的一种理论解释,假定性说明。它是以一定科学理论为指导,在已有的理论研究和实践研究基础上运用科学的思维方式形成的一个有待检验证明的科学假设,也是一个教育实验的理论构思。

研究假设在教育实验中起着导航的作用。首先它帮助教育实验研究者明确研究的方向、主题思想和研究目标;第二,它规范调节着教育研究的进程,帮助研究者提高教育实验的科学水平;第三,研究假设制约着实验研究成果的界定、成果构成形态以及成果的评价、解释,有助于使研究成果纳入一个较高层次的理论体系框架,影响着实验研究成果的成效及其推广价值。

如上海师范大学恽昭世关于"充分开发儿童智慧潜力"的研究,恽昭世主编:《走向未来的学校——中小学校教育模式探讨》,人民教育出版社 1993 年。研究假设是:"儿童具有很大的潜能,特别是有相当一部分儿童因为先天、主要是后天的种种原因智力发展比较好,只要教学过程组织得比较合理,就能提早打开儿童的智慧闸门,使得智力水平在中等以上的儿童少年能提前 2～3 年时间完成现行中小学所规定的教学任务,获得良好的发展。"首先,这一假设决定了研究者探索行为的性质和方向,该项研究核心在于教学过程的合理组织与少年儿童智慧发展的关系。第二,对解决问题的方案作了预见性的规定,这就是立足于对课程、教材、教法、评价、管理等方面的综合改革和合理组织上。第三,为收集事实、分析和解释材料提供了框架。该项实验关注儿童智慧潜力获得提前开发的资料,儿童超前掌握学科内容的测试成绩以及全面发展的有关材料。第四,假设对研究结果、效果进行了初步限定,这就是提前 2～3 年时间完成 12 年学制规定的教学任务。

按照这一研究假设,确定了该项实验研究目标及研究问题,这就是:

(1)通过对课程、教材、教法、考试及管理的综合改革,建立适应 21 世纪社会需要的、有利于儿童智力、道德、体力、审美等方面和谐发展和迅速成长的教学体系;

(2)编写 10 年一贯制的语文、数学、自然科学及小学社会科学教材,并配套建设学习材料、练习册、教学参考书、声像教材,为小范围推广提供材料;

(3)改善教学过程,研究促使中上智力水平的学生个性发展和开发潜力的方法;

(4)探索培养一支具有教育研究能力的"学者型"教师队伍的途径;

(5)充实和发展我国的教育科学,编写出具有一定特色的教育学、教学论、学科教学论、学生个性发展论等专著。

实验研究问题的具体明确界定,不仅使研究假设具体化,而且清楚界定了该项实验研究的范围,从而避免盲目性和主观随意性。

2. 自变量的操作

教育实验要主动变革研究对象,即要使研究对象接受不同的实验处理,这就是对自变量的操纵。也就是说,研究者人为地去干预、控制教育现象发生的条件和进程,有意识地变革研究对象某一方面条件从而得到自己所期望的结果。区别于心理学的实验,教育实验具有多因素、多变量的特点,因此要选择最主要的自变量。如前面提到的上海实验学校整体性改革实验,仅以该项实验研究中的课程改革为例。课程改革采取的措施是:

(1)10 年一贯制课程结构体系,根据教学内容和学生年龄特点分为三个阶段,既有共同一贯要求,又有不同的具体目标。

(2)采取组块结构设置课程,包括必修、选修与课外实践活动三个组块,基础课(语文、数学、外语)课时占课程计划总量的46%。

(3)开设六类选修课,包括:学科深化类、应用技能类、研究方法类、体育艺术类、跨学科综合类和科学信息讲座类。

(4)建立完善的课外实践活动体系,不仅有课时保证,同时设置了四类实践课程,内容涉及综合理科实验,技能系列,劳动技术系列,参观、社会调查与自然考察等,形式多种多样。

以上措施,有利于使学生多种渠道吸收知识,发展能力,保证了学生的和谐发展。

3. 因变量的测定

对因变量的测定,主要是按照界定的核心概念,通过操作定义的界定进行测量和检验。如用各种智力测验分数表示学生智力发展水平,用成就测验分数表明学生的学业成就。

当然,选定的测定标准要具有较高的信度和效度,有一定的权威性。如前文中提到的上海实验学校进行的整体性改革实验,作为实验的因变量是学生的学习能力、思维能力及个性心理品质的发展。作为测查的操作定义,他们的做法是:通过学生作品、学业成绩、参赛获奖等反应学生的学习能力;以"鉴别超常儿童认知能力测验"(中国超常儿童研究协作组编)、发散性思维测试、元记忆测试(记忆成绩、记忆过程、记忆策略、记忆时间)反映学生智力的发展状况;同时进行个性心理品质测试,特别是该校在多年实践研究基础上制定了学生学习能力大纲,内容涉及组织学习活动的能力、阅读能力、听记能力、搜集资料和使用资料的能力及智力技能,作为综合评价的标准。

4. 无关变量的控制

教育实验中为了探索因果关系,证实确实是自变量 x 导致因变量 y 的变化,就必须排除对研究结果将产生干扰作用的无关因素的影响,使教育实验的其他条件保持恒定。只有控制外来的无关变量,防止变量间的相互混淆,才能保证实验结果的有效性。

如上海实验学校的整体改革实验,是一项特殊形态的综合性实验研究,同样要通过对变量的控制探求因果关系。该项实验在无关变量控制方面采取的主要措施是:

(1)通过建立多层次目标体系控制实验的主要执行者——学校领导、教师的活动。不论教师在学历、水平、经验、教学特点方面有何不同,都按统一的操作体系要求从事教育教学工作,尽量削弱由于差异而产生的影响。

（2）控制学生的学习时间，控制每天的作业量，保证学生睡眠时间。

（3）深入研究和运用系统方法和技术，以提高整体研究的科学性。

总体分析，教育实验中需要控制的因素主要来自三个方面：一是被试因素，如果被试是学生，那么就包括学生的性别、年级、知识基础、智力水平、动机兴趣、学习方法、策略以及家庭条件等等。二是实验者，尤其是教师的业务水平、教学内容、教学策略与方法，课外作业的分量和指导，教师的教育观念以及对实验的态度等。三是一些中介因素，诸如上课时间安排，实验的设施条件等。无关变量的确定是视实验研究内容的不同。进行两种不同教材的对比实验，教学方法是首要控制的变量；如果进行两种不同的教学方法实验，那么教学内容就成为控制变量，要求两个班（组）进行的教学内容要相同。只有使干扰因素消除或均衡，才能使实验研究结论有一定可靠性。

二、教育实验研究的层次水平及基本类型

（一）教育实验的三个层次水平

由于教育现象和过程的丰富性和复杂性，使教育实验呈现出不同类型和不同层次。总体分析，大体有以下三种不同的层次水平。

1. 收集资料水平

这是在教育实验初期，研究者对研究对象认识的模糊，对事物因果关系还不十分清晰，对所要采取的变革措施还不能完全"到位"的情况下，研究者所能做的是，凭已有研究成果、知识经验作出初步判断。尝试采取一定的变革措施，及时收集资料数据，不断反思提炼，从而逐步使实验处理明晰和完善。

这种水平的教育实验，可以用一句话来形容："摸着石头过河。"研究者还未形成周密完善的实验计划，更不可能用随机化设计以及用科学的统计方法。如果有一个计划，也是开放的，允许不断地调整修改计划。收集资料的方法也主要是个案研究、观察、调查等方式，企图寻找影响教育效果的主要因素及过程，回答的主要问题是："发生了什么"，从而为教育实验上升到研究内在效度水平提供条件。

2. 内在效度水平

效度，即有效性。内在效度在教育实验中指的是自变量与因变量的因果关系的真实程度。一个实验是有效的，意思是指：得到的结果仅仅

是由于操作了自变量和控制了无关因素的干扰,而非其他未加控制的因素所致。没有内在效度的实验研究是没有价值的,因为内在效度决定了实验结果的解释——因变量 y 的变化在多大程度上来自自变量 x。

教育实验研究如果处在内在效度水平时,一般表现以下特征:研究之前有明确的研究假设,围绕研究假设安排自变量和因变量,对实验对象进行均等化处理,尽可能排除影响实验结果的主要无关因素的干扰,并且运用定性研究和定量研究相结合的方法,探讨事物内在的因果关系。教育实验只有在这个水平阶段,才能对事物因果关系有一个清晰的了解,获得比较客观的普适性结论,将经验提升到理论水平。回答的问题是:为什么会发生这种现象。

3. 迁移推广水平

迁移推广水平即研究外在效度水平。外在效度表明实验结果的可推广程度,涉及教育实验研究结果的概括化、一般化和应用范围问题。研究结果是否能被正确地应用到其他非实验情境,其他时间、地点、总体中去的程度。

教育实验达到迁移推广水平,不仅有明确的对该实验结果推广范围的界定,而且有可操作性措施。回答的问题是:在不同的环境条件下将发生同样现象吗?

以上所讲的三种层次水平,实际上也是教育实验发展的三个阶段。这就是:确认——探索——验证推广。下面仅以李吉林的情境教学实验为例说明教育实验的发展层次水平,该实验的发展经历了三个阶段:

首先是以语言教学为切入点,从创设情境、进行片断的语言训练,到带入情境,提供作文题材,运用情境进行审美教育,发展到相关学科、其他学科,凭借情境,促进学生整体发展。

第二阶段,在积累丰富实践经验基础上,从教育实际出发,借鉴语言学、意境说、美学、心理学及哲学的有关理论,集诸家论述,深入探讨情境教学与儿童语言学习及儿童形象思维、逻辑思维、创造性思维发展的关系,探讨情境教学如何在识字、阅读、作文教学中的应用问题,从而初步构建了符合儿童心理特点和认识规律的情境教学的理论框架。

第三阶段,该实验在广泛推广过程中,又进行了将情境教学实验发展到"情境教育"的探讨[①]。

_____

① 李吉林:"'情境教育'的探索与思考",《教育研究与实验》,1994 年第 1 期。　　　205

事实说明,教育实验研究科学化水平的不断提高,关键在于研究者的素质水平,需要研究者不仅要具有实验意识,而且要掌握进行教育实验的方法,更需要研究者的胆识、魄力和执著奉献的精神。

(二)教育实验研究的三种基本类型

根据教育实验的本质和特点,从不同的方面或按照不同的标准,可以把教育实验分成不同的类型。近年来,大致有以下几种不同的分类:

(1)按实验研究的质与量,分为定性实验与定量实验;

(2)按教育实验的目的,分为探索性实验、验证性实验和应用性实验;

(3)按教育实验研究范围,分为单科单项实验、综合(整体)教改实验;

(4)按实验涉及因素分为单因素实验和多因素实验,按分组形式分为单组、等组和轮组实验;

(5)按教育实验进行的场所,分为现场实验和实验室实验;

(6)按教育实验控制的程度,分为前实验、准实验和真实验等。

在现实教育研究中,我们往往不能进行随机分组,如将学生随机分配到实验班、对照班,而是采用现场准实验。这时必须采用非随机的方法进行公正地比较,并考虑到可能的偏见,并测量这些偏见,从而使他们对教育结果的影响得到考虑,否则准实验可能产生误导性结论。

从我国学校教育实验的实际出发,与教育实验三种层次水平相适应,我们可以将教育实验归为以下三种基本类型:

(1)确认性实验;

(2)探索性实验;

(3)推广性实验。

第二节 教育实验研究法的一般程序

总的分析,教育实验的全过程可以分为准备——实施——总结三个基本阶段。这是一个相对稳定的、有序的结构程序。

一、实验的准备阶段

教育实验成功与否,很大程度上取决于实验前的准备工作。教育实验的准备阶段,具体包括以下内容:

（一）选定实验研究课题

实验研究课题的选定，不仅关系到研究者或某个研究群体（如教研室、学校）今后科研的主攻方向、目标和内容，而且在一定程度上规定了实验研究应采取的方法和途径，同时制约了实验研究结果的层次水平。因此，选好实验研究课题是进行实验研究的第一步，并且是关键性的一步。

教育实验研究的选题范围是非常广泛的，涉及教育的方方面面。从近年来我国的教改实验选题看，大致涉及 5 个方面内容：

1. 教育教学体制改革的实验

这是宏观的决策性实验。如学制改革实验，在小学分别实行的五年制、六年制学制改革实验。

2. 整体综合改革实验

这类实验内容侧重于办学方向、办学体制的研究，运用系统科学理论对小学教育工作重新认识，改善和发展学校教育工作的系统整体功能，且研究带有综合性、全面性和经验性。如有早在 60 年代北京景山学校的教改实验；华东师大教科院、华东师大附小的"小学教育综合整体实验"；江苏宜兴东坊小学的"整体、合力、优化、发展"实验；南京市琅琊路小学、南京师大教育系的"课内外教育一体化"实验；在全国几十所小学进行的综合整体改革实验以及主体教育与我国基础教育现代化发展的理论与实验研究、创新教育的研究与实验等。在教育理念、课程、教材教法、思想教育、课外活动、学校管理、师资培训等方面进行了许多有益的探索。

3. 课程与教材改革实验

如从 1985 年以后进行的九年义务教育大纲与教材的实验研究；小学一年级开设自然课的实验；学科课程、活动课程、环境课程结合的"大课程"实验研究；各具特色的 9 套义务教育教材的实验；中央教科所等单位主持的数学、语文教学教改实验，特别是近十年来全国范围开展的课改实验。

4. 教育教学模式与教法改革实验

在教学模式研究方面，具有代表性的，如广东中山音乐学院赵宋光按现代哲学、美学、心理学、教育学所揭示的儿童理智、情感、意志结构立体镶嵌，全面发展的规律，在他的综合构建教育体系实验中对"语言符号镶嵌结构教学模式"的探索；李吉林的"小学语文情境教学实验"；还有小学科学教育的"探究——研讨"教法实验；深圳育才一小的"个性教育模式"实验等等。在教法方面，不仅有一般教法实验，如"六课型"教法；讨论式教法；尝试教学法；暗示教学法；快乐教学法；探究教学法；"三环节、三反馈"教学方式等实验，而且有大量的分科教法实验。语文学科，有黑龙江教育学院主持的"注音识字，提前读写"实验；中央教科所主持的"集中识字——大量阅读——分步习作"实验；浙江省电教科研项目"小学音响作文教学实验"；杭州大学教育系的"小学低年级语文课突出口头语言教学训练"实验；北京市育宏小学、北京市电化教育馆语文课题研究组的"小学语文阅读电化教学结构的研究实验"，以及 20 余种小学识字教学法改革实验等。数学学科，有山东省东营市实验小学的"小学数学启发教学实验"；浙江苍南县实验小学的小学数学"掌握——思维"教学实验；一些地区以县镇、农村为主的"三算"（口、珠、笔算）结合的实验；"珠算式心算"实验；天津南开区运用3.3.3学具开发小学生智力的实验等等。还有在山东广泛开展的目标教学实验研究，在湖南及广州进行的协同学习、合作学习实验研究、一些学校对电化教育、多媒体教学手段的实验研究，以及北京、江苏、辽宁、浙江等地区的一些学校正在进行的差异教学研究与实验等。

5. 儿童少年发展的实验

这类实验以促进小学生智力、体力、道德以及审美情感方面充分的自由发展为研究目标，主要涉及 3 方面的内容。

（1）综合整体性的研究。围绕促进小学生全面发展，全面规划教育目标、课程、教学活动、教学环境及教育管理。如上海师大教科所的"充分开发少年儿童智慧潜力的中小学教育整体改革"实验[1]；杭州大学教育系与杭州市天长小学联合进行的"整体优化教育"的综合实验；山东省教委牵头、山东师大教科所主持的从学科知识逻辑序列与儿童心理发展序列最佳结合以促进儿童发展的"双序结合整体改革实验"[2]；上海一师附小、无锡师范附小等学校的"愉快教育"实验和北京一师附小的"快乐教育"实验；南京市琅琊路小学、南京师大教育系的"小主人教育"实验[3]；江苏、安徽、湖北等地区的一些小学进行的"立体美育"、审美教育模式、艺术教育实验，如浙江省柳宁县实验小学进行的"立体美育"实验；江阴市实验小学的构建小学审美教育模式实验；安徽蚌埠一实小的艺术教育实验；宜昌县

① 恽昭世主编：《走向未来的学校——中小学校教育模式探讨》，人民教育出版社 1993 年。
② "双序"结合整体教改实验课题组："双序结合整体教改实验研究报告"，《教育研究》，1996 年第 8 期。
③ 南京市琅琊路小学、南京师范大学教育系：《小主人教育的理论与实践》，南京出版社 1992 年。

实小进行的学校美育实验等等。；上海虹口三中心小学的德育科学化实验；北京师范大学教育系与河南安阳人民大道小学、天津二师附小及北京海淀区 6 所小学等联合进行的"少年儿童主体性发展"实验，以及历时十六年的"主体教育实验"[①]等等。

（2）分科单项性的，以充分挖掘少年儿童智力潜力和培养良好品德为目的的教育实验。如中国科学院心理所张梅玲的促进小学生数学能力发展的"现代小学数学"教学实验；北京师范大学冯忠良的"结构——定向教学实验"[②]，该实验依据能力、品德的类化经验说，学习的"接受——构造"说，教育的系统论观点和教育的经验传递说，推论出结构——定向教学心理学原则、五方面的学习规律（学习的动机和积极性规律、学习的迁移规律、知识及其掌握规律、技能及其形成规律与行为规范及其接受规律），以及构建了结构化与定向化教学体制；北京师范大学林崇德的小学生运算思维品质培养的实验研究[③]，对思维的敏捷性、灵活性、深刻性及独创性进行了探讨；中央教科所吕敬先主持的"小学生语文能力整体发展实验"，以心智技能训练为核心全面进行听、说、读、写能力训练，结合语文学科特点进行德育和美育，促进学生乐学和身心全面发展；北京市朝阳区幸福村中心小学马芯兰关于改进知识结构，加强能力培养的小学数学教改实验；还有以培养小学生集体主义观念为中心的各种思想品德教育实验；小学生思想品德评价实验；上海教科所梅仲荪的"幼、小、中分阶段进行爱国主义教育"实验。特别是随着我国教育公平的推进，特殊教育的发展，近些年围绕障碍儿童潜能开发的教育实验也越来越多。

（二）进行实验设计

在确定研究课题的基础上，研究者必须科学地确定教育实验的计划、构架和策略，描述教育实验进行过程的一系列活动，论述它的内容和方法，这就是教育实验的设计。教育实验设计的主要内容是：

（1）形成研究假设；

（2）明确界定该教育实验要研究解决的具体问题；

（3）确定实验的自变量及呈现方式、因变量及其测定方法，无关变量的控制措施；

---

① 　见《教育研究》1994 年第 12 期载文。
② 　冯忠良：《结构——定向教学的理论与实践》，北京师范大学出版社 1992 年版。
③ 　见《中小学教改实验报告集》，天津教育出版社 1987 年版。

（4）确定取样大小及方法，选择实验设计类型，安排实验的具体步骤及选择适当的统计方法。

关于实验设计的具体内容，将在本章第三节进一步论述。

二、实验的实施阶段

按照实验设计进行教育实验，采取一定的变革措施（实验处理），观测由此而产生的效应，并记录实验所获得的资料、数据等。

三、实验结果的总结评价阶段

要对实验中取得的资料数据进行处理分析，确定误差的范围，从而对研究假设进行检测，最后得出科学结论。

在实验研究结果分析基础上，写出实验报告。

以上整个过程，可用图 11－1 简示：

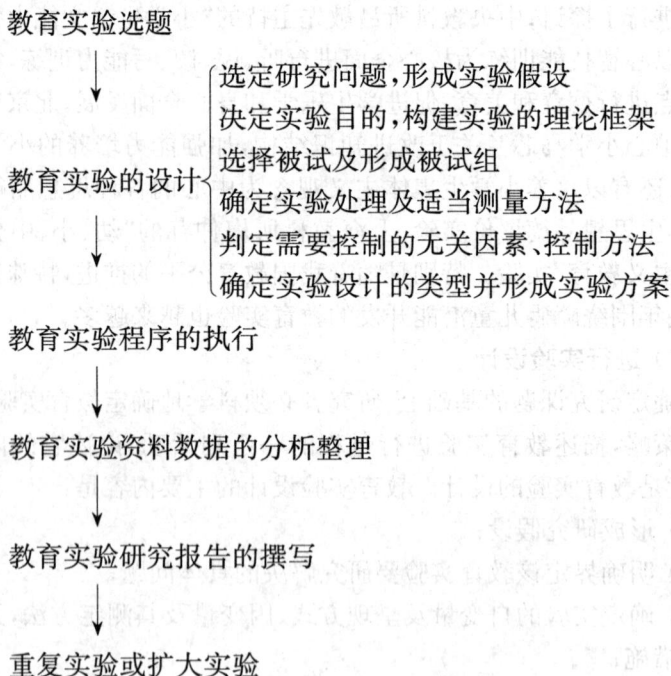

教育实验选题

$$\downarrow$$

教育实验的设计 $\begin{cases} \text{选定研究问题,形成实验假设} \\ \text{决定实验目的,构建实验的理论框架} \\ \text{选择被试及形成被试组} \\ \text{确定实验处理及适当测量方法} \\ \text{判定需要控制的无关因素、控制方法} \\ \text{确定实验设计的类型并形成实验方案} \end{cases}$

$$\downarrow$$

教育实验程序的执行

$$\downarrow$$

教育实验资料数据的分析整理

$$\downarrow$$

教育实验研究报告的撰写

$$\downarrow$$

重复实验或扩大实验

图 11－1　教育实验研究的一般程序

第三节 教育实验的设计

教育实验设计,一般是以教育实验方案的形式表现出来。教育实验方案的形成,实际上是对教育实验的总体构思,是一个从明确研究目的,形成研究假设,确定实验研究变量、取样的方法和安排实验处理的一系列活动过程,而不是仅限于对教育实验类型的选择。实验设计是教育实验研究的主体工作,处于关键一环。教育实验设计的科学性是教育实验能否达到实验目标的重要保证。

一、教育实验设计的基本步骤

(一)小学教育实验设计示例:

研究的课题:小学音响作文教学实验研究[①]

1. 理论构思

音响作文,由音乐感知(对音乐的辨别力、感受力,对音乐的注意力和记忆力)和情感体验唤起对相关的生活形象和意境的想象和联想。包括由描绘性音乐和由情节性音乐引起的联想及非标题性音乐引起的想象。音响作文教学,就是充分利用电化教育手段,以生活中诸多音响为中介,创设特定的作文情境,从而激发学生作文兴趣,提高学生写作能力的作文教学方法。音响类型包括:自然音响、模拟音响、配音故事、歌曲、诗歌和器乐曲。在训练中有机渗透作文知识和技能教学并形成系列。

2. 形成假设

音响作文能促进学生想象力的发展并有效提高学生书面表达能力。

研究问题:

(1)探索音响与小学生作文教学能力发展的关系。

(2)音响作文对发展学生想象力、观察力及审美能力的影响。

(3)探索音响作文课堂教学模式,完善音响作文训练系列,编写系统教学资料的可行性。

---

① 内容选自祝新华、林可夫主编:《中国教育实验研究会论文集》,浙江大学出版社1995年,第190—195页。

3. 实验处理

实验处理 1：实验班以"小学音响作文系列训练"纲要为教材进行作文训练。按照"音响感知——情感体验——联想、想象——文字表达"安排教学进程。

实验处理 2：对比班仍以传统的作文教学方法进行。

4. 取样

样本：浙江某小学二年级 2 个班，分别为实验班和对照班。

取样方法：学生作文能力测试。将作文水平基本相同的 14 对学生作为被试对象，作文水平特别高或特别低的学生随班学习，不作分析和统计处理。

5. 因变量和测查标准

因变量：学生想象力及书面表达能力。

测查标准：① 文章子题材的数量；② 文章的字数；③ 句子总数；④ 中心；⑤ 材料；⑥ 条理；⑦ 语言表达基本功；⑧ 修辞。

前 3 项以诊断学生思维的广阔性及想象力发展程度；后 5 项以测试学生表达思想感情的能力。

6. 控制条件

(1) 被试经过均化处理；

(2) 作文训练次数相同；

(3) 教师素质、教学进度、教材等力求接近。

上例就其实验内容还可以进一步推敲，但它反映了教育实验设计是一个相对稳定的、有序的结构序列。

(二) 搞好教育实验设计必须注意的关键环节

1. 明确教育实验研究的问题

作为一个较规范的教育实验研究，首先应对实验所要研究的问题有明确的界定。研究问题的表述，在一个较大型的研究课题中，可区分为理论研究课题和实验研究课题。如一项关于"小学合作学习的理论与实验研究及其对课堂教学组织形式改革的启示"教改实验①。该项实验研究的问题，一是小组合作学习的理论研究。理论研究主要回答的问题是：小组合作学习的实质、要素、功能及基本环节。具体研究以下问题：① 教学组织形式的发展沿革（从个别教学——集体教学——个别的自由

---

① 裴娣娜主编：《小学教育科学研究》，科学出版社 1997 年，第 44—45 页。

化教学)及其对学生主体性发展的影响。② 当前我国教学组织形式改革的经验、问题及发展趋势。③ 合作学习的基本理论研究及其对教学组织形式改革带来的影响。④ 国外合作学习理论研究的比较分析(美国及前苏联)及其启示。二是建构"集体教学、小组合作学习与个别辅导相结合"的教学组织形式的实验研究。研究回答的问题是：针对传统班级教学的优缺点,新教学组织形式的突破点在哪儿? 在学科教学中实施的可能性,实施的条件是什么? 在现代教育观的指导下,从目标、内容、形式、方法、水平等方面实践地建构可操作的程序。具体研究的问题是：① 学科教学合作学习案例分析及小学生课堂教学中合作交往学习形式及发展特点研究。② 集体、小组、个体三者互动方式及类型研究。③ 对学生合作交往意识的培养及小组合作学习技能研究。④ 小组合作学习的方法与策略研究。⑤ 合作学习小组构成方式的研究。

这里必须明确的是,作为某一项教育实验所确定的研究问题,实质上是对研究目标任务的具体化,同时为实验结果的评定提供了基本标准,即实验结果最终的目标达成度的衡量标准。一个实验如果没有明确具体的研究问题,那么该实验很可能会陷入一种盲目的行为状态。

2. 形成实验的研究假设

研究假设是研究者对某项实验涉及的主要变量间因果关系的推测,是以概括的语言、推论的形式呈现该实验的理论构思。诸如下面所列的研究假设：

(1) 通过用"以'1'为基础标准揭示小学数学中部分与整体关系"为主线,建构现行小学数学合理的知识结构,并以此来塑造小学生良好的认知结构,将提高小学生的素质,促进小学生数学能力的发展。[1]

(2) 使用包括学科课程、活动课程和潜在课程在内的大课程体系进行教育教学,要比使用原来的常规课程体系在学生发展、教师提高、优化育人环境和机制等方面效果好。[2]

(3) 根据教育要"三个面向"的战略方针,在素质教育理论指导下,充分发挥人的主观能动性,整体优化各种教育因素(包括确立人格教育目标及基本操作体系、课程体系、教学方法和手段的优化、革新教育评价等),全面提高学生的基本素质(自变量),就能够促进小学生人格全面、和谐发

---

[1] 见张梅玲：《现代小学数学》的教学实验。
[2] 见天津上海道小学："大课程论"实验。

展,亦使小学生的生活能力、做人能力、学习能力、审美能力和劳动能力得到发展,奠定他们完美人格的基础,优化发展他们的美好人格特征(因变量)。[1]

以上研究假设内容及表述虽不同,但有几点是共同的:

(1)假设是以叙述的方式清楚说明研究变量之间研究者所期待的关系。表述清晰、简明、准确,条理分明,逻辑上无矛盾。

(2)每一组假设均阐明实验研究中的自变量、因变量及其二者的关系。也就是说,假设中说明了研究者对采取什么样的变革措施将会得到什么样的效果的推论。在研究假设中对自变量、因变量的明确界定,因而从根本上界定了研究者探索行为的性质方向和内容范围,并为搜集、分析和解释事实材料、评估实验结果提供了框架。

(3)研究假设具有可操作性,是可检验的。这里所说的可检验,指的是验证研究假设推测性的正确程度和可靠性。一个原则上不可检验的陈述是没有科学价值的,它也就不是一个科学假设。因而研究假设应具有可操作性,是可以观察和验证的。

(4)研究假设的提出要有坚实的理论基础并有较强的针对性和现实性。假设要有一定的科学依据,建立在明确的概念、已有的科学理论和科学事实的基础上,同时反映该实验研究的特点以及研究者的独立见解,而不是毫无事实依据的推断和主观臆断。

以上几点也是我们判定所提出的研究假设是合理的或不太合理的基本标准。当然,一个好的有价值的研究假设的提出是要经过一个过程的,研究者要在研究过程中不断修改、完善研究假设。

3. 确定实验处理

实验处理,即实验研究者所操纵的自变量的变化。如进行小学数学教学使用学具的实验研究[2],实验班结合教材内容,注意选择和使用各种学具进行教学,而对比班仍按普通的教学方法进行教学,不着意于学具的使用。关于"解题思维策略训练提高小学生解题能力"的实验研究[3],实验组用自编教材,讲解6种解应用题的方法,每周3次,每次1节课,共7

---

[1] 温岭市方城小学、杭州大学教育系课题组:"小学生人格教育实验研究报告",《教育研究》1998年第10期。

[2] 马云鹏:"小学数学使用教具的实验研究",《江西教育研究》,1988年第5期。

[3] 刘电芝:"解题思维策略训练提高小学生解题能力的实验研究",《心理科学通讯》,1989年第5期。

周 20 节课。而控制组不讲,只做练习。又比如研究小学生智力技能形成的途径,自变量是复合应用题解题技能的形成方式,实验组采用"按阶段形成"的方式,控制组采用"一般讲解练习"的方式[①]。这里提到的是否使用学具、是否进行解题思维策略训练、解题技能形成方式就是研究者在实验中的实验处理,也是由研究者操纵其变化的自变量。

对实验处理的确定,涉及两个内容。一是自变量的数目及其具体表现。在一个实验研究中,操纵的自变量起码要有一个,而且必须具体明确,具有可操作性。由于教育现象复杂,往往多因多果,研究者如果想要进行教材改革,那么相应的就要改革教法,这就形成了教材与教法两个自变量,就会出现多种组合。二是每一自变量一般至少应有两个水平或状态,即有两种不同的实验处理。也就是说,选择的自变量无论是一个还是两个,每个自变量一般均应有两个水平。实验者要根据实验需要和可能,对该项实验的自变量及水平作出具体的规定,同时要防止自变量的混淆。

4. 界定取样范围及取样方法

实验研究是通过小样本的实验来推论总体的情况,如何选择有代表性的研究对象,即取样问题,就成为实验设计时必须考虑的重要问题。根据研究课题的性质和内容确定样本范围,取样方法多种多样。在确定样本时有以下几个问题要明确界定的。

(1) 明确规定总体。这里需要区分目标总体与接近总体,目标总体是该实验的预定推广范围。如果实验研究课题是关于小学低年级儿童识字能力培养的研究,那么目标总体就是城乡在校学习的所有的小学低年级儿童,而接近总体则是指该实验进行的具体单位、场所的样本。

(2) 确定样本大小。实验研究要有合理的样本容量,既要满足统计学上的要求,又要考虑实际上收集资料的可能性,并使误差减到最低程度。小学教育实验研究一般以两个自然形成的教学班为取样单位,样本数一个班不少于 30 人。

(3) 决定取样方法。无论是用简单随机抽样,分层抽样,还是系统抽样、整群抽样和有意抽样,都要求尽可能保证样本的代表性。有时一个教育实验结论在目标总体范围内推广并不成功,其中一个重要原因可能是样本不具有对实验目标总体的代表性。关于取样的有关问题,已在第四

---

① 冯忠良:《结构——定向教学的理论与实践》(下),北京师范大学出版社 1992 年版,第 18—19 页。

章作过阐述,在此不再重复。

5. 因变量的测定

作为实验效果的因变量,如何测定其变化的程度水平,有利于提高研究的客观性,有利于提高研究结果的可比性以及保证研究的可重复性。

例如在解题思维策略训练提高小学生解题能力的实验研究中,因变量是解应用题的能力。确定测量的方法是:① 等值数学难题测验。内容由三部分组成:学习能力测验(35 分钟),数学基本知识测验(15 分钟),数学较难题测验(30 分钟)。② 问卷调查,了解学生对实验课的反映。

对因变量的测定要考虑以下几个问题:首先要确定所选择的反应变量是能够提供有关研究问题的信息,即所定的观测项目能比较全面客观地反映研究对象特征的变化;第二,要决定怎样进行测定,如何选用适当的测量方法、变量单位及必要的技术手段,测量工具和方法要有一定的权威性;第三,定性分析与定量分析结合,保证所得数据的可能准确度(可靠性)。

由于教育实验研究对象的特殊性,在相当多的情况下是很难对因变量进行直接测定的。如关于小学生社会技能水平、主体性发展水平等的测定,研究者要采用间接指标以及多种方法。在"三自能力"培养的实验研究中,研究者按自主学习能力、自我教育能力和自理生活能力三个纬度编制了 212 项测验,形成包括选择填空、记笔记、书面作业、口头作业、知情人评定等多种方式。在一项关于小学生社会适应性合作技能培养的实验研究中,研究者尝试用日常观察记录与情境测验相结合的方法对小学生合作技能发展状况进行测评[①]。

6. 选择实验控制的方法

控制无关变量,在教育实验设计中是最复杂的部分。要判明该实验需要控制的无关因素,选择控制方法,设计控制过程和预测控制的程度,从而尽量减少、削弱无关因素对自变量和因变量的干扰。

教育实验由于不可能做到控制所有的干扰,更不可能做到"严格控制",因此要集中考虑会产生较大影响的主要因素。就一般情况而言,无关因素的干扰可能会来自三个方面:一是来自被试的成熟、态度偏向以及被试的选择。例如某电视台基于近年来我国儿童科技素养下降的问题,准备制作一台历时一个月的适合于儿童的科技节目,因而设计了如下实验:实验组前测——收看每天的科技节目——再测验,以前后测之差

---

① 裴娣娜:"教育实验评价体系的建立及其方法论思考",《教育改革》,1996 年第 1 期。

大于零来说明儿童收看电视节目后科技知识及兴趣的提高。这一设计由于未控制其他无关变量，也即可能在这一个月中随科学知识的学习、收听有关广播，或参观了科技馆，或阅读了有关科普读物，学生科技知识自然增长，因而不能说明科技知识的提高是完全由于收看科技节目的效果。控制成熟因素的方法是使被试选择与分组随机化并设立对照组。特别是要注意被试组间的均等（统计学意义上的均等），否则只会导致结果的偏差，无法做有效的合理比较。

二是来自测验效应（前测会提高被试对后测的敏感性）、测验工具缺少一致性及统计回归。统计回归是在有前后测的情况下出现的一种效应现象，一种趋于平均数的常态回归——被试前测成绩过优或过劣，则在后测时成绩都有自然向群体平均值靠拢的趋向（集中趋向），即在重复测验中使得分向平均分数偏移。如不加分析，很容易导致错误结论。

三是来自研究者或实验教师的素质、能力、知识水平、教学态度、教学经验等存在的差异对实验结果的影响。

正是由于种种无关因素的存在，常常使我们无法确定因变量 y 的变化在多大程度上是由自变量 x 造成的，从而降低了实验设计的内在效度。

对无关因素的控制主要是由实验研究课题的性质范围确定的。比如一项关于小学生创造性思维品质培养的实验研究，研究者可能会采取以下控制无关因素的措施：通过智力测查及语文、数学两科学业成绩，组成两个等组以控制被试差异（包括智力水平、学习基础、年龄及性别差异），教学内容相同，在校上课时间的安排、自习及所留作业量、课外作业时间总量相同，学生家庭背景条件基本相似，同一教师或两个教学水平相当的教师任教，从而使这些变量在实验中保持恒定。

这里需要说明的是，教育实验常常是在学校的自然班中进行，几个班学生的总体学习水平往往存在较大的差异，而实验者又不可能为了实验而重组班级。在这种情况下，或者在计算全班平均数时将班内个别学习最好或最差的学生成绩排除，以缩小自然班间的差距，或者采用统计方法加以处理。

7. 选择合适的实验设计类型并提出伴随这个设计的统计假设

以上是进行一个教育实验设计时应考虑的几个步骤。为了便于操作，还可设计成表格形式，如表 11-1 所示：

表 11-1　课题:"解题思维策略训练提高小学生解题能力的实验研究"[①]

步骤	内　　　　容
1	研究问题:(1) 以教学法形式进行解题思维策略训练的可行性; 　　　　　(2) 影响解题思维策略训练的主要因素; 　　　　　(3) 不同学习成绩学生解题思维策略特点及差异。 研究假设:专门系统地进行解题思维策略训练,可提高学生解应用题的能力。
2	处理 1:实验组——用自编教材,讲解 6 种应用题的方法(简化法、图解法、结构训练法、联想法、假设法、对应法),每周 3 次,每次 1 节课,共 7 周 20 节课。 处理 2:控制组——不讲。只做练习。
3	目标总体:某市小学六年级学生。 接近总体:某市某小学六年级 2 个班(六年级中取学习成绩最好的班和最差的班)。 样本大小:94 人,平均年龄 12 岁零 3 个月,其中实验班 47 人(男 22,女 25),控制班 47 人(男 24,女 23)。 取样方法:对被选的 2 个班学生进行 33 分钟的学习能力测验,15 分钟的数学基本知识测验,30 分钟数学难题测验,把分数相差 3 分内的学生配对分组,删去 4 名条件相差太大的学生,随机分成 2 个等组,注意男女生人数大致相等。 实验单位:每个独立的学生。
4	因变量:学生解应用题的能力。 操作定义:等值数学难题训练。
5	采用的控制方法: 　　(1) 随机指派形成被试组; 　　(2) 控制性别差异; 　　(3) 同一教师教; 　　(4) 前后测相同(等值难题,测验时间与要求前后测一致); 　　(5) 练习时间相同。
6	实验设计:实验组、控制组前后测设计。 统计假设:2 个处理组得到的平均分数之间差异没有显著性意义。

二、小学教育实验研究基本类型

在正式阐述几种基本实验研究设计类型前,说明两点:

---

①　表格中列举内容选自刘电芝:"解题思维策略训练提高小学生解题能力的实验研究",《心理学通报》,1989 年第 5 期。

（1）实验设计的选择主要考虑以下因素：哪一种设计适合你的研究，能验证研究假设；能较好地控制无关因素的干扰；能有助于研究结果的鉴定和推广，且经济有效。

（2）关于讨论实验设计类型时所用的符号：

X：表示一种实验处理

O：表示一次测试或观察

R：表示被试已被随机选择分配和控制

……：表示不等组间水平的线

小学教育实验研究设计有以下六种基本类型：

（一）单组后测设计（单一性个案研究）

基本模式：X　O

特征：只有一个被试组且不是随机选择，无控制对照组；只有一次实验处理；有一个后测。将后测的结果作为实验处理的效应。

这种设计由于被试不是随机选择且因被试成熟的变化等因素都可能影响实验结果，实验内在效度不高。

例：在小学开设家政课程的实验

在小学开设家政课程的目的：

培养小学生生活自理自立能力，逐步养成良好的生活习惯，良好的家庭伦理道德，从而逐步增强对家庭的责任感和社会责任感，为他们今后参加社会生活打下良好的基础。

取样：在浙江省绍兴县的柯桥区、慈溪市的观城区和诸暨市的三都区，139 所小学 146 个班级的一年级新生 4061 人。

实验处理：开设"生活与劳动"课，内容包括：生活自理能力和自我服务，家庭劳动，公益劳动，卫生安全，家庭伦理与人际关系。每周 1 课时。

一个学期结束时进行考核，作为该课的学习成绩。对学生成绩的统计分析作为研究的结论。

（二）单组前后测设计

基本模式：O_1　X　O_2

特征：只有一个被试组且不是随机选择，无控制对照组；仅一次实验处理；有前测和后测，用后测对前测具有显著性的增值作为实验处理的效应。

这种设计由于采用了前后测，控制了实验的一些无关因素，但由于被试成熟变化、前测经验影响等原因,实验内在效度也不高。

例:"运动处方"式教学实验[①]。

研究问题:

(1)"运动处方"优化问题。

(2)学生体质发展水平的评价问题。

研究假设:采用"运动处方"式教学,合理安排课的结构、内容、手段,通过适当的锻炼可以改善学生体质状况。

实验处理:采用"运动处方"式教学。教学步骤:

(1)检测:包括学生的形态指标,生理指标,体能、体力指标,了解既往病史。

(2)统计:分析、评价检测数据(与全国或省市水平比较),然后按年龄、年级、性别及评价结果进行分组,形成小群体。

(3)制定处方:从单项素质发展的运动处方(耐力、力量、速度)——综合性发展的运动处方——处方优化和合理化。

教学时间:一个周期为 3 个月,每周 3 次以上教学时数。

对处方内容的实施:可集中时间(一节课结束前安排),也可分散在一节课的各部分。一个周期后再进行测查,对数据进行比较分析。

因变量的测定:学生体质体能测查。

(三)固定组比较设计

基本模式: $X \ O_1$

……

O_2

特征:使用了不接受实验处理的控制组,实验组与控制组被试不是随机选择;2 个组都有后测,用后测成绩之差作为实验处理的效应。

这里需要说明的是,控制组接受不同的实验处理或按照平常传统方式进行,除自变量不同外,其他方面都是基本相等的,目的在于通过比较作出因果关系推论,看看新的实验处理是否确实比传统方式更有效,或看看是否一种方式比另一种方式更有效。也就是说,在影响因变量上的所有其他因素,如实验的场所、环境、时间长短与安排,被试的性别、年龄、知识基础、动机情绪等基本保持一致。研究者在尽量使二者相等的基础上

---

① 选自北京师范大学体育系田继宗教授主持的增强学生体质的实验研究,《教育研究》,1996 年第 9 期。

操纵实验组的自变量,看看这 2 个组后测成绩之间是否有一个显著性的差异,从而判断实验处理的效应。

固定组比较设计中的实验组与控制组,一般是原有的教学班,或某个团体,尽管研究者使 2 个组尽量等值,但毕竟不是随机选择,也未加任何控制选择倾向。由于被试不是随机选择、随机分组,又没有一个前测数据,判断被试组是否相等是困难的。也就是说,被试的差异没有控制,在研究结论中应加以说明。

例:培养小学生合作技能的教育实验[①]。

研究问题:

(1) 学校教育中引入社会技能培养的可能性。

(2) 小学生社会技能培养的途径、方式和方法。

(3) 小学生社会技能培养对小学生发展的影响。

研究假设:在现代社会学习理论的指导下,遵循社会化进程的规律,通过开设专门课堂以及调整学科教学结构,可以培养学生的合作技能。

实验处理:选某小学二年级学生作为研究对象。

1. 对实验班学生进行合作技能的培养

措施一:将学生按知识、智力、主体性发展水平分成小组,小组内异质,全班各组同质。课桌椅按"T"型排列。实行集体教学、小组合作学习相结合的教学组织形式。

措施二:开设专门课堂,每周一讲,内容是:第一讲,做一个会听的孩子;第二讲,打开话题与保持说话;第三讲,礼貌用语;第四讲,学会分享;第五讲,发现他人的优点;第六讲,互相帮助。

措施三:结合合作技能的训练,从实际出发,创设相应情境,利用角色游戏法演练学习内容,使学科教学、行为教导与移情训练一体化。

措施四:每周评一次"最佳合作小组"。

2. 对照班:按常规安排活动,不进行合作技能训练

因变量的测量:

(1) 日常观察记录。实验老师每周集中观察各学习小组 1 次,按规定项目记录人均合作行为次数和非合作行为次数。

(2) 情境测验。随机选取实验班、非实验班学生 20 名,分别按 5 人一小组分成 4 个组。要求每小组在一定时间内合作完成一件手工制品

---

① 裴娣娜等著:《发展性教学论》,辽宁人民出版社,1998 年。

（经过合理设计，能考察所培养的技能）。观察并记录学生"讨论方案——分工准备——动手作业"过程中合作技能的运用情况。

固定组比较设计有若干变式。如为了研究短期培训在改变儿童不公正行为和培养公正行为方面的心理机制，有人进行过矫正儿童不公正行为的短期培训研究。

实验设计是：X_1 O

　　　　　　X_2 O

　　　　　　X_3 O

先把"不公正行为"儿童挑出来，然后安排不同的实验处理。

处理1：对讨论组，用故事讲解加讨论法

处理2：对练习组用练习评价法

处理3：对控制组则不进行训练

时间一周，然后测查，看不同方法在培养儿童公正行为上的意义。

（四）不等控制组设计

基本模式：O_1 X O_2

　　　　　　……

　　　　　　O_3 O_4

特征：有2个组（实验组与控制组），被试不是随机选择，但实验处理可以随机指派，都有前后测。将2组在因变量方面取得的数值分数的结果进行比较以估计实验处理的效果。

在教育研究中，研究者往往不能随机分配被试，如在学校开展研究，一般不能改变原教学班，而现有的教学班可能并不相等，且可能存在系统偏差。在这种情况下可采用不等控制组设计。在这种设计中，由于控制组和前后测的结合，控制了历史、成熟、测验等因素，比前面介绍的几种实验设计完善了一步。这种设计也是教育实验中应用比较多的一种设计。

在这种设计中，前测是必要的，如在某校原有2个班之间比较新旧两种教学方法，在实验开始时要比较2个班在学习成绩、智力水平等方面情况，确定是否相等，如存在明显偏差，可通过将2组前后测分数变化进行比较，即 O_2-O_1 和 O_4-O_3 比较，从而估计出实验处理的效果。

（五）时间序列设计

时间序列设计分单组与等组，这里仅介绍单组时间序列设计。

基本模式：

222　　　　O_1 O_2 O_3 O_4 X O_5 O_6 O_7 O_8

　　特点：对一个非随机取样的被试组作周期性的一系列测量,观察在施以实验处理前后的一系列测量分数是否发生非连续性变化的现象,从而推断实验处理是否产生效果。也就是说,时间系列设计包含有重复测量,并且在多次测量之间插入一次实验处理。时间序列设计可扩展到多个组,同时实验处理也可以多次插入。例如,选一组有代表性的对象(如一个班),施以实验处理,研究榜样和强化对道德行为发展的作用。实验前,先测验学生道德判断的水平,接着设置实验情境,即树立好的榜样。在学生进行道德判断时,立即给予赞扬——强化手段,然后复测学生的道德判断水平。过一段时间后再做,再测。这种设计可以使实验处理的效应得到充分显示。

　　时间系列设计可能会产生 2 种不同的结果,见图 11－2。

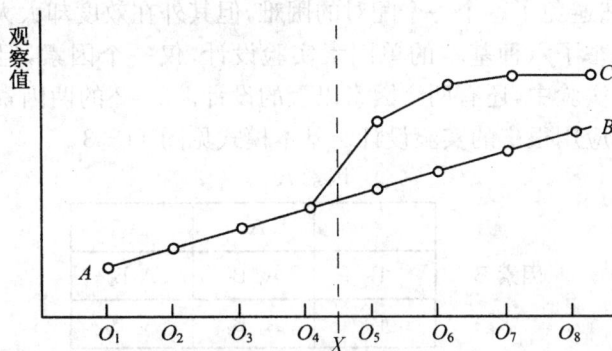

图 11－2　时间序列设计的 2 种处理结果

X：实验处理,$O_1 \sim O_8$：观察与测定

　　AB 连线结果表明,处理后的成绩水平的增加是处理前成绩增加的继续,没有出现不连续性,说明实验处理对反应变量没有影响。AC 连线结果表明,引入实验处理后,对反应变量的变化产生了明显的作用。因此,要特别注意实验处理前后序列测量分数的总趋势和变化的连续性,而不能只看与实验处理相邻的前后两次观察值的差异。

　　(六)实验组、控制组前后测设计

　　基本模式：R　O_1　X　O_2

　　　　　　　R　O_3　　　O_4

　　特点：随机分组;实验组接受实验处理,控制组不给予实验处理;2 个组均进行前后测。在表 11－1 所示例,则是实验组、控制组前后测设计。

　　这种设计类型与不等控制组设计的区别在于：被试是经过随机选择

223

的。这里所说的"随机",指被试的纯粹的机遇选择。方法多种多样,在实验研究中,常常采取配对法。配对法也叫匹配法(matching),在比较两种处理效应时,为了较好地控制两组被试间的个别差异对实验变量的影响,使被试在研究的重要变量上一对一地基本相同,从而使每一对的两个被试间的差异保持平衡,然后随机地分别接受不同处理。例如,研究不同教法对学生数学学习的影响,那么就要使两个组的被试在数学成绩、智力、学习数学的态度、学习方法等方面尽量相同。均匀组形成后再随机指派实验组与控制组。配对法在教育实验研究中是必要的,因为教育情境复杂,不可能完全排除无关变量的干扰。因此,研究者可以忽视那些与研究课题不大相关的变量,只注意少数重要变量并加以控制。当配对困难时往往改为"同质选择"如只取智商在100~110范围内的受试者,然后随机分派,这虽然避免了一个一个配对的困难,但其外在效度却大大降低了。

以上列举了六种基本的单因素实验设计,仅一个因素,但有两个水平。在教学实验中,还有两个因素以上的设计。2×2的两因素实验设计是最简单而应用很广的实验设计。基本模式见图11-3。

因素 A

因素 B		A₁	A₂
	B₁	A₁ B₁	A₂ B₁
	B₂	A₁ B₂	A₂ B₂

图11-3 2×2因素实验设计的基本模式

此类设计的特点是:2个自变量,每个自变量各有2个水平,形成4个不同的实验处理。按组间设计,需4个小组;如按组内设计,每个被试都需要进行4次实验。

例如四川省井研县教育局课题组进行的"字族文识字"教学实验[①]。两个因素,这就是教材与教法。每个因素各两种水平:教材一《趣味规律识字读本》(1~4册)、人民教育出版社统编六年制小学《语文》1~4册。教法一"字族文识字教学法",人民教育出版社统编教材相应的教学方法。该实验研究如果按照2×2因素设计,既要比较两种教材对学生学习语文的学习成绩影响,同时又要比较两种教学方法各自之短长。将被试随机安排到4个组中,一学期后进行测试并加以分析。这种设计,既可以研究

① 见《教育研究》1994年第5期。

两种教法效果有无真实差异,两种教材对学生学习语文成绩影响有无差异,还可以研究教材与教法之间有无交替作用。

第四节　教育实验质量的评价

教育实验质量的评价,指的是依据一定的评价标准,对教育实验的科学水平加以检验和评定,以保证教育实验预期目标的实现,有利于提高教育实验的科学水平,同时也有利于培养研究者的实验意识,避免盲目性。

一、教育实验评价的内容和范围

教育实验评价首先要解决"评什么"的问题。基于教育实验评价应立足于以自评为主,实验过程评价为主的基本要求,我们将教育实验评价的内容确定为以下三个方面:

（一）目标评价

由于教育实验评价是依据一定的教育实验目标,运用科学的方法,通过系统的收集信息并加以科学分析,对教育实验作出价值判断的过程,因此教育实验的目标评价就成为教育实验全过程评价的基础和起点。教育实验中的过程评价是标明实现目标的过程状态,成果评价是对目标达成度的价值判断,正是目标决定了测评指标体系的建立和测评方法。

教育实验的目标评价主要内容:

1. 对教育实验选题的价值判断

价值效益是一个教育实验生存和发展、能否在更大范围内推广的首要问题,它规范、调节研究者对教育实验的理解、取舍与设计,同时影响着教育实验体系的表达方式和风格,是构成主体进行教育实验活动的动力因素,因此是评价一个教育实验科学水平的首要检验标准。不仅要评价教育实验选题的价值效益,而且要评价实验者所掌握的价值标准。

2. 教育实验假设的科学性分析

既要考察实践基础,包括所依据的教育经验事实以及对以往教育经验的解释力,又要考察理论基础的科学性、严谨性、假说表达的逻辑性以及假说的可检验性。

3. 教育实验目标的可操作性

教育实验的目标必须具体明确,具有可操作性,要能够通过教育实验

225

来加以检验证明。如温岭市方城小学和杭州大学教育系课题组关于"小学生人格教育实验"①,该课题组考虑到整体综合性实验需要"分项实施"的实验工作策略,在低年段开始实验时,重点放在"学会做人"、"学会生活"、"学会学习"三个方面,所构建的目标体系如表 11－2。

表 11－2　小学低年段操作目标系列

学会生活	学会做人	学会学习
1. 遵守作息制度,按时作息	1. 爱父母,能帮父母做些能做的事	1. 有好好学习的愿望
2. 能自己穿衣、叠被、系鞋带	2. 尊敬老师,关心爱护小同学	2. 喜欢阅读有益书报
3. 衣着整洁,佩戴红领巾	3. 对困难的人具有同情心	3. 能经常问"为什么"
4. 早晚刷牙,饭后漱口	4. 主动做好事	4. 能做好课前准备
5. 饭前、便后洗手	5. 会用礼貌用语	5. 养成先复习后作业习惯
6. 不挑食、偏食、暴饮暴食	6. 讲实话,不说谎	6. 按时完成老师布置的作业
7. 不乱花零用钱,不吃零食	7. 按时上学,不旷课、迟到、早退	7. 作业认真,做完能自查一遍
8. 按时做好眼保健操和课间操	8. 遵守课堂纪律,不做小动作等	8. 能及时订正作业中的错误
9. 养成体育锻炼习惯	9. 集合排队做到快、静、齐	9. 能参加小组学习讨论
10. 小心过马路,不在马路边嬉耍	10. 关心集体,有为集体争光的荣誉感	10. 积极举手发言,思路清楚
11. 不去危险地方,不玩危险游戏	11. 升国旗、唱国歌时立正、行礼	11. 能经常运用汉语字典
12. 不随地吐痰,不乱扔果皮纸屑	12. 能说得出 10 位民族英雄和伟人	12. 学会观察,会写观察日记
13. 排队候车,先下后上	13. 说得出家乡的可爱特点	13. 会收看电视,会简述大意
14. 不乱涂、乱画、乱刻	14. 爱护花草树木,懂得绿化	14. 上课或看书时会做简要笔记
15. 坐、立、行姿势端正	15. 爱护有益的动物,爱护公物	15. 读书写字姿势正确
16. 先举手,后发言	16. 自己的事自己做	16. 会写假条和留言条(申请书)
17. 会扫地、抹桌、擦黑板	17. 交往活动中,有礼貌,合人缘	17. 有一定动手制作能力(纸工)
18. 主动向父母问好,临别说再见	18. 对自己的优缺点有初浅的认识	18. 能经常从生活中学习知识
19. 心胸开朗,情绪稳定,知道宽以待人		
20. 言行得当,尊重他人		

① 温岭市方城小学、杭州大学教育系课题组:"小学生人格教育实验研究报告(低年段)",《教育研究》1998 年第 10 期。

（二）过程评价

这是对教育实验过程的科学性、规范性的评价。

教育实验的全过程可分为准备——实施——总结三个基本阶段，这是一个相对稳定的、有序的系统结构。教育实验的一般程序决定了教育实验的过程评价基本内容。

教育实验过程及其相应的评价内容如图11-4所示。

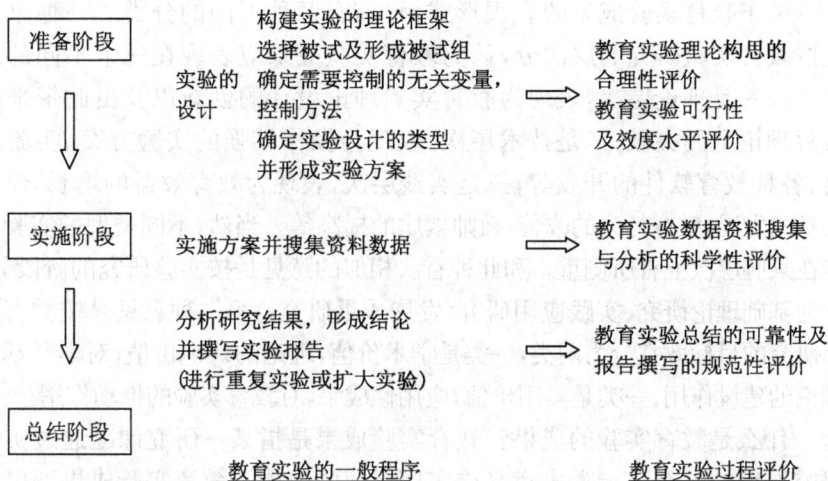

图 11-4 教育实验过程评价内容

对教育实验过程的评价判断，简便的方法是对实验研究报告进行如下分析：

（1）实验研究报告的标题是否较好地反映了该研究？是否内涵有该实验的自变量和因变量？

（2）对研究目的的陈述是否清晰？（性质、意义等等）

（3）文献检索是否很好地提供了该实验研究的背景？

（4）理论假设的用语是否明确？命题的论证根据是否充分？

（5）取样是否科学？（样本的代表性、容量）

（6）自变量、因变量及操作定义的确定是否合理？

（7）该实验设计属于何种类型？对无关因素控制采用什么方法？控制的程度是否合理？

（8）实验所得数据的测量手段、操作过程及数据的整理分析是否有效、可靠和客观？收集的资料是否具有信度、效度和系统性？

(9)研究所要讨论的问题和结论是什么？在分析误差的基础上进行的归因是否客观和合乎逻辑？

(10)实验报告的写作是否客观？

（三）成果评价

这是对教育实验效益的价值判断。成果评价的内容取决于教育实验成果的界定及成果的基本构成形态。

关于教育实验成果的表现形式，目前有两种不同的分类。一种意见是按教育实验研究的层次分，认为教育实验成果应表现在三个不同的层次上。一是理论层次，表现为教育实验理论设计的创新以及由此带来的教育理论上的突破；二是技术层次，表现为操作较强的实验方案、实验教材、各种教育软件的开发等；三是实践层次，表现为教育效益的增长，学生心身的发展，教育行为的改善，教师素质的提高等。当然，不同类型的实验可能在某些层次上有所侧重。和此种看法相似的意见是按实验研究的阶段分，分为基础理论研究、实践应用研究、发展成果研究。第二种意见是按教育实验研究的目标效益分为两类，一类是学术价值，理论的认识价值，对学科基本理论的建设作用；一类是实用价值，应用性成果，对教育实验的推动作用。

什么是教育实验的成果？教育实验成果是指某一研究课题通过实验研究取得的具有一定学术意义或实用价值的效果。教育实验成果不仅具有物化的形态，表现出较强的现实性、实践性，而且也具有非物化的形态，表现出较高的理论性、学术性和创造性。

为了便于把握成果评价的内容，我们把教育实验成果分为两个大的方面，如图 11-5。

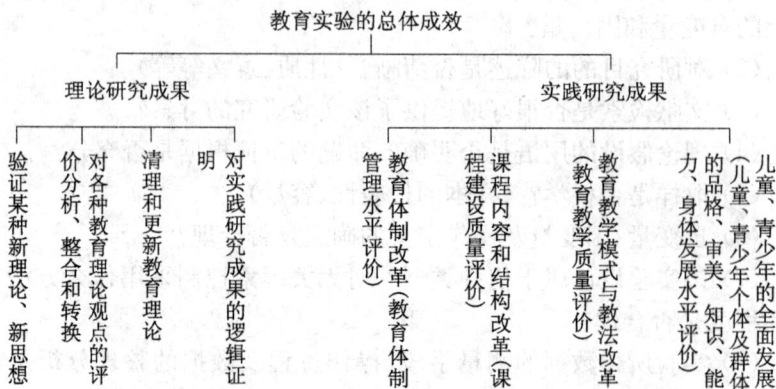

图 11-5 教育实验的成果形式及评价

对教育实验的两种主要成果形式，评价方式是各不相同的。实践研究成果，必须分项评价，既强调有无较高的理论构思，同时关注对搜集到的资料提出具有说服力的解释。而理论研究成果，无论哪一项，都要对以下几点进行思考：所依据的历史和现实材料的全面充分和客观性，能否付诸实践、指导实践的现实性；理论分析着眼点的正确性；有没有新的研究思路、视角和方法；概念的准确性（概括度和清晰度）和理论体系结构的合理性等。总之要对理论研究成果的科学性和真实性进行评价。

关于成果评价，由于教育实验的复杂性，周期长，影响因素多，即"多因多果"现象的存在，有的成果，如学生学习能力或品格行为的改变，很难论证是某个教育实验的结果，需要实验者和评价者持科学客观态度。另外，由于教育过程周期长、效果的迟效性所决定，教育实验的跟踪评价成为一个不可缺少的内容。

二、教育实验评价指标体系举例

中小学教育改革实验成果评价指标体系[①]（表 11 - 3）

表 11 - 3   中小学教育改革实验成果评估标准

一级指标	二级指标	评估要点	评定等级					备注
			A	B	C	D	E	
实验方案（权重0.3）	改革实验理论假设（权重0.4）	理论假设的创造性						等级评分采用五级评分制，A、B、C、D、E 分别对应于上等、中上等、中等、中下等、下等，统计计算时，A、B、C、D、E 分别赋值5、4、3、2、1分。每一二
		理论假设的依据						
		理论假设的意义						
		理论假设的可操作性						
	改革实验措施（权重0.4）	改革实验措施与理论假设的一致性						
		改革实验措施的创造性						
		改革实验措施的完整性						
		无关变量的分析和控制						

---

① 华中师范大学教育系中小学教育改革实验成果评价标准和方法课题组："中小学教育改革实验成果评估指标体系及其说明"，《教育研究与实验》，1991年第2期。

一级指标	二级指标	评估要点	评定等级					备注
			A	B	C	D	E	
实验方案（权重0.3）	实验工作计划（权重0.2）	实验工作程序						一级指标各个评估要点得分的平均值作为这一二级指标的分数。然后依据各项指标的权重求得上一级指标的分数，最后求出总体评价的分数值。
		实验管理制度						
		实验检测标准						
		实验检测手段						
实验质量（权重0.3）	实验条件（权重0.3）	实验人员的奉献精神						
		实验人员的知识结构						
		实验经费和设备						
		实验外在环境						
	实验实施（权重0.35）	实验方案的执行						
		实验资料的收集						
		实验管理制度实施情况						
	实验总结（权重0.35）	实验总结材料的真实性和完整性						
		理论假设的验证程度						
		实验总结的有效性						
实验效果（权重0.4）	理论贡献（权重0.4）	对有关教育科学观点（思想）的补充发展						
		新的教育科学观点或新的理论体系的确立						
		提出有研究前景的新理论问题						
		教育研究方法论上的创新						
	实践意义（权重0.3）	学生素质发展水平						
		实验教师水平的提高						
		可供学习的具体经验						
	推广价值（权重0.3）	社会认可程度						
		实验移植效果反馈						
		成果的可推广性						

【巩固与思考】

1. 解释下列名词术语：
(1) 教育实验研究
(2) 实验处理操作
(3) 内在效度、外在效度
2. 教育实验研究方法有哪些基本特点？
3. 结合实际，说明如何判断教育实验发展的三种不同水平。
4. 教育实验设计有哪几种基本类型？
5. 说明如何设计一项教育实验及其主要步骤。

【应用与实践】

1. 调查本地区小学教育实验研究状况及存在问题。
2. 选择一种教育实验设计并写出实验方案。

第十二章 个案研究

在学校中,学生是教师实施教育的主要对象,而授课是教师施教的主要过程(还包括师生交往等),对于教师而言,每一个学生、每一节课都是具有其独特性的,都可以看成是一个个案。为了使自己的工作更具有效性和针对性,教师有必要对个案进行深入分析和探究,以总结和提炼教育经验和方法,因此个案研究是教师开展教育研究的一种重要的研究方式。

第一节 个案研究的概念与意义

要正确运用个案研究,首先需要对个案研究有个整体性把握。

一、个案研究的概念

个案研究(Case Study)又称案例研究或个案研究法,是以一个人、一个团体或一个事件为研究对象,广泛搜集各种资料,综合运用各种方法和分析技术,对复杂情境中的现象进行的深入研究。

个案研究对象可以是个别学校、个别学生,也可以是一节课、一个事例……,也就是说个案研究的对象既可以小到一个人,也可以大到一个社会团体,此类研究可对研究对象进行长时间的、全面、深入的研究,以取得可靠资料。个案研究是在对研究对象全面调查和深入研究的基础上提出的具有针对性的干预措施,它是历史研究与现实发展相结合的动态研究。它能更好地揭示研究对象的发展特点和规律。例如,要对某个学生个体进行研究,而每一个学生之间都存在个体差异,他们的教育需要也不尽相同,如果不对其进行全面调查研究,如家庭情况、学习兴趣、学习动机、学习方式方法、社会交往、认知准备、成长历史、发育状况进行详细调查了解和深入的分析研究,就无法找到影响其学习和发展的真正原因和教育需要,也难以提出正确有效的干预措施和解决问题的办法。

在国内,个案研究是随着质的研究方法日渐兴起而出现的,教育叙事研究几乎都采用个案研究的方式,个案研究逐渐成为教师们喜爱的研究方式。然而,并不是所有的个案研究都是叙事研究或质的研究;相反,有些个案研究是采用定量的、实证的或者实验的方法,个案研究不是以质性与量性为标准来划分的,而是以研究对象的单一性来界定的。个案研究综合运用各种研究方法来进行研究,如采用观察、访谈、测验或实验、查阅文献和档案记录、发放问卷等方法来收集资料。因此,它既可以是定性研究也可以是定量研究,还可以采用定性与定量相结合的研究方法。

二、个案研究的分类

对于个案研究的分类,国内学者(张燕、邢利娅,1999)从个案研究的内容、适用范围及其目的功用的角度将其划分为三类:

1. 诊断性个案研究

诊断性个案研究主要用于考察特殊儿童,研究问题行为以及精神病患者等,目的在于对研究对象的心理现状做出判断。

2. 指导性个案研究

指导性个案研究广泛运用于教育领域,如用于新的教学方法或新的教育方案的尝试,然后将研究成果推广到普遍的教育实践中去。

3. 探索性个案研究

探索性个案研究常常用于大型研究的准备阶段。

也有学者依据个案数目的多寡将个案研究划分为单一个案研究和多重个案研究。罗伯特·K·殷依据研究的目的将其划分为描述型个案研究、解释型个案研究和探索型个案研究;斯特克(Stake)依据个案研究的特性将其划分为:本质性(intrinsic)个案研究、工具性(instrumental)个案研究、集合性(collective)个案研究;贝希(Bassey,1999)则从研究方法的角度,将个案研究分为下列三种类型:理论探求、理论验证的个案研究,故事讲述、图画描述的个案研究,评价性个案研究。

按照分类的角度,个案研究可以有多种不同的类型,但需要指出的是这些不同类型之间并不是泾渭分明的,实际研究中很少单独使用某一类型的个案研究,而是经常根据其不同特点结合使用各种类型的个案研究,以取得优势最大化。

三、个案研究的特点

个案研究具有以下特点:

（一）研究目的的针对性

个案研究具有较强的针对性。个案研究的主要目的不是研究结论的普遍价值和能否推广，而是通过研究发现被研究对象的问题及原因，以便有针对性地教育或改进，提高教育的效果和质量。

（二）研究对象的单一性

个案研究对象是单一的，是按目的取样，对个人或对个人组成的团体进行研究。因为研究对象少，所以代表性差些。

（三）研究内容的深入性

个案研究对研究对象要进行全面深入的了解，不仅要了解现状，还要了解发展的历史。在研究过程中灵活处理各种问题，为了了解教育干预的效果，往往还要进行追踪研究。

（四）研究方法的综合性

个案研究与其他研究方法既有密切联系也存在明显区别，在个案研究中，需要综合运用观察、访谈、问卷调查、作品分析等多种方式，但又不是单纯的观察法和调查法。个案研究与其他研究方法最大的不同在于：个案研究将研究聚焦在某个特定对象个体上，或教育现象的某个特定方面，最大限度地挖掘研究对象的翔实材料，系统考察研究对象的个体特性和发展变化过程，并且随着时间的变迁进行追踪研究，洞察研究对象存在问题及形成原因，以便寻求和采取相应的、针对性的措施，并在此基础上阐明理论观点和探索内在规律。

（五）研究过程的情景性

个案研究是在真实的教育场景中进行研究，为了全面深入地了解被研究对象，不仅要听其言、观其行，还应关注言行发生的周围环境、实际情形，还需要研究者和被研究者的情感交流与互动，从而才能更好地把握研究对象的本质属性。

四、个案研究的意义

个案研究在教育学领域的应用，最初是用于对特殊对象的研究，如问题儿童、适应不良学生等，研究诸如学校里学生逃学现象和学习成绩低下问题、问题学生或问题家庭及工作成效不佳的学校等。近年这一研究方法已逐步深入到教育研究的其他领域。现在个案研究的范围早已扩大到对正常学生或学习成绩优良的学生，以及对精品课程个案和特色学校的研究等，可以说个案研究已日益成为教育研究和实践的中介和桥梁。不同个体、不同群体、不同学校、不同地区的教育情景的差异也给个案研究的应用和发展提供了重要契机。

个案研究虽然不具有很高的概括性和普遍性,但却具有更强的针对性和适应性。个案研究关注个案的具体情况,关注发展的动态过程。个案研究有助于教师通过鲜活案例将教育理论与教育实际结合起来,也有助于教师为学生提供更适合他们的教育,很适合教师运用。个案研究的主要目的不是追求研究的普遍价值和能否推广,而是通过研究发现被研究对象的问题及出现问题的原因,以便采取针对性措施。当然个案研究结论也可通过一定途径加以扩大。如,个案研究可以通过个案的联结来实现推广,也就是通过描述大量不同类型的个案,以便能够较完整、深刻地反映整体的状况,进而实现推广;个案也可以作类型学意义上的推广,也就是说,个案不仅要说明它自己,也要说明与它属于同一类型的其他个体,就如同解剖一只麻雀就可以知道天下所有麻雀的身体结构一样;个案还可通过读者的认同实现推广,即读者在阅读过程中,把个案与自己的经验进行对照,接受一致的内容。

第二节　个案研究的设计与实施

在个案研究之前先要进行个案研究的设计。个案研究的设计就是引导个案研究的计划和策略。不同领域的个案研究程序虽然有所不同,但无论哪种类型的个案研究都必须要有这些步骤,即确定研究问题,选择个案,资料的收集与分析,以及撰写个案研究报告。立足于教育研究视角,它一般包括"确定个案"、"收集资料"、"分析诊断"、"教育对策"、"追踪研究"这几个方面,最后是撰写研究报告或论文。在设计中应明确研究的方法步骤,并通过研究方法、技术和策略的运用,提高个案研究的质量。

一、确定个案

个案研究从确定个案开始,确定个案的过程也是发现问题和提出问题的过程。选择个案时要体现关键性、独特性和启示性,个案选择的首要标准是能从个案中获得最大的信息。旨在选取能够提供与研究目的相关的,具有丰富信息的个体。

个案选择采用目的抽样。迈克尔·巴顿(Michael Patton)描述了 15种目的抽样策略,有极端偏差型个案抽样、典型个案抽样、最大差异抽样、关键个案抽样、滚雪球或连锁式抽样等。[①]

在确定个案的过程中,要明确被研究的对象,如姓名、年龄、性别、年级、住址等,以及个案名称和缘起,需要研究和解决的问题。

二、收集资料

在个案研究中,资料收集和分析是非常重要的环节。

(一)资料收集的原则

案例研究中资料的收集必须遵循三条基本原则:第一是使用多证据来源;第二是必须建立案例资料库;第三是形成完整的证据资料链。

(二)资料收集的主要特点

1. 研究资料的多样性

个案研究的资料种类包括文件、档案、访谈记录、观察记录、图像等实物,以及音频、视频和电子邮件等来对个案进行深度描述。

2. 收集途径的多样性

个案研究可以通过查阅档案、访谈、问卷、直接观察、参与性观察、拍摄照片或录像、问卷法、测验或其他自陈测量、投射技术等方法获得研究资料,以便形成案例素材。

3. 研究案例的选择性

在个案研究中,研究者可能收集到许多相类似或者不同的案例,但是,并非所有收集到的案例都要应用到研究之中,而是必须对案例进行筛选,只选择最有价值的案例。

4. 案例呈现的完整性

个案研究需要通过深入细致和全面的描述呈现研究素材,需要交代个案的背景,如地理、政治、社会和经济条件,提供广阔、丰富和生动的细节与背景,让人有置身其中的真实感。

总之,资料来源应广泛,收集资料应多渠道多方法,以便资料相互印证。

(三)资料的信度、深度与广度

资料要真实可靠,并且有内在的一致性,如不同的人对同一现象观察结果应比较一致;研究资料要能反映被研究对象的深层的心理活动和倾向,资料应比较全面地反映个案情况,不能以偏概全。

---

① 李长吉,金丹萍:"个案研究法研究述评",《常州工学院学报(社科版)》,2011年第12期。

三、分析诊断

资料分析是个案研究中一项相当复杂而且难度较大的工作。对于研究者或教师而言,要想从纷繁众多的研究资料中提取最有价值的资料,形成完美的研究案例,不仅需要花费大量时间和精力,而且需要掌握合理恰当的分析技术。

(一)资料分析准备

资料分析前准备包括,检查资料的真伪、资料分类、列表统计、检验或将定性与定量资料结合起来,证明最初提出的理论假设等。

(二)资料分析层次

莎兰·B·麦瑞尔姆认为分析有三个层次:第一是描述性分析,即叙事,形成案例叙述的内在逻辑;第二是类别构建,通常是通过不断比较的方法构建起来的;第三是理论建构。[①] 这三层次可供我们分析资料参考。多重个案研究具有自己独特的"层级",包括"个案内"分析和"跨个案"分析。

个案研究的资料分析往往依据研究主题或理论假设,考虑研究资料是否符合需要。案例素材本身只是研究的依据,不能掺杂各种理论观点和先验评判。研究者的发现和理论观点必须从案例中形成,而且具有相同研究背景的其他人在对同一案例进行分析后应当可以得出基本相同或相似的结论。另外要考虑所提供的研究资料是否导致与之相反的竞争性解释,或者是否能够对以往的研究提出竞争性解释。

(三)资料分析的方法

资料分析时可运用类属分析、情境分析或量的分析,也可以综合运用这些方法。

"类属分析"是指在资料分析中寻找反复出现的现象以及可以解释这些现象的重要概念的过程。[②] 在这过程中具有相同属性的资料被归入同一类,且被一定的概念予以命名。类属的属性可以从各个不同层面寻找,如组成类属的要素、结构,形成类属的原因等。为了使资料分析更加直观、明了,在建立不同类属之间关系时可以用枝形结构图、网状连接结构图等。在设定类属时,要防止犯逻辑错误,如子项相容或过多,当然也要

---

① 李长吉,金丹萍:"个案研究法研究述评",《常州工学院学报(社科版)》,2011年第12期。
② 陈向明:《质的研究方法与社会科学研究》,教育科学出版社,2000年1月,第290页。

考虑被研究者自己对事物的分类标准,站在被研究者的角度看待事物间的关系和社会现象。

"情境分析"指的是将资料放置于研究对象所处的自然情境之中,按照故事发生的时序对有关事件和人物进行描述性分析。[①] 情境分析要在提供的完整情境资料的基础上寻找故事的发展线索及主要部分。在分析归类基础上将内容浓缩形成一个有内在联系的叙事结构,并对隐含的各种关系进行深入探讨。在情境分析中注意选择能反映主要情境的照片、录像等资料。

"量的分析"是针对个案中的数字资料进行分析,通过数字的变化、数字的比较等来反映被研究的有特殊需要对象的发展变化和本质属性。在量的分析中也可以运用图表等表示形式,让人一目了然。

以上几种分析方法各有利弊,类属分析通过归类分析,强调了有关主题,如学生的学习特点等,但往往忽略了事件的情境和事件的连续性,且有的事件可能也无法分类;情境分析更能贴近被研究者的真实生活,但对资料的相同点和不同点分析不够;量的分析虽然给人以精确、简约、有说服力的感觉,但往往忽视了具体的情境和过程,数字也只能反映被研究者的部分特征。以上方法可以综合运用。比如在情境分析中,我们可以按照一定的意义分类系统地将描述的事情进行分层,凸显某些主题,也可以突出一些数量特征的变化。同样在类属分析中也可以在主题下面安排一些故事性描述和分析,以及数量的变化和分析。这样能使我们对被研究对象把握得更准确。

在分析的基础上,去粗取精,去伪存真,分析诸多因素,抓住主要矛盾,在这个过程中不要被表面现象所迷惑,如学生学习困难可能和多种因素有关,针对特定的研究对象,要追根溯源,研究分析哪些因素是最重要的,而哪些因素是派生的。

四、教育对策

教育对策就是在分析诊断基础上,对症下药,进行针对性教育与改进。如针对一位学习动机不强的儿童个案研究,在前面分析诊断基础上,一方面引导被研究对象内在因素的积极健康发展,如通过心理咨询和治疗、行为矫正与改变等等,调动被研究者的学习动机,发展积极的情感及性格特征,克服某些心理障碍或不良行为等,同时调节和改变那些不利于

---

① 陈向明:《质的研究方法与社会科学研究》,教育科学出版社,2000年1月,第292页。

研究对象发展的外部环境和教育条件,如父母教养态度、人际关系、社会文化环境、课程安排、教育方法策略、教育资源等等,在内外因素的交互作用下,促进该儿童最大限度的发展。

五、追踪研究

个案研究是一种逐步深入的研究,随着研究对象的发展变化,个案研究也不断调整和丰富,向纵深发展。被研究对象的发展变化也受多种因素影响,对他的调查、分析、诊断、教育干预是否卓有成效也需要进一步在实践中观察了解、调查分析和科学评估。因此个案研究不是一蹴而就的,需要追踪研究,追踪研究过程也是不断进行教育反思和改进的过程。

六、个案研究实施原则

个案研究的实施就是落实个案设计的过程,当然在具体实施过程中可以根据实际情况作适当的调整和改进。实施个案研究应遵循以下基本原则:

(一) 综合性原则

对个案调查研究收集的资料应全面,应当多角度多渠道收集信息,综合各方面的信息,考虑各种影响因素,进行全方位的研究,从而把握研究对象的本质属性。

由于个案研究是对一个或少数几个对象进行的深入、系统的调查研究,因此个案法与调查法、观察法等研究方法存在密切的联系,在个案研究中,往往还要综合运用各种研究方法,如资料分析法、访谈法、测验法等等。全面收集研究对象的各方面信息,各种方法有其优点,也往往存在不足。多种方法综合运用,相互印证,从而有利于把握研究对象的本质属性。

对研究资料的分析也要综合运用定性定量的方法,发挥各种方法的优势,从而提高研究的质量。

(二) 动态性原则

个案研究对象常常是一个个活生生的个体,这些对象不是一成不变的,而是发展变化的。因此对他们的研究也是动态的。研究的过程往往是研究者和被研究者互动的过程,因此个案研究不只关注研究的结果,还关注研究的动态过程。在具体情境中观察研究对象的行为活动和发展变化,准确把握时机,不断把研究引向深入。

（三）人文性原则

个案研究对象往往是一个个具体的有情感的人。在个案研究中一定要以诚相待，耐心倾听，以情激情，诚恳友善，尊重和信任研究对象，消除被研究对象的顾虑，这样研究对象才能敞开心扉。另外，对研究对象的隐私也要注意保密，遵守职业道德和伦理道德规范。在选取案例资料时，必须征得相关人员的同意，使他们知晓研究的意图、意义和作用，乐意提供支持与配合。在个案研究中，不能通过强制手段迫使他人参与研究，接受研究者的访谈或填写问卷。任何非自愿的方式都可能影响案例资料的可信度和研究质量。

第三节　个案研究报告与评价

个案研究的最后一步是完成个案研究报告。

一、个案研究报告

个案研究的报告是对个案研究实际过程的总结、提炼和反思。个案研究报告是在个案研究设计与实施基础上水到渠成的活动，只有高质量的研究设计与实施，才能有高质量的个案研究报告。在个案研究报告中一般也要有"确定个案"、"收集资料"、"分析诊断"、"教育对策"、"追踪研究"这些部分，从而对个案研究的设计作出回应，实事求是地反映研究过程与结论，并进一步在实际研究的基础上，加上"讨论与建议"这部分内容。

讨论是对个案研究过程中出现的各种不确定的情况作出比较客观的分析和解释，并在研究分析、提炼概括基础上对今后的工作给出建议。对研究结果的解释到概括性结论获得，实际上也是研究结果的理论分析过程，希望从具体的、个别的经验事实中获得抽象的一般的理性认识。但是讨论建议必须建立在符合客观实际的基础上，且必须符合逻辑推理的规则，不能任意拔高，违背事实。

二、个案研究的评价

从整体上来看，评价一项个案研究的质量，主要应当考虑以下方面：

1. 是否提出有价值的问题；

2. 是否有好的理论假设；

3. 是否有丰富多样的研究资料；

4. 是否构建了严密的逻辑框架；

5. 是否达到理论观点同案例素材相一致，是否考虑了所有竞争性解释或观点；

6. 是否提出了有启发的结论与发现。

此外，根据美国著名政治学家亚当·普沃尔斯基的观点，从一个特定经验事实出发形成的理论观点还要经得起反事实推论，即从反例来寻求证实或证伪，只有排除了选择性偏差以后，才能形成贴近事实的合理解释或结论。因此，无论进行单一案例研究还是多案例研究，都要注意进行反事实推论，消除选择性偏差。①

有的学校或教师往往从某个地方有限的案例资料出发，简单地得出具有普遍性的判断与结论，没有进行规范的研究设计和资料检验，没有考虑更多的竞争性解释，也没有进行反事实推论，使基于局部地方案例素材得出的评价或结论具有明显的局限性，从而影响了研究的规范性和研究质量，这是我们在个案研究中要防止的。

【附　案例】②

（确定个案）C 生，男，小学三年级学生。皮肤微黑，显得很有精神。"脑子不坏，就是算术不行。"他母亲带来咨询所时这样说。

（收集资料）我（咨询员，下同）首先对 C 生做小儿科、神经和运动机能的检查，无异常。然后，分别同母子面谈。先对 C 生询问日常生活情形。

"上学快活么？"

"嗯，极快活！"

"有要好朋友么？"

"有五个朋友呢！"

C 生精神抖擞地回答。于是改变话题，问起家庭生活。

"回家后，常同伙伴外出游戏？"

"家里没伙伴，所以在家一个人玩。"

"干些什么呢？"

"嗯，搭塑料积木呀，或是玩玩具高尔夫什么的。"

① 王金红："案例研究法及其相关学术规范"，《同济大学学报（社会科学版）》，2007 年第 6 期。
② 引自钟启泉编著：《差生心理与教育》，上海教育出版社 1994 年版。

"星期六和星期天呢?"

"同妈妈一道去外婆家。"

真是天真活泼的孩子,这样的孩子怎么会算术成绩不良呢? 我百思不得其解。我拿出了三年级用的算术诊断卡片。这套卡片记载了同算术有关的种种事项和术语。

"我这里有各种各样的卡片。你把它们分成三类看看:喜欢的卡片,不喜欢的卡片,很难说喜欢不喜欢的卡片。"我向 C 生提出要求。分类很快便完成了。喜欢的卡片是加法、减法、九九口诀,不喜欢的卡片是米、分米、毫米、千米、克、千克、升、分升等符号和时、分、秒、刻等。难说喜欢与否的卡片是图形系统。

同 C 生面谈之后,接着跟他母亲面谈。不一会儿母亲便喋喋不休地说起来:"C 生在上学前曾经做过智力测验,智商竟有 135。我丈夫是 T 大学毕业的,我也是大学毕业。因此我想,这个孩子算术那么差,真是岂有此理。近来的测验,尽是 50、60 分。这到底是怎么回事呢?"

于是,我问道:

"测验的卷子仔细研究过没有?"

"没有。"

"那么,哪些题目不会做,同 C 生谈过么?"

"由于分数总算在及格线上,我还没有那个闲工夫去刨根究底。"

C 生睁大眼睛看着母亲,神情沮丧,一副可怜兮兮的样子。母亲把 C 生的算术试卷带来了。从试卷看,有关长度和重量的单位,C 生完全不理解。有关量与测量的基础知识也不扎实。我对他母亲指出了这些情况,然后,尽量冷静地对她说:

"智力并非全由遗传所左右,智商高也不是万能的。不管智商怎么高,如果平常未形成学习习惯,简单的算术题也是做不了的。至于是否接受我的治疗,你回去以后跟你先生好好商量后再决定吧!"

母亲默默地听着,站起身来但嘴里嘟囔着:"难道我们的教育方法错了么?"

(分析诊断)我认为,C 生学业不良是短期内能解决的轻症。然而,究竟是什么原因导致学业不良的呢? 我分析有三个原因。

第一个原因,C 生是越区上学的儿童。他在自家的周围没有游戏伙伴,只好独自一个人玩。对于时间、长度之类缺乏真切的理解。

第二个原因,双亲对自己的孩子过于自信。以为智商高就可以心安理得了,而没有使 C 生养成同其年龄发展阶段相应的学习习惯。加上 C 生比较早地就能流利地阅读书籍,加减运算也都会。因此,母亲以为低年级有了这样的学力已经足够应付了。

第三个原因,过多地提供了高价的玩具。C 生一直玩价格昂贵的塑料模型,自己动手制作的经验近乎空白。

几天之后,C 生的双亲说,希望对 C 生施以治疗。

(教育对策)于是,我对 C 生的日常生活作下述建议:每天有一个小时以上的时间同左邻右舍的孩子玩;每周一次去外婆家减为每月一次,以加深亲子之间的交流;每天记学习日记;玩具不必买高档的,可以给他一些纸、剪子、尺子、浆糊之类的东西,让他体验自由制作的乐趣。这种自由制作,开始时同双亲一道做,以便家长能从旁指点。

作为一个母亲该采取什么态度,我也作了如下建议:每天翻阅一下 C 生的学习日记,给予鼓励,并使之体会写日记的喜悦。让他做些家务,这样,使之实际体验重量与长度,创造学习的机会。然后,母亲同 C 生一道,每天制作十张规格一样的卡片,并在卡片上写下当天在学校里学习的算术单位和汉字之类,这样使 C 生领会记忆的必要性。

不仅如此,我还对其父亲作出忠告,要求他每月有两个星期天同 C 生一道作自行车旅游或是打棒球,在游玩之中,指导 C 生领会自行车走过的距离、所费的时间、球抛出的距离等等,进而向 C 生讲述自身学习生活的甘苦以及人的一生中学习经验的意义。

(追踪研究)此后一个多月过去了,我再次同 C 生及其双亲面谈,情况发生了令人惊异的变化。C 生晒黑了,显得更健壮了。表情更加明朗,洋溢着蓬勃的朝气。母亲也改变了原先那种傲慢的神气,自然地流露出作为一个母亲的沉着和慈祥。而父亲也谦逊地低下了头说:"这次学到了不少东西。"

自那时以来,我每月一次同母子面谈。到了第六次时,无需我再作什么建议了。C 生对算术有了兴趣。当然,学校里的测验成绩也在逐步提高。

(讨论与建议)像这样学历程度较高的双亲,因过分相信子女的能力而放任自流,造成学业不良的情形,一般说来,双亲是不会反思自己的教养态度的,而且,片面指责子女的居多。这种双亲,多迷醉于家庭教师、私塾、练习本。

这个案例说明,双亲对教育的盲目性将会给子女带来恶劣的影响。

【巩固与思考】

    1. 个案研究与叙事研究有何异同？

    2. 个案研究有什么特点，如何提高个案研究的质量？

    3. 本章提供的个案研究例子对你有何启发？

【应用与实践】

    1. 选择一个学习困难儿童对他进行较为深入的个案研究。

    2. 选择多节课进行多重个案研究，研究教师在课堂上是如何照顾学生差异的。

第十三章 数据的分析整理

在研究过程中通过观察、调查、测量等方法收集了有关变量的数据后,需要对这些数据进行分析整理,这就需要用到统计分析。统计分析在现代教育研究中的作用已越来越受到人们的重视。因此,掌握一定的统计分析知识和方法,是搞好教育工作、提高教育研究质量的必要条件。本章主要结合教育实践,介绍一些基本的统计分析方法。

第一节 统计分析的基本概念和描述性统计

不同类别的教育研究的资料分析方法,一般可以分为定性分析和定量分析两类。定性分析主要是理论分析和逻辑分析,通过分析、综合、比较、分类、归纳、演绎等方法,把握事物间的因果关系,抓住事物的本质规律;定量分析就是把研究问题数量化,采用数学方法处理资料,对处理结果进行分析,进而推出结论,通常也叫统计分析方法,一般包括收集资料、整理资料和分析资料等阶段。

一、基本概念

随机变量:教育研究中遇到的许多现象都具有随机发生的性质,其可能的结果可以这样也可以那样,事先无法确定,这类现象称为随机现象。随机现象的各种结果总是可以用一定的数量来表现,且其数值具有不确定性,因而称为变量。这种变量受随机因素的影响,呈现随机变化,具有偶然性的一面,但也具有规律性的一面,并且这种规律性是可以被揭示出来的,我们把这种具有变化规律的变量叫做随机变量。

数据类型:教育研究数据通常可分为计数数据和计量数据两类,计数数据一般指计算个数的数据。对研究对象一般属性的调查所获得的数据多是此类数据,如男女学生数、班级数、测验次数等,这类数据具有独立的分类单位,一般为整数形式。计量数据是借助一定的测量工具或一定的测量标准而获得的数据,如身高、体重、考试分数等。对不同类型的数据进行处理和分析,使用的统计方法通常也是不同的。

次数/频率/概率:次数指某一研究事件在某一类别中出现的数目,如一次考试中满分人数和不及格的人数以及某一分数段之间的人数等。频率指某一事件的次数被总的事件数除,例如,有 100 人参加考试,其中 20 人不及格,则 20 是次数,20/100＝0.2 或 20% 是频率。又如,抛掷硬币 200 次,有 60 次正面朝上,60 是次数,60/200＝0.3 或 30% 是频率。概率是指某事件在无限次的观测中所能预料的相对出现的次数,如抛硬币 200 次可能有 60 次正面朝上,但如果你无限制的抛下去的话,则正、反面朝上的次数应该相同,也就是说各有 50% 的概率朝上。一般当观测次数充分大时,频率值稳定在概率值附近,因而可以用频率值作为概率的估计值。

次数分布表:将有关资料或量数加以分组归类,然后将各组的次数表列出来,以表示数据在各个分组内散布情况的一种报表,这样便于直观了解一组数据集中或分散的实际情况。比如,体检结束后老师要根据学生体检表统计一下身高情况,1.3 米以下的人数,1.3～1.4 米的人数,1.4～1.5 米的人数等等,就是一个次数分布。实际应用时通常的做法是把次数分布情况列成一个表,叫做次数分布表(参见表 13 - 1)。通过数据分布表我们可以对一组数据的分布情况一目了然。此外,还可以借助折线图和条形图来描述次数分布(见图 13 - 1 和图 13 - 2)。

表 13 - 1 样本人口学资料

	城市样本 N＝664	农村样本 N＝820
性别		
女	327	401
男	337	419
年龄		
6.5 岁—	80	97
6.0 岁—	80	109
5.5 岁—	76	121
5.0 岁—	80	123
4.5 岁—	78	109
4.0 岁—	87	93
3.5 岁—	94	90
3.0 岁—	89	78

资料来源:郭伯良等. (1999). 中国幼儿智力量表和幼儿适应技能评定量表结果的因素分析研究. 中国心理卫生杂志,13,197—199.

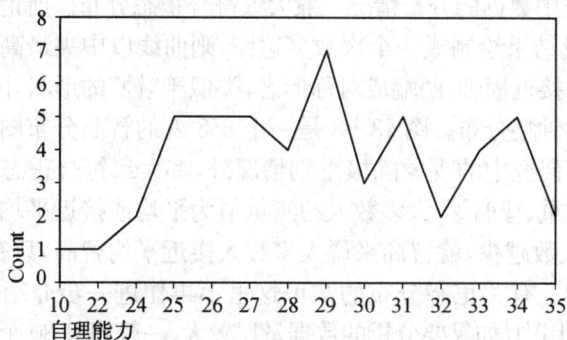

图 13-1　次数分布折线图

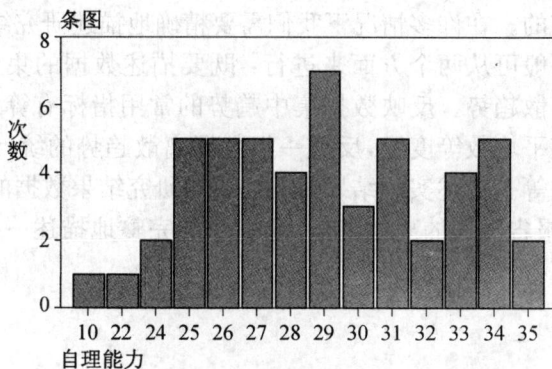

图 13-2　次数分布条形图

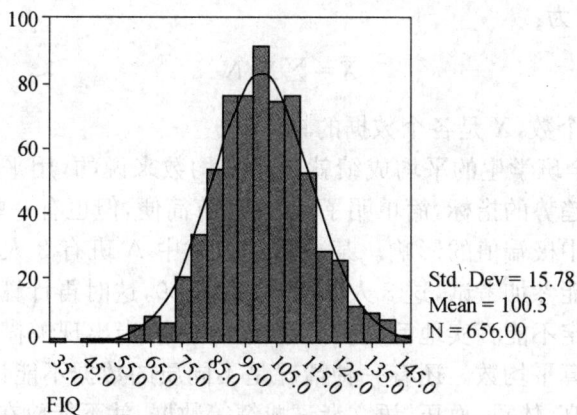

Std. Dev = 15.78
Mean = 100.3
N = 656.00

图 13-3　智商分布图（钟型分布）

　　教育研究中数据的分布情况一般大致符合正态分布。所谓正态分布,就是如果将测量结果绘制成一个次数多边图,则曲线以中央最高点为中心,向两端渐次倾斜接近横轴,两端成对称形态,类似于"钟"的形状,因而有时也把这种分布叫做钟型分布。图13-3是一个658人的智商分布图,基本上呈正态分布。教育研究中的现象除极个别情况外,都大致符合正态分布,如考试成绩、身高、体重、智商等,大多数人的测量值为平均或接近平均值,离开平均成绩越远的人数越少,就智商来说大多数人接近平均智商,只有非常少的人是超常或弱智。有关正态分布的知识这里不再作进一步介绍,需要了解的是:在实际应用中,如果要分析的数据量比较大(一般超过30个)我们都认为符合正态分布,可以做基于正态分布的有关分析和推导。

　　次数分布表只能对研究数据做一个初步的描述,这在实际研究工作中是远远不够的。在许多情况下我们需要精确地描述研究结果。对一组数据的描述一般可从两个方面来进行:既要描述数据的集中趋势,又要描述数据的离散趋势。反映数据集中趋势的常用指标有算术平均数、中数、众数、加权平均数等度量,反映一组数据离散趋势的统计指标主要有方差和标准差等。描述实验结果时不仅要把研究结果数据的集中趋势报告出来,还要报告数据的离散趋势,这样才能完整地描述一组数据,也才能使别人理解报告中的结果。

二、平均数

　　算术平均数:就是日常概念中的平均数,一般也简称为平均数,统计中多用$\overline{X}$或M表示,读做X杠,计算方法为所有数据的和除以数据的个数,计算公式为:

$$\overline{X} = \sum X/N$$

N是数据的个数,X是各个数据的具体值。

　　例如:全班学生的平均成绩就是指平均数来说的,用平均数作为反映数据集中趋势的指标,简单明了,而且计算简便,但也有一些缺点,平均数易受数组中极端值的影响。某次数学考试中A班有3人因为参加体育比赛而未能参加考试,这3人的数学成绩为0,这时再计算全班学生的平均数则肯定不能真实地反映实际情况。另外,当出现模糊不清的数据时也无法计算平均数。还有一种情况是不同质的数据不能计算平均数,如学生的身高、体重、血压、语文考试成绩等数据,就不能放在一起来计算平均数。我们日常教学中所说的各科成绩的平均分,应当说也是不科学的。道理并不复杂,学生的历史课成绩与数学成绩的平均数不会有更多的实际意义。因此,使用平均数时应尽量避免出现这种问题。

中数和众数在基本的统计分析中用得不多,此处略作介绍。中数是把一组数据分成较大的一半和较小的一半的那个数,把 57 个人的考试成绩按从小到大的顺序排列,第 29 个人的成绩就是这组数据的中数,如果是 58 个人,则第 29 和第 30 个人的成绩的平均数就是这组数据的中数。众数是一组数据中出现次数最多的那个数的数值,如一次考试中考 73 分的人最多,则 73 就是考试成绩数据的众数。中数和众数便于我们粗略地了解一组数据的集中趋势。

加权平均数:有些研究中得到的数据,其单位权重不一样,这种情况下就不能用算术平均数,应该用加权平均数,其计算公式为:

$$M_w = (W_1 X_1 + W_2 X_2 + \cdots\cdots + W_n X_n)/(W_1 + W_2 + \cdots\cdots W_n)$$

W_i 是权重,X_i 是各个观测值。W_i 指各个变量在构成总体中的相对重要性,重要性大小决定权数的大小,重要性是根据一定的理论或经验决定的,例如计算学生学期末成绩时一般把期中、平时和期末考试成绩按一定比例综合平均,这就是加权平均数具体应用的一个实例。

三、方差和标准差

对一组数据的描述,仅靠平均数是远远不够的,还要知道该组数据的离散程度,我们看下面例子:

70,80,90 和 20,60,160 两组数据的平均数都是 80,但很显然两组数据的分散程度不一样,第二组数据分散程度大,如果仅知道一个平均数指标,别人就不能全面地了解到第二组数据的分散情况。统计学中用方差和标准差的概念来描述一组数据的分散程度,方差和标准差越大,数据的分散程度也越大,方差和标准差越小,数据的分散程度也越小。

方差是每个数据与该组数据平均数之差平方后的平均数,一般用 S^2 表示,标准差是方差的平方根,一般用 S 或 SD 表示,具体计算公式为:

$$S^2 = \sum (X_i - \overline{X})^2/N \qquad S = \sqrt{S^2}$$

X_i:具体数据值
$\overline{X}$:数组平均数
N:数据个数
S^2:方差

S：标准差

例1：求 一组数的方差和标准差（条件如表 13－2）

表 13－2　例 1 条件表

X	$X-$ 平均数	$(X-$ 平均数$)^2$	X^2
6	0	0	36
5	-1	1	25
7	1	1	49
4	-2	4	16
6	0	0	36
8	2	4	64
$N=6$ $\sum X=36$	$\sum(X-$ 平均数$)$ $=0$	$\sum(X-$ 平均数$)^2$ $=10$	$\sum X^2=226$

求得：$S^2=10/6=1.67$　$S=1.29$

方差和标准差不仅在统计学中占有重要的地位，在教育实践中的应用也很广泛。高考中的标准分数就是标准差的一个具体应用。标准分数一般被称为 Z 分数，是以标准差为单位表示一个观测值在总体中所处相对位置的量数，可以理解为某数值离平均数有几个标准差，其计算公式为：

$$Z=(X-\text{平均数})/S$$

X：具体数据值，S：该组数据的标准差

某数的 Z 分数就是该数与平均数之差再除以标准差所得的值，Z 分数没有实际单位，有正值和负值之分，如果一个测试值小于平均数，则它的 Z 分数为负数，如果一个测试值大于平均数，则它的 Z 分数为正数，如果一个测试值等于平均数，则它的 Z 分数为 0。Z 分数可以直接进行加减运算。

教育实践中可以把不同质的原始观测值转换为 Z 分数，进行加减运算，求出平均 Z 分数或 Z 分数的和，用来比较或表示个体在总体中的相对位置。例如，高考中的转换分（标准分）也是这样计算得到的：先求出学生个体各科成绩的 Z 分数，求 Z 分数的总和（Z 分数多为小数，不容易比较），再依据一定的转换方式算出所谓的标准分。用标准分来综合评价学生成绩，既能计算出总分，又避免了各科分数不同质无法计算平均数的问题。心理学中的智商也是根据 Z 分数的原理计算出来的，先计算出个体各个分测验的 Z 分数和，再依据下列转换公式算出智商：

$$\text{智商}=100+15\times Z\text{分数}。$$

有一个具体实例可以说明 Z 分数的实际应用,如表 13 - 3:

表 13 - 3　甲、乙考生成绩表

科目	原始分数		全体考生		Z 分数	
	甲	乙	平均数	标准差	甲	乙
语文	85	89	70	10	1.5	1.9
政治	70	62	65	5	1	—0.6
外语	68	72	69	8	—0.125	0.375
数学	53	40	50	6	0.5	—1.67
理化	72	87	75	8	—0.375	1.5
总计	348	350			2.5	1.505

假定上例是某次录取考试两个学生的考试成绩,如果按一般意义上的总分,则应录取乙考生,但按 Z 分数录取,则应录取甲考生,因为甲考生在考生群体中的位置更靠前。

对研究结果的数据进行描述时,一般要同时报告平均数和标准差,这样对研究结果的描述就比较全面了。报告时通常用"平均数±标准差"或者分别报告平均数和标准差的格式。例如"感受性强的被试组($M=21.40, SD=10.34$)报告的……"或者"被试的平均年龄为 $9±0.3$ 岁"等。在描述研究结果的情况下,一般需要借助表格报告测试结果的平均数和标准差,如表 13 - 4 所示。

表 13 - 4　各样本测验结果($\bar{x}±s$)

	农村样本		城市样本		福利院样本	
知　识	9.97	3.07	10.01	3.08	3.14	2.94
图画匹配	9.93	3.10	9.98	3.08	5.07	3.81
智　商	99.11	15.69	100.27	15.78	63.30	16.77
晶体智商	98.92	15.67	100.17	15.98	63.11	18.33
流体智商	99.84	15.20	100.18	15.77	76.44	13.59
社 会 化	20.11	5.64	20.75	4.69	13.04	3.52
适应商数[**]	99.99	13.45	100.48	12.09	72.02	16.43

资料来源:郭伯良等.(1999).中国幼儿智力量表和幼儿适应技能评定量表结果的因素分析研究.中国心理卫生杂志,13,197—199.有改动

四、相关系数

统计学中用相关系数描述事物之间的相关关系大小,反映事物间相关关系的程度。相关系数是两列变量间相关程度的量化指标,常用 r 表示,取值范围在-1.00~+1.00 之间,相关系数的正负号表示相关的方向,正值表示正相关,负值表示负相关,绝对值大小表示相关的程度,±1 表示完全相关,靠近 1 的一端表示相关的程度密切,靠近 0 的一端表示相关的程度低,相关系数不是等距度量,不能说 0.4 的相关比 0.2 的相关高 2 倍,只能说它的相关程度比较高,一般用高度/中度/低度相关描述相关程度。计算相关系数要求用成对数据,即样本中每个个体都有两种观测值,不同个体之间的观测值不能求相关。计算相关系数的成对数据数目不能太小,一般要求大于 30 个。依据不同的研究设计和数据资料,有不同的相关计算方法,常用的有积差相关、等级相关、点二相关和二列相关等。

积差相关的适用资料:两列数据都是测量数据,两数据分布都是正态的,并且两变量的关系是线性的(可用散点图说明:以双变量做纵横坐标绘制散点图,如果散点图呈椭圆形,则说明二者之间有线性关系)。教育研究中的资料一般都符合这两个条件。

具体计算公式为:

$$r = (\sum(X-\overline{X})(Y-\overline{Y}))/\sqrt{\sum(X-\overline{X})^2\sum(Y-\overline{Y})^2}$$

X:一列数据观测值,

$\overline{X}$:观测值平均数,

Y:另一列数据观测值,

$\overline{Y}$:观测值平均数,

例:有 10 名学生的的身高和体重资料,求身高和体重之间的相关程度。

表 13-5　10 名学生身高、体重资料表

学生	身高(cm)	体重(kg)
1	170	50
2	173	45
3	160	47
4	155	44

（续表）

学生	身高（cm）	体重（kg）
5	173	50
6	188	53
7	178	50
8	183	49
9	180	52
10	165	45

$\overline{X}=172.5, \overline{Y}=48.5$

根据公式计算：$\sum(X-\overline{X})(Y-\overline{Y})=228.5, \sum(X-\overline{X})^2=962.5, \sum(Y-\overline{Y})^2=86.5$

$r=0.7896$

等级相关：适用于具有等级特征的数据资料，变量间具有线性关系，或虽是测量数据但不符合正态分布，这样的资料用等级相关。

全班学生的语文/数学成绩间的相关用积差相关，如果不知道具体的成绩，只知道每个学生每门功课的排名顺序，则用等级相关计算相关系数。

点二相关：两列变量中有一列是普通计量数据资料，呈正态分布，另一列只是名义上的变量，实际上是按照事物的性质划分为两类的变量，如男女，是非，高低，强弱，城乡等。该类相关多用于编制是非题测验时评价测验内部的一致性等问题，具体计算公式为：

$$r_{pb} = ((\overline{X}_p - \overline{X}_q)/S) \times \sqrt{pq}$$

$\overline{X}_p$是与一个二分变量对偶的连续变量的平均数，$\overline{X}_q$是与另一个二分变量对偶的连续变量的平均数，p和q分别是二分变量各自所占的比率，$p+q=1$，S是连续变量的标准差。

例：有一个是非选择测验，共有50题，选对得2分，现有20人的总成绩及第5题的选答情况，问第5题与总分的相关程度如何？计算过程如表13-6。

表 13−6　计算过程

学生	总分	第 5 题答题情况	计　　　　算
1	84	对	$\overline{X}=81.6$
2	82	错	标准差 $S=8.66$
3	76	错	$P=$ 答对学生的比率 $=10/20=0.5$
4	60	错	$q=$ 答错学生的比率 $=10/20=0.5$
5	72	错	
6	74	错	
7	76	错	$\overline{X}_p$ 答对学生总成绩平均数 $=88.4$
8	84	对	
9	88	对	
10	90	对	$\overline{X}_q$ 答错学生总成绩平均数 $=74.8$
11	78	对	
12	80	错	$r_{pb}=0.785$
13	92	对	
14	94	对	
15	96	对	
16	88	对	
17	90	对	
18	78	错	
19	76	错	
20	74	错	

第二节　推断统计

　　实际的教育研究中往往要解决诸如不同类型学生的某方面表现是否有差异之类的问题,这就涉及到教育统计中另一个方面:统计推断。例如,要研究城乡学生的零花钱是否有差别,我们的研究总体是城市的学生和农村的学生,我们要比较的两个总体中学生零花钱的平均数是否不同,落实到具体的科研中的做法是分别从城市和农村随机选取部分学生,比较他们的零花钱是否不同,用此差异推断城乡学生的零花钱是否不同。我们不可能把所有城市学生和所有农村学生的零花钱都做一个统计,即使能够做到也没有科研效益,我们用选出的这部分学生之间零花钱的差异推断城乡学生的零花钱是否不同,这就是统计推断的一个例子,即用样本统计值推断总体的统计值,用样本平均数的差异推断总体平均数的差异程度。

从样本统计量推断总体统计量关系的过程叫假设检验,如果样本统计量的差异超过了统计学中规定的某一限度,我们就认为这个差异不是由抽样误差引起的,而是两个总体的统计量真的有差异,这时我们称之为差异显著,反过来,如果样本统计量的差异未达到统计学上规定的限度,则说明该差异主要由抽样误差引起,据此我们可以认为两个总体的某统计量真的没有差异,这时我们叫差异不显著。

统计学上已经对差异显著不显著的限度做了规定,并把有关的数值编成表供统计分析时查阅用,通过与表中值比较,发现差异达到或超过了某规定的限度,就可得出差异显著的结论,反之,就认为差异不显著。需要明确的是,这里的差异显著不显著不是绝对意义上的差异,这里的差异显著是说我们有 95% 或 99% 的把握这样认为,此时得出的总体统计量差异显著的结论还可能犯 5% 或 1% 的错误,或者说还有 5% 或 1% 的可能两者的差异不显著,统计学认为发生率小于 5% 的事件是小概率事件,小概率事件基本不可能发生。有 95% 的把握认为差异显著就可以说差异显著,此时我们报告说差异的显著性水平为 0.05;同样的,有 99% 的把握推断出差异显著时我们说差异的显著性水平为 0.01。

0.05 和 0.01 的显著性水平一般记做 $P<0.05$ 或 $P<0.01$,两者没有量化上的倍数关系,不是说后者是前者的 5 倍。我们一般把在 0.05 水平上的差异称做差异在 0.05 水平上显著,0.01 水平上的差异被称作差异在 0.01 水平上显著,或是说差异达到了 0.05/0.01 的显著性水平。

推断统计一般涉及两类问题:样本平均数和总体平均数的差异问题以及由两个样本平均数差异推断总体平均数的差异问题,依据资料的不同所使用的方法一般为 t 检验和 Z 检验;当正态型总体的方差已知时,用 Z 检验;当正态型总体的方差未知时用 t 检验。不同的科研设计,不同的数据资料要用不同的方法计算差异,要用不同的表格查找达到差异水平的规定值。

一、Z 检验

在教育研究中,对总体正态分布、方差已知或独立大样本的平均数的显著性和差异的显著性的检验,可以用 Z 检验。

255

例：某区学生的生活技能测试成绩的平均数为50,标准差为10,该区某学校的一个班(41人)的平均成绩是52.5,问该班成绩与全区成绩是否有差异?

具体计算过程：

计算 Z 值：

$$Z = (\overline{X} - \mu_0)/(\sigma_0/\sqrt{n})$$

$\overline{X}$：样本平均数

μ_0：总体平均数

σ_0：总体标准差

n：样本大小

$$\sigma_0/\sqrt{n} = 10/\sqrt{41} = 1.562, Z = (52.5 - 50)/1.562$$

$Z = 1.6$,查 Z 界值表,0.05 显著性水平的 Z 值为1.96,本例 Z 值未达规定值,故可推断出该班成绩与全区成绩差异不显著。

二、独立样本的 t 检验

需要由两个独立样本的平均数的差异推断两个总体平均数的差异时使用该方法。在正态型总体的方差未知的前提下,还要考虑两个总体的方差是否一致。一般计算步骤为先计算 t 值,再按照有关规定查 t 界值表,如果 t 值达到差异需要的水平,就可以推断出二总体的平均数差异显著,反之,认为二总体的平均数差异不显著。该方法多用于比较两个不同实验组某种测试数据的差异情况,例如不同的实验学校、不同的实验班级测试结果的比较等。

具体计算公式为

$$t = (\overline{X}_1 - \overline{X}_2)/SE_{D\overline{X}},$$

$$SE_{D\overline{X}} = \sqrt{(n_1 S_1{}^2 + n_2 S_2{}^2)/(n_1 + n_2 - 2) \times (n_1 + n_2)/n_1 n_2}$$

$$df = n_1 + n_2 - 2$$

df 叫自由度,查表时要依据 df 值的大小。

n_1, n_2：各组样本数

$S_1{}^2, S_2{}^2$：各组数据的方差

$\overline{X}_1, \overline{X}_2$：各组数据的平均数

例：某校的教改实验中有 60 名学生接受 A 教学法后，考试的平均成绩为 80，标准差为 18，接受 B 教学法的 52 名学生考试的平均成绩为 73，标准差为 15，问这两种教学方法在教学效果上有没有差异？

根据上述公式计算：

$$SE_{D\overline{X}} = 3.16$$

$$t = (80-73)/3.16$$

$$= 2.22$$

$$df = 60 + 52 - 2 = 110$$

结合 t 值和 df 值查 t 界值表（附表 2）

表中的 df 值没有 110，我们用 120 近似代替，$t = 2.22$，大于表中 0.05 下面的 1.98，此时 $P < 0.05$，据此我们可以说两种教学法的教学效果在 0.05 水平上差异显著。

本例假定两总体的方差一致（或称做方差齐，统计学规定的方差差异情况），如果方差不一致，则有另外的计算公式，使用另外的表格。

三、配对 t 检验

对追踪研究中的数据进行分析时一般使用这种方法，常见的例子有：比较学期开始和结束时学生成绩的变化，比较一定时间段前后某项指标的变化，比较某实验前后个体某些指标的变化，这与前面的独立样本的 t 检验不同，上面是两组样本的两组数据比较，此处则是同一组样本的两组数据的比较，注意区分使用条件，二者计算过程差异不大，计算公式稍有不同。计算时首先计算每对数的差值，用 d 表示，然后按照公式计算 t 值，最后再查表判断差异是否显著及显著性水平。具体公式为：

$$t = (\overline{X}_1 - \overline{X}_2)/\sqrt{(\sum d^2 - (\sum d)^2/n)/(n(n-1))}$$

$$df = n - 1$$

n：样本大小，d：每个样本两次测试结果的差

df：自由度

$\overline{X}_1, \overline{X}_2$：实验前后结果的平均数

例：先后测试了 9 名学生的中英文计算机录入速度，结果如表 13-7，问学生的中英文录入速度是否有差异。

257

表 13-7　9 名学生中英文计算机录入速度表

学生	1	2	3	4	5	6	7	8	9
中文	14.7	18.9	17.2	15.4	15.3	13.9	20.0	16.2	15.3
英文	10.6	15.1	16.2	11.2	12.0	14.7	18.1	13.8	10.9
d	4	3.8	1.0	4.2	3.3	−0.8	1.9	2.4	4.4

$$\overline{X}_1 = 16.3, \overline{X}_2 = 13.62$$

$$t = (16.3 - 13.62) / \sqrt{(2.73/8)} = 4.62$$

$$df = 8$$

查表 $P < 0.01$，据此我们可以推断出学生的中英文录入速度差异显著。

在撰写研究报告时，如果要报告的比较结果少，可以用一句话描述比较的结果，例如，"实验组和对照组儿童的语文成绩差异显著（$t_{(120)} = 8.9$，$p = 0.02$）"，在报告多个研究指标的比较结果时，常见的做法是在报告平均数的同时也在表格中报告比较的结果，如表 13-8 所示。

表 13-8　不同性别儿童各分量表的平均数和标准差及比较结果（$\overline{x} \pm SD$）

	男（$n=846$）	女（$n=852$）	t	p
行为	11.94±2.66	12.88±2.35	7.649	0.000
焦虑	9.41±2.54	9.20±2.54	1.690	0.091
合群	8.44±2.01	9.13±1.78	7.476	0.000

资料来源：苏林雁等.（2002）.儿童自我意识量表的中国城市常模.中国心理卫生杂志，16,31—34. 有改动.

四、方差分析

对于教育研究中需要同时比较多个样本平均数的情况，已不能再用 t 检验的方法来进行两两比较，而需要用方差分析来比较。方差分析要求所有样本的测量数据符合正态分布，各样本方差一致，教育研究中的资料一般都满足方差分析的上述条件。方差分析是推断多组样本平均数差异的显著性检验方法，用 F 值来与规定的统计表中的界值比较，从而推断样本平均数的差异是否反映了总体平均数的差异。

　　　具体计算步骤：

(1) 计算有关统计数值：

总平方和：　　　$SS_t = \sum\sum X^2 - (\sum\sum X)^2/nk$

组间平方和：$SS_b = \sum((\sum X)^2/n) - (\sum\sum X)^2/nk$

组内平方和：　　$SS_w = SS_t - SS_b$

总自由度：　　　$df_t = nk - 1$

组间自由度：　　$df_b = k - 1$

组内自由度：　　$df_w = k(n - 1)$

X 为各具体测量数据，n 是各组的观测值数，k 是组数

(2) 计算 F 值

$$F = (SS_b/df_b) \times (df_w/SS_w)$$

查表时分子的自由度是：df_b，分母的自由度是 df_w。

(3) 查 F 界值表，如果 F 值小于规定的界值，则 P 值大于 0.05，说明各组平均数的差异不显著，反之，F 值大于规定界值，P 小于 0.05 或更小，可以推断出各组之间差异显著，结果报告中要说明 F 值的大小和显著性水平。

例：某实验考察父亲文化程度不同的学生的某方面成绩是否有差异，父亲文化程度分为：文盲，小学，初中，高中，大学 5 个类别，每个类别选取 8 名学生，实验结果如表 13-9。

表 13-9　实验结果

文盲	小学	初中	高中	大学
76	76	62	65	67
78	67	70	68	71
65	70	69	68	72
72	64	73	71	69
71	67	71	61	74
72	83	69	69	79
83	72	73	65	76
79	73	69	69	84

259

$K=5$，$n=8$

结果：$SS_t=1160.4$，$SS_b=314.4$，$SS_w=846$，$df_b=4$，$df_w=35$

$F=(314.4/4)\times(35/846)=3.252$，查 F 界值表，分子自由度 $df_b=4$，分母自由度 $df_w=35$，依据分子分母的自由度查找 F 界值表，F 值大于规定临界值，$P<0.05$，可推论出不同父亲文化程度的学生的某项成绩差异显著。

不同的实验设计和不同的资料类型，选用的方差分析的公式也不同，方差分析的内容很多，用途广，本章只作初步的介绍，有兴趣的同学可再深入学习。

通常在报告方差分析的结果时，并不需要写出方差分析的计算过程，用一句话描述方差分析的结果如"年龄的效应在统计上不显著，$F_{(1,123)}=2.45$，$p>0.10$。"即可，也可以列出方差分析表来报告结果。一般来说，方差分析表的最左边栏目列出变异来源，第二栏为自由度，第三栏为均方，最后则是 F 值（见例表 13-10）。在变异来源中，通常是先列出组间，后列出组内，如有必要，还要列出误差项。没有必要将平方和与均方都列出。有显著统计学意义的 F 值用星号（＊）标明，星号表示的显著水平（p 值）在表注中注明，无需再列一栏。也有结合对测试结果的描述同时报告方差分析结果的，此时一般只报告 F 检验的显著性水平等，见表 13-11。

表 13-10 不同教学方法和不同教学态度对儿童识字量的作用

变异来源	df	MS	F
教学方法（A）	1	8.45	0.36
在 b_1 水平上	1	96.12	4.06
在 b_2 水平上	1	193.61	8.18＊
教学态度（B）	1	1 264.05	53.39＊＊
在 a_1 水平上	1	1 368.90	57.82＊＊
在 a_2 水平上	1	176.42	7.45＊
$A\times B$	1	281.25	11.88＊＊
组内	16	23.68	

注：a_1 为集中识字，a_2 为分散识字；b_1 为严肃的教学态度，b_2 为轻松的教学态度。
＊$p<0.05$， ＊＊$p<0.01$。
（资料来源：张厚粲. 心理与教育统计学. 北京：北京师范大学出版社，1993. 294~299. 有改动）

表 13 - 11　小学生适应行为的年级差异

适应行为	四年级 ($n=121$)	五年级 ($n=145$)	六年级 ($n=1128$)	F
反抗	26.65	29.13	30.75	1.29
过度好动	17.79	18.98	21.69	4.18 *
依赖	18.95	19.39	14.61	11.83 * *
压抑	23.21	23.58	26.73	2.35
消极抵抗	21.23	18.84	22.12	3.25 *
全量表	85.97	91.92	95.21	1.52

注：* $p < 0.05$，** $P < 0.01$

（资料来源：俞国良等(2001). 小学生生活压力、学业成就与其适应行为的关系. 心理学报,33,344—348. 有改动。）

五、χ^2 检验

前面讲述的是计量资料的常用统计分析方法,对于计数资料,则常用 χ^2（读作"卡方"）检验来处理有关问题,用来解决比率差异和多变量间相互关联关系等的问题。根据有关资料,依据有关公式计算出 χ^2 值,再与 χ^2 界值表中的值比较,进而做出推论。

例：把 90 名学生按成绩分为中等以上和中等以下两类,问不同性别学生的分类比率是否有差异？或者问性别因素和学业成绩是否有关联？

表 13 - 12　学业水平因素表

性别	中等以上	中等以下
男	23(A)	17(B)
女	28(C)	22(D)

$$\chi^2 = N(AD - BC)^2 / ((A + B)(C + D)(A + C)(B + D))$$

$$df = (R - 1)(T - 1)$$

df：自由度，R：行数，T：列数

结果：$\chi^2 = 0.01996$,查 χ^2 界值表,达不到所要求的显著性水平,故可以推出结论：性别因素与学业成绩关联不大,或者说不同性别的学生成绩的分类比率差异不显著。

使用统计推断必须注意根据科研设计和资料情况,选择适当的统计

分析方法,尤其应当注意统计学中的差异显著和实际问题中的差异显著的区别,牢记推论结果的相对性。另外,多做一些练习、多参考有关的教育统计书籍,对于我们熟练掌握基本的数据分析整理方法、合理正确地分析教育研究资料也是非常重要的。

第三节 SPSS统计软件包的应用

一、概述

借助于计算机和有关软件,使我们能够快速准确地分析科研数据,著名的统计分析软件 SPSS 就是这样的软件之一。它使用 Windows 的窗口方式展示各种管理和分析数据方法的功能,用对话框展示各项功能选择项,只要掌握 Windows 操作技能,了解初步的统计分析原理,就可以利用系统默认值得到初步的统计分析结果,直观易用、功能强大是该软件包的特征。

(一)SPSS软件的启动、退出

安装了 SPSS 统计软件的计算机会在程序栏目里自动生成启动图标,用户可以从这里直接启动 SPSS,具体步骤如下:

(1)点击开始按钮,从对话框里找到程序项图标。

(2)把鼠标移到程序项图标,从对话框里找到 SPSSx..x for window 图标(x..x 是版本号)。

(3)点击该图标即进入 SPSS 启动状态,启动后的数据编辑窗口见图 13-4,还可以通过快捷方式进入 SPSS 启动状态,具体操作为:

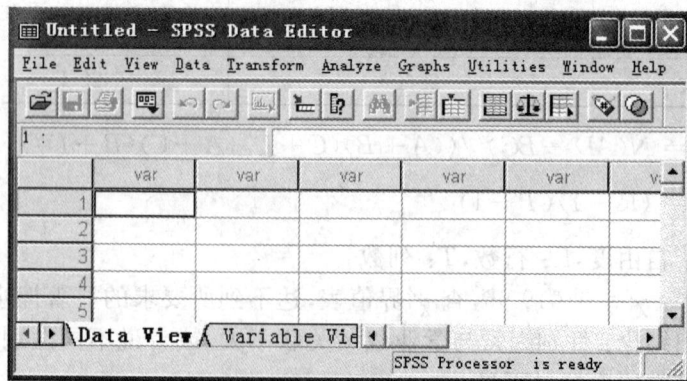

图 13-4 SPSS 数据编辑窗口

　　建立 SPSS 快捷键(图 13 - 5),用鼠标直接双
击快捷键图标即进入 SPSS 启动画面。

　　启动 SPSS 后的主画面的窗口一般包括：(1) 数
据编辑窗口：定义变量；输入、输出数据文件。

图 13 - 5　SPSS 快捷键

　　(2) 输出(Output)窗口：显示程序或过程的
运行信息、输出结果。

　　(3) 句法(Syntax)窗口：具有文字处理软件的一般功能,可以编辑
修改 SPSS 命令等。

　　主画面出现,SPSS 启动完毕。

　　统计分析完毕,在把有关文件保存好之后,退出 SPSS 系统的方法有
两种：

　　(1) 用鼠标点击系统屏幕主画面右上角的×键。

　　(2) 用鼠标光标对准画面中的 File,单击鼠标左键,从展开菜单中找
出 Exit 项,单击该项。

　　(二) 主画面介绍

　　SPSS 软件启动后的主画面的最上行是由 10 个菜单项组成的主菜
单,这些菜单项包括：

　　(1) File：文件操作

　　(2) Edit：文件编辑

　　(3) View：状态查看

　　(4) Data：数据文件建立与编辑

　　(5) Transform：数据转换

　　(6) Analyze 统计分析

　　(7) Graphs：绘图

　　(8) Utilities：使用小程序

　　(9) Windows：控制窗口

　　(10) Help：帮助

　　每一个菜单项都包括一系列功能,在数据编辑窗口输入或调入数据文
件后,便可以使用主菜单的各项功能进行工作,用鼠标单击主菜单,从下拉
框中选择要执行的功能,或者进一步选择展开的小菜单或对对话框中的功
能进行选择。选择完后单击 OK 按钮,系统即执行选定的任务,分析结果显
示在输出窗口中。当选定过程结束后,也可以不马上执行,单击 Paste 按钮
将选择的过程和参数变换成相应的命令语句,存放在 Syntax 窗口中,可以
在该窗口中对命令语句进行编辑,然后单击 Syntax 窗口中的 Run 菜单选

263

择执行范围并单击范围选项,系统即执行有关程序。

（三）数据的录入整理

SPSS 读入数据有两种方法,一是读入现成的在 EXCEL、FOX 等软件里作好的数据文件,从 File 菜单选择 OPEN 命令,按照常用的WINDOWS程序打开文件的方法打开现成的数据文件,另一个是直接在SPSS 的数据编辑窗口里录入,具体方法如下:

例：某校有 51 名学生参与了一项教育改革实验,实验考察了学生的生活自理能力和社会化技能的变化,每个学生都要记录其学号、性别、父母亲文化水平、自理能力和社会化技能等有关数据(见章末附表),具体录入方法为:

（1）单击图 13-4 所示 SPSS 窗口左下角的 Variable View 菜单,窗口变成图 13-6 所示。

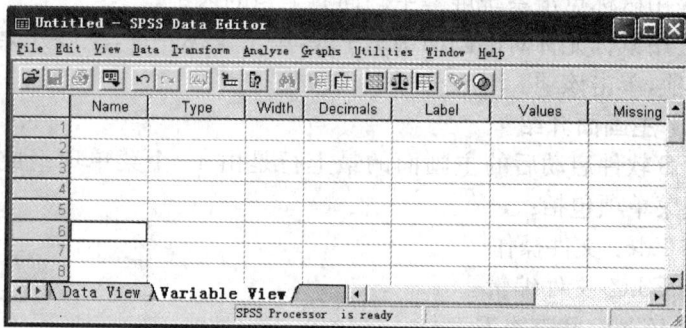

图 13-6

（2）单击 Name 下面的表格,并键入"学号"后回车,窗口变成如图13-7所示。

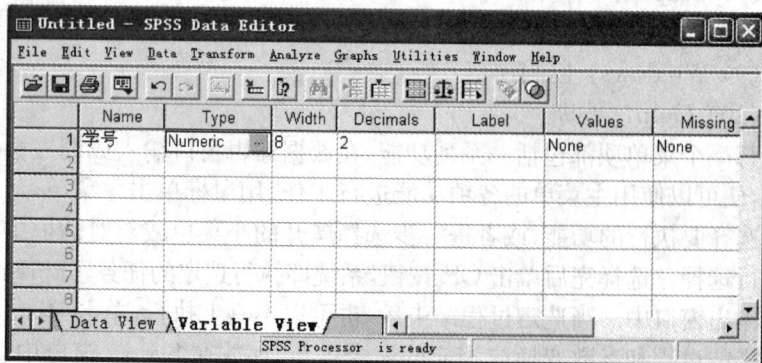

图 13-7

图 13 - 7 所示报表的最上面一行用来定义数据库中各个变量的性质,从左至右依次是:

Name:变量的名字,可以用中文输入,输入方法同一般的电子报表。

Type:变量的类别,用于对变量是数字型或其他类型的属性进行定义。点击 numeric 后面的灰色按钮就会弹出一个新窗口用于对变量的性质进行界定,见图 13 - 8。

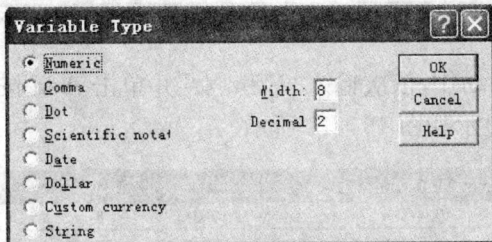

图 13 - 8

Width:变量的宽度,用来定义变量显示的长度。

Decimals:小数点后面的位数。宽度和小数位数命令的功能与图 13 - 7中的定义等价。

Label:用于对变量名进行详细的解释,可录入中文。

Values:用于对分类变量的类别进行界定。单击 none 后面的灰色按钮就会弹出一个新窗口用于对分类变量的各个类别进行界定,见图 13 - 9。

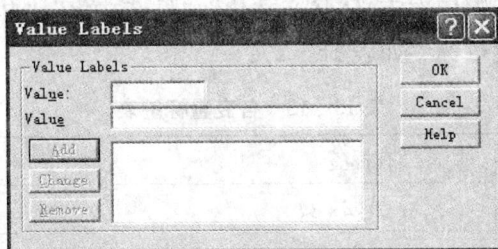

图 13 - 9

其他命令本书暂不涉及,请有兴趣的读者参考相关资料。

(3) 单击表格中的第二行第一列输入"性别"并回车,然后单击 Values列第二行中的灰色按钮弹出图 13 - 9 所示的窗口。

(4) 在 Value 后面输入"1",在 Value 后面输入"男",然后单击被激活的 Add 按钮,窗口变成图 13 - 10 所示。

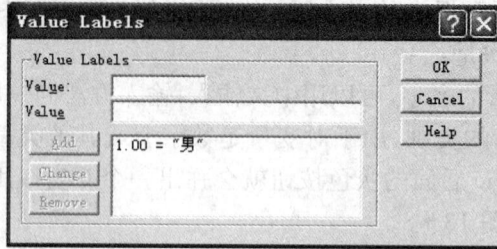

图 13-10

重复刚才的动作,依次输入"2"和"女"并单击 Add 按钮,然后再单击 OK 按钮,窗口显示如图 13-11 所示。

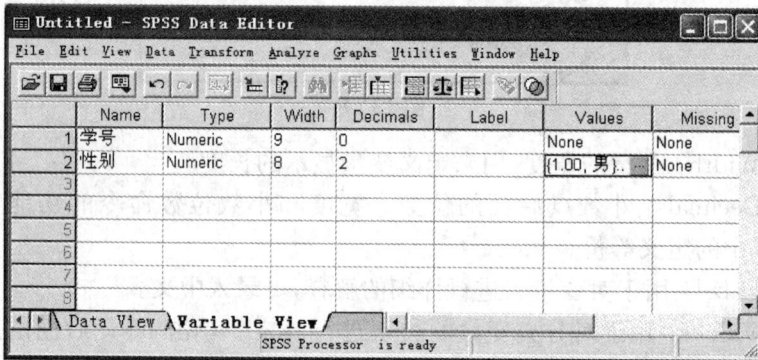

图 13-11

重复以上步骤依次定义"父亲文化"、"母亲文化"、"自理能力"、"社会化"等变量,各变量标签如表 13-13:

表 13-13　各变量标签表

学号	没有标签
性别	1:男,2:女
父亲文化	1:文盲,2:小学,3:初中,4:高中,5:大学
母亲文化	标签同父亲文化
自理能力	没有标签
社会化	没有标签

依次定义完各个变量后,单击窗口左下角的 Data View 菜单,然后在新窗口中把光标移到第一行第一列依次输入 6159,1,4,3,24 和 19,录入

方法与使用 Microsoft Excel 软件相同,完成一个学生数据的录入后,照此方法再输入其他学生的数据。数据录入完毕后单击文件保存命令,把该数据文件保存起来,供进一步分析用,如图 13-12。

图 13-12

二、统计分析过程

(一)计算平均数的方法

我们要计算本例中所有学生自理能力和社会化技能的平均数,具体操作步骤如下:

(1)启动 SPSS 程序,把上次保存的数据文件调入数据编辑窗口。

(2)单击 Analyze 菜单并把光标移到 Descriptive Statistics 菜单项,此时再弹出下级菜单,并继续把光标移到 Descriptives 菜单项,单击该菜单项,弹出图 13-13 所示的对话框。

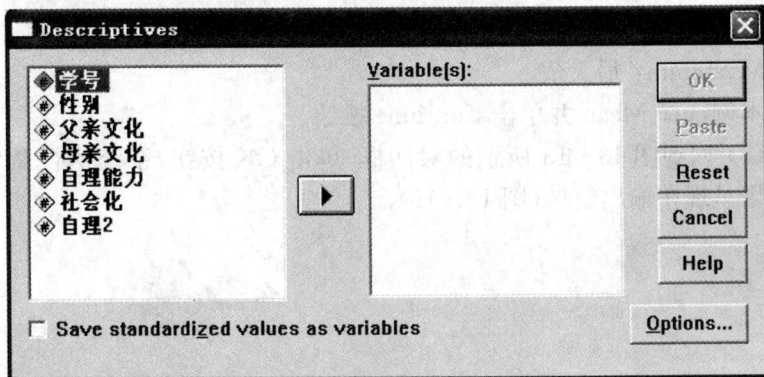

图 13-13

267

（3）把光标移到社会化上并置亮它，然后单击对话框中间的带箭头的按钮，社会化即移到对话框右侧 Variable(s)下面的文本框中，此时 OK 按钮由灰变黑，重复本步骤，把自理能力选到右侧文本框中去。

（4）单击图中的 Option 按钮，即弹出另一个图 13－14 所示的对话框，选择要做的运算。

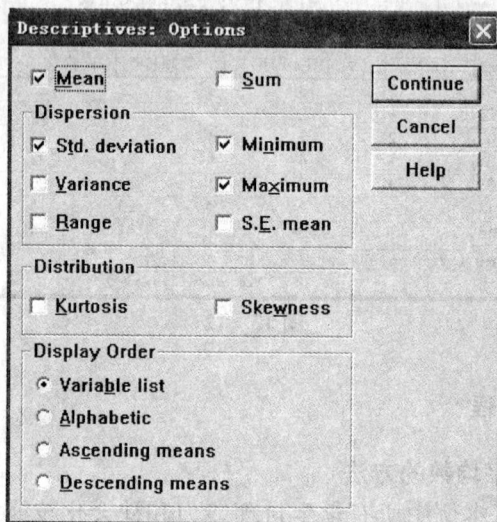

图 13－14

常用的选项有：

Mean：平均数

Sum：总和

Variance：方差

Minimum：最小值

Maximum：最大值

本例选择 Mean 并单击 Contiune 按钮。

（5）回到图 13－13 所示的对话框，单击 OK 按钮，系统执行命令并把结果呈现在输出窗口（图 13－15）。

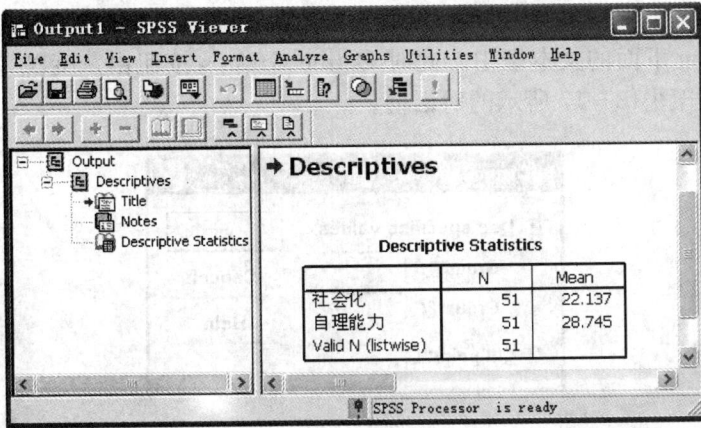

图 13 - 15

从输出窗口中可以看到 51 名学生的社会化和自理能力的平均数分别为：22. 14 和 28. 75。

（二）均值比较与检验方法

针对独立样本的 t 检验和配对 t 检验，SPSS 有不同的命令，使用时要依据科研设计选用正确的方法。

A：独立样本的 t 检验

要考察本例中男女学生间的生活自理能力是否有差异，就要运行独立样本的 t 检验，具体过程如下：

（1）启动 SPSS 读入数据例 1 的文件后，从 Analyze 菜单项开始按 Analyze-Compare Means-Independent Samples T Test 顺序选择菜单，单击 Independent Samples T Test 菜单项，弹出图 13 - 16 所示的对话框。

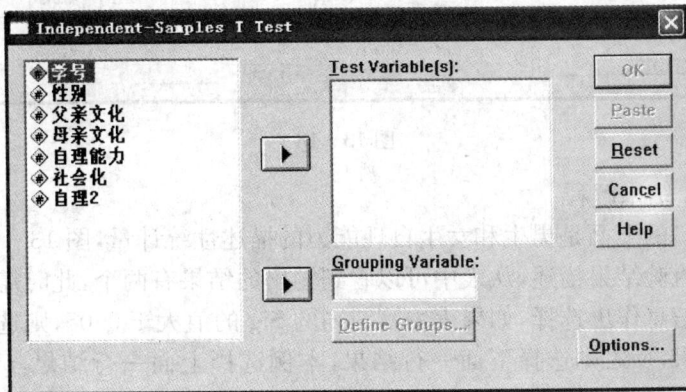

图 13 - 16

（2）把自理能力选到 Test Variable〔s〕下面的文本框中，把性别选到 Grouping 下面的文本框中。此时 Define Groups 按钮由灰变黑，单击该按钮弹出图 13-17 所示的对话框。

图 13-17

（3）界定分组变量，在上下 Group 后面的文本框中写上分组变量值，此处为 1 和 2，Continue 按钮变黑，单击该按钮回到图 13-16，OK 按钮变黑，单击 OK 按钮，系统开始执行运算，结果输出到输出窗口（图 13-18）。

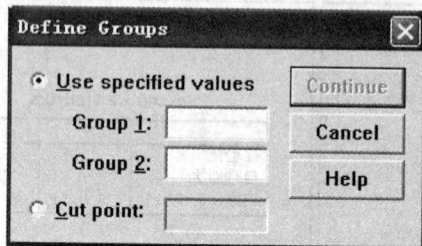

图 13-18

（4）结果解释

窗口的上面是男生和女生自理能力的描述性统计量，图 13-18 中所示的是检验结果描述，从表中可以看到输出的结果有两个，此时需要依据表中的信息作出选择，如果表中第三列的 Sig 的值大于 0.05，则选择上面一行结果，反之则选择下面一行结果，本例选择上面一行结果，t 值等于 -0.795，显著性水平上 Sig.（2-tailed）等于 0.430，可以据此结果推断出男女生的生活自理能力没有差异。

B：配对 t 检验

假定本例中的自理能力和社会化数据分别为某项实验前后学生的某方面成绩,自理能力数据为实验后的成绩,取名成绩 2,社会化数据为实验前的成绩,取名成绩 1,要考察实验前后学生的成绩是否有变化,采用配对 t 检验方法,具体操作步骤如下：

（1）读入数据文件,从 Analyze 菜单项开始按 Analyze—Compare Means—Paried Samples T Test 顺序选择菜单,单击 Paried Samples T Test 菜单项,弹出图 13－19 所示的对话框。

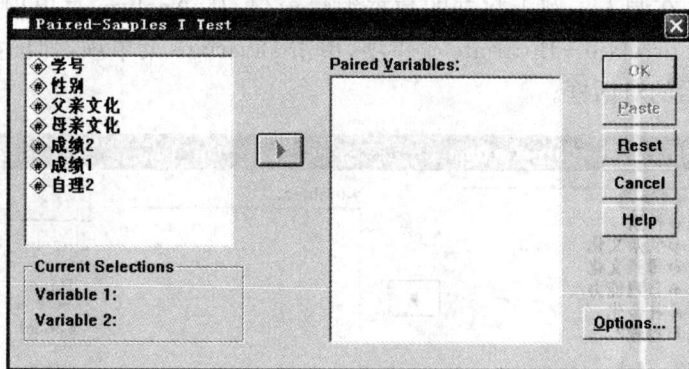

图 13－19

（2）把成绩 1 和成绩 2 选择到 Paired Variables 下面的文本框中,此时 OK 按钮变黑,单击该按钮,程序开始运行,结果输出到图 13－20 所示的输出窗口中。

图 13－20

（3）结果说明

输出窗口的上面是关于两次成绩的一般统计描述，最后部分是统计分析，本例中的 t 值是 11.901，显著性水平 Sig.（2-tailed）小于 0.05，可以推断出实验前后的成绩明显不同。

（三）相关分析过程

SPSS 统计软件提供了求不同种类相关的方法，使用者可以根据自己的要求选择相应的方法，为初步探讨本例中学生的生活自理能力和社会化技能之间的关系，我们要计算二者之间的相关系数，具体步骤如下：

（1）在调入了例 1 数据的数据编辑窗口，从 Analyze 菜单项开始依次选择 Correlate—Bivariate 菜单项，单击 Bivariate 菜单项，弹出如图 13-21 所示的对话框。

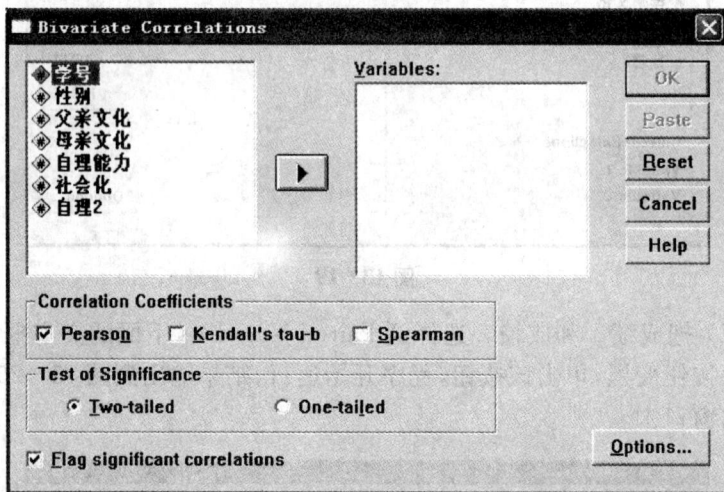

图 13-21

（2）把自理能力和社会化选择到对话框中间的文本框中，OK 按钮变黑，单击 OK 按钮，系统执行求两变量相关的命令，结果显示到输出窗口（图 13-22）。

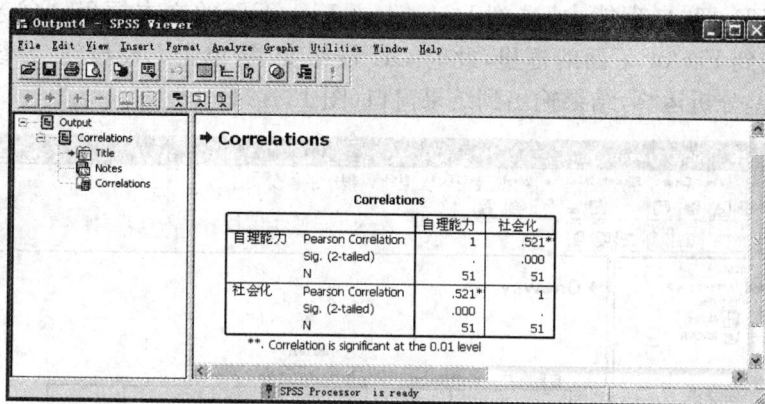

图 13-22

（3）结果解释

从表格数据看到，自理能力和社会化技能之间的相关系数为 0.521，说明二者之间有中度的相关。

（四）方差分析过程

SPSS 的强大功能使方差分析的复杂运算变得很容易进行，本例中我们要考察父亲不同文化程度儿童的生活自理能力是否有差异，因为要对多组样本资料的平均数同时进行比较，必须要使用方差分析方法。

在数据编辑窗口调入了数据后，执行以下操作步骤：

（1）用鼠标点击 Analyze 菜单项后，再依次选取 Compare means 和 One way ANOVA 项，单击 One way ANOVA 菜单项，屏幕弹出如图 13-23 的窗口。

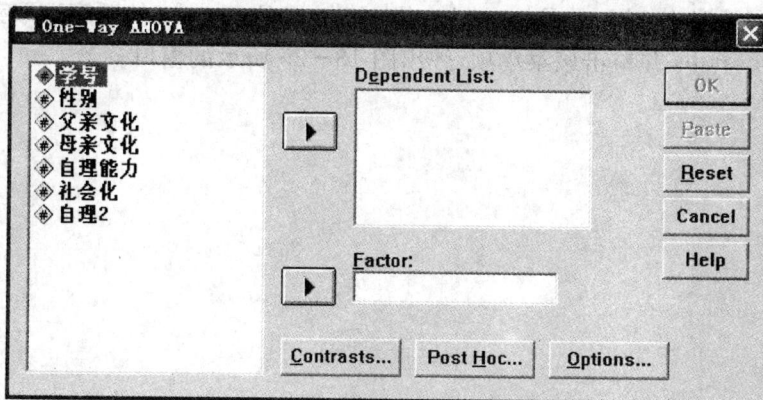

图 13-23

273

(2) 把"自理能力"选到 Dependent List 下面的文本框里,"父亲文化"选到 Factor 下面的框里,此时 OK 按钮变黑,单击 OK 按钮,系统执行方差分析运算,结果输出到结果窗口(图 13 - 24)。

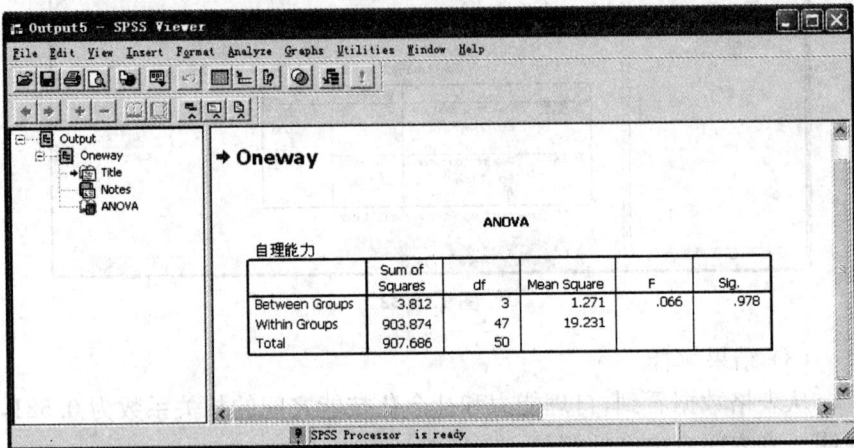

图 13 - 24

从结果分析看,F 值为 0.66,显著性水平为 0.978,没有达到 0.05 的显著性水平,可以作出父亲不同文化程度的儿童间的生活自理能力差异不显著的推论。

(五) χ^2 检验过程

为了探讨本例中父亲不同文化程度间男女学生的比率是否不同,我们就要采用 χ^2 检验来进行,在读入数据的数据编辑窗口,执行以下操作:

(1) 按 Analyze—Descriptive Statistics—Crosstabs 的顺序选取菜单项 Crosstabs 并单击该菜单项,弹出图 13 - 25 所示的窗口。

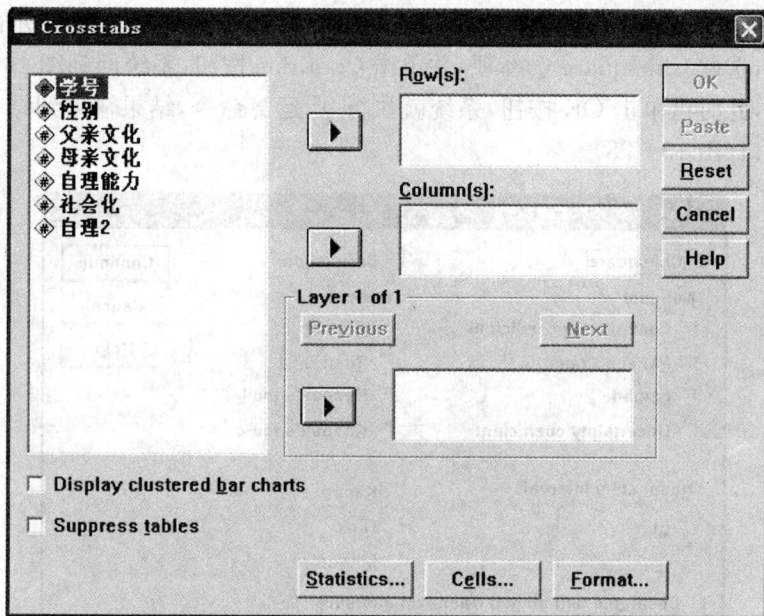

图 13 - 25

（2）把"父亲文化"选到 Row(s)下面的框里，把"性别"选到 Column (s)下面的框里，OK 按纽变黑，但此时不要执行该命令，图 13 - 26。

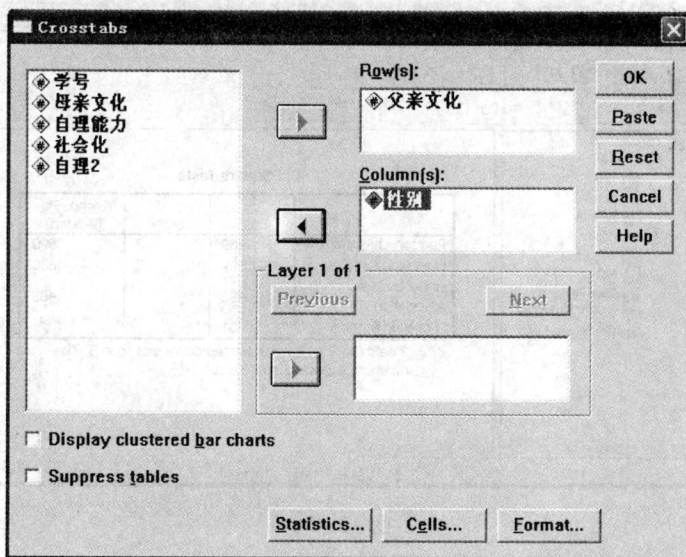

图 13 - 26

（3）单击对话框下面的Statistics按钮，屏幕弹出图 13-27 所示的对话框，选取 Chi-square 选择项，并单击 Continue 按钮，系统回到图 13-26 窗口，此时再单击 OK 按钮，系统就执行 χ^2 运算命令，结果输出到结果输出窗口（图 13-28）。

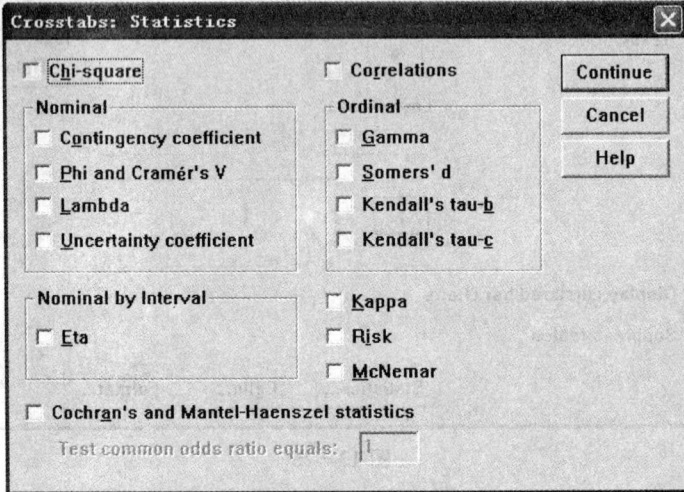

图 13-27

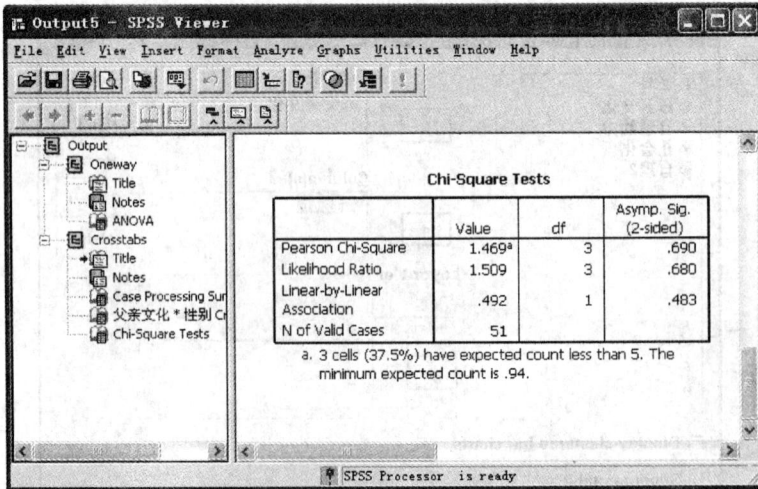

图 13-28

结果解释：本例 χ^2 值为 1.469，显著性为 0.690，未达到 0.05 的显著性水平,故可以推论出父亲不同文化程度的学生性别比率差异不显著。

　　SPSS 统计软件包所涉及的统计运算还有很多,具体的操作方法也还有很多技巧,本文仅仅结合一个实例讲解了教育研究中经常遇到的统计运算的最基本的操作方法,熟练使用本软件做统计分析还需加深学习,加强练习,另外 SPSS 软件迄今为止还没有中文版本,一定的英语能力是应用本软件的必要条件。熟练掌握本软件包的应用,将会提高我们对教育研究数据的分析应用能力,提高科研水平,促进教育研究发展。

　　随着科学的进步,统计分析方法也有了很大发展,"结构方程"的发展和应用,"多层分析"的理论和方法,以及数据处理技术的改进,都有待我们继续学习和研究。

附表:

SPSS 教学例子原始数据表

学号	性别	父亲文化	母亲文化	自理能力	社会化	自理2
6159	1	4	3	24	19	19
6160	2	2	9	26	25	21
6161	2	3	3	29	23	23
6162	1	2	9	31	25	25
6163	2	2	9	25	24	14
6164	1	4	4	27	22	22
6165	2	3	2	33	25	15
7217	1	2	3	29	13	13
7218	1	3	4	31	14	18
7219	1	3	2	28	19	19
7220	1	3	2	31	25	20
7221	1	3	4	26	19	19
7222	1	2	2	30	24	24
7223	2	3	3	28	16	16
7224	2	4	3	29	23	18
7225	2	3	2	34	23	18

学号	性别	父亲文化	母亲文化	自理能力	社会化	自理2
7226	2	3	3	30	23	18
7227	2	3	2	26	20	20
7228	2	2	2	25	17	17
7229	2	2	2	33	25	25
8095	1	2	1	32	25	25
8099	1	2	1	30	26	16
8104	2	3	1	29	27	27
8111	2	4	3	27	23	23
8128	2	3	3	26	25	25
8129	2	3	9	34	20	20
8130	2	3	1	31	23	22
8131	2	2	2	25	19	19
8132	1	2	1	26	15	15
8133	1	3	3	33	26	26
8134	1	3	2	24	18	18
8135	1	3	3	32	26	24
8136	1	3	2	27	22	22
8137	1	4	1	31	27	21
9064	1	3	3	35	24	24
11131	1	3	2	10	15	15
11144	1	4	3	29	22	16
11145	1	3	1	25	18	18
11154	1	4	3	22	22	22
11155	1	3	1	27	25	25
11159	2	5	3	28	18	18
11164	2	2	2	34	26	21

（续表）

学号	性别	父亲文化	母亲文化	自理能力	社会化	自理 2
11165	2	3	2	35	27	26
11169	2	3	2	25	24	24
11175	1	5	4	28	20	20
11176	2	3	2	27	20	20
11177	1	2	1	33	24	24
16191	2	2	1	29	26	27
16200	1	4	2	34	27	17
18198	2	4	3	34	27	17
22424	1	4	3	29	18	18

【巩固与思考】

1. 日常教学中应怎样把平均数和标准差的概念应用于教学管理实践？

2. 描述一组实验结果数据时通常要报告数据的哪些特征？用什么指标？

3. t 检验有哪两种？各适用于什么资料？

4. 方差分析和 t 检验的使用范围有什么区别？

【应用与实践】

结合本地区某次考试，请你完成下列任务：

（1）用次数分布表描述本校各班的语文、数学考试成绩；

（2）从不同学校挑选 2 个班级，比较他们本次考试的语文成绩的差异情况；

（3）同时选取 3 个班级，比较他们本次语文考试成绩的差异情况；

（4）选择 1 个班级，利用这次考试求该班学生语文、数学成绩的相关系数。

第十四章　教育研究成果

教育研究是揭示教育规律,探索教育领域中的未知,创造新知的认识过程。因此,教育研究成果具有一定的理论价值和应用价值。

第一节　教育研究成果的形式和研究报告的撰写

一、教育研究成果的形式

教育研究成果因在表达时使用的符号系统不同,可以分为两大类。

1. 以文字为表达符号的教育研究成果

这一类教育成果主要包括研究报告、论文、教案、教材、案例分析等。

(1) 研究报告。研究报告是教育研究工作全过程的一个缩影,是研究结果的文字记载,也是课题研究主要的必备的成果形式。如调查研究报告、实验研究报告、经验总结报告等。

(2) 论文。论文是在研究过程中,针对某些问题通过各种途径进行探索而写成的具有一定价值的文章。

(3) 教材、教案和案例分析。在研究过程中,与研究课题相关的体现研究者的研究思想和观念的有一定价值的教案、教材和案例分析等,也可视为研究成果。

(4) 教学反思、教育随笔等。教学反思就是教师自觉地把自己的课堂教学实践,作为认识和研究的对象而进行全面而深入的冷静思考和总结,它是一种用来提高自身的业务,改进教学实践的学习方式,不断对自己的教育实践深入反思,积极探索与解决教育实践中的一系列问题。进一步充实自己,优化教学,并使自己逐渐成长为一名称职的人类灵魂工程师。简单地说,教学反思就是研究自己如何教,自己如何学。教中学,学中教。因此,可视为教学研究成果。教育随笔,是把自己的所见、所闻、所思、把身边真实的世界移到自己的笔下,移到自己的手指间,移到自己的硬盘中即可,不必十分讲究文采,而是你自然感受的流淌,心灵的私语,智慧的沉淀。随笔中涉及的往往是一些即时发生的事件和看到事件当时产生的想法,那种想法也有点火花闪动似的,所以需要及时捕捉,记录下来。写教育随笔实际上是个思考与积累的过程,边做边思、边思边写、边写边做,螺旋前进。因此,也可视为教研成果。

2. 以图像和声音为表达符号的教育研究成果

随着现代科学技术的发展,在教育教学过程中越来越多地运用现代科学技术,因此,音像出版物越来越多的成为教育研究成果的表达形式。这一类教育成果主要指以磁带、录像、光盘为载体的教育情境实录、活动评析、课件等。

除了上述两种形式的研究成果之外,在研究过程中,教师自制的与课题研究相关的、有一定价值的教具和玩具,也可视为教育研究成果。但作为课题研究的成果,研究报告和论文是主要的,其他形式的成果是教育研究成果的辅助形式。

二、研究报告和学术论文的撰写

研究报告和学术论文作为教育研究的主要成果形式,二者有一定的区别,研究报告要反映具体的研究过程,而论文却不一定,但也并不存在截然划分的界线,许多学术论文就是在调查研究报告、实验研究报告以及经验总结报告的基础上写成的,而许多调查报告、实验报告、经验总结报告本身也可看作一篇很好的学术论文。

一般说来,研究报告包括调查研究报告、实验研究报告、经验总结报告等。

(一) 经验总结报告

经验总结报告是教育科学研究报告中的一种,它具有很强的实践性,但在学术性方面不如一般学术论文强。经验总结报告,它所依据的是教育实践所提供的事实,由研究者经过分析、综合、抽象和概括,揭示出教育实践的客观规律。

经验总结报告可以分为全面总结和专题总结两大类。全面总结包括教育工作的各个方面,如对一个学校的工作进行全面总结,就包括教学、思想教育、教科研、总务后勤、团队、人事组织等各个方面的情况。专题总结是对某一个具体或独特的问题进行专门总结,如对一个学校的专题总结,可以是开设丰富多彩的选修课和生动多样的课外活动,加强素质教育方面的经验,也可以是班集体建设方面的工作经验。专题总结反映事物的一个侧面,而不能反映事物全貌。

1. 经验总结报告的基本结构

经验总结报告的撰写从结构上来讲,一般包括标题、前言、正文和结尾。

（1）标题

一般说来,经验总结报告的标题,有 4 种常见的写法。

① 说明总结的内容,例如"关于教育研究工作的认识和实践"、"对多媒体教学的几点思考"。这种标题比较呆板,但能够使人一目了然。

② 表明成功的经验,如"把爱给每一位儿童——班主任工作经验总结"、"教儿童学会学习——重视学生自学能力的培养"。

③ 反映工作的过程,如"跳出书本,走出课堂——谈课堂教学的开放性"、"发挥学科优势,潜心培养人才——谈《教育学》的教学体会"。

④ 揭示要解决的存在问题,如"儿童不良学习习惯的成因及对策"、"正确对待反映'慢'的儿童"。经验总结报告的标题,从形式上讲丰富多样,它的确定应根据总结报告的内容,灵活处理。

（2）前言

由于经验总结报告的内容不同,前言的写法也就不同。全面总结的研究报告,前言大多是简单地介绍基本情况;专题总结的研究报告,前言大多是说明课题的背景及总结的目的和意义。经验总结报告的前言应力求简洁。

（3）正文

正文是经验总结报告的主体部分,反映研究者的工作过程和经验体会。从结构上看,它有两种常用的写法。

① 纵式写法,又叫递进式写法。如先写工作过程（或是基本情况）,再写工作成绩,最后写主要的经验体会。有的经验总结报告在经验体会之后还写一下存在问题或建议。整个行文是按事件或思想的发展过程,一环扣一环,步步深入而展开的。

② 横式写法,又叫并列式写法。如有的经验总结报告,是把工作过程和经验体会分成若干个问题来写,各个问题之间是并列的,这些相互并列的问题集中说明总的课题。这一类经验总结报告在形式上除了有总标题外,每一部分还有一个小标题。这类经验总结报告,在教育经验总结中较为常见。

经验总结报告的正文要指出所总结的具体经验是什么,并对经验进行分析、归纳、论证,指出经验的意义。除此之外,也可适当总结失败的教训。对这一部分内容的处理,有两种方式:一是把问题和建议分散到各个具体问题上去写,在总结某一方面的成绩时,恰当地提出一些问题或建议;另一种方式是在阐述了成绩和成功的经验之后,用一段文字集中谈问题或建议。也有的总结报告是把这一部分内容放到结尾部分去写。采取何种方式处理,要根据总结报告的目的和适用范围等具体情况而定。比如在每一具体的工作方面都有成绩,又都存在明显的不足,那就可以采取第一种方式处理;如果不是这样,而只是某一方面有明显不足,那就可以采取第二种处理方式。当然,并不是所有的经验总结报告都要写存在问题或建议,特别是用来投稿发表的专题总结,往往是采取略去不写的方式。

(4) 结尾

结尾的写法,并无固定的格式。有的是在正文之后,专门写一段总结性语言;有的是各个具体问题写完,文章也就自然结束;有的则是以提出问题或建议来作为结束语。

2. 经验总结报告的撰写应注意的问题

(1) 被总结的事件或思想应具有典型性

所谓典型性,是指被总结的事件或思想在一定范围内具有普遍的代表意义,它所提供的经验对教育教学实践有着积极的指导意义。

(2) 避免面面俱到、就事论事

经验总结报告,特别是全面总结报告,绝不是包罗万象的材料袋,也不仅仅是对材料的排列和组合。在进行经验总结时,要善于抓住主要矛盾,发现有价值的问题,从而突出重点,给人以深刻的印象。这就要求研究者对教育实践中的大量的感性材料进行分析、综合、抽象和概括,使之上升到理论的高度。要在充分占有资料的基础上,进行整理、提炼,使之条理化和系统化。对占有资料的整理和提炼主要是指归纳分类、区分真假、核查事实(数据和实例)、删繁就简等语言的思维过程。要认真分析事实本身的普遍意义和社会效果,分清主次,透过现象揭示事实内在的本质联系,从而概括出符合客观规律的结论。

(3) 要以教育实践活动为依据

教育经验总结应来自教育实践。教育实践所提供的事实,是进行经验总结的基本依据。在总结中,要遵循客观性原则,重事实而不弄虚作假,强调客观、真实,反对主观偏见、随意夸大。

（4）体现教育观念，总结新经验

教育经验总结报告，虽然是对教育实践的总结，是根据教育事实说话，但这些行为的发生总是在一定的观念指导下进行的。比如，关于课程实施过程的总结，对课程的理解不同，得出的结论就不同。对同一事实材料，观念不同，结论也就不同。如对儿童学习行为的总结，不同的儿童观和学习观会提供不同的总结报告。除此之外，是否具有职业敏感性也是影响教育经验总结报告的质量因素之一。如果研究者不了解教育研究的发展现状及趋势，不具有对教育问题的敏感性，对于教育实践中出现的问题，就可能会视而不见、听而不闻，当然也就谈不上去总结教育实践中的经验了，即使写出经验总结报告，它所提供的经验，可能是过时的、缺乏教育价值的，也可能是没有社会效益的。

（二）调查研究报告

调查研究报告是反映调查过程和结果的一种研究报告，它通过一定形式表达调查研究取得的结果、研究者的观点及某种理论。

1. 调查研究报告的基本结构

一般说来，调查研究报告由标题、调查目的、调查过程、调查结果和结论等几部分组成。

（1）标题

调查研究报告的标题应标明调查研究的问题和中心思想。它通常有三种写法：一种是用调查对象和主要问题作标题。如"师范生学习动机状态的调查"。这种标题直观、简明、朴实，但较呆板、缺乏吸引力。第二种是采用一定的判断或评价作标题。如"当好'娃娃头'不容易"。这种标题优点是表明了作者的态度，也能揭示报告的主题，缺点是调查对象不明确。因此，采用这种标题时，一般要在主标题下加一个副标题。如"当好'娃娃头'不容易——家长心目中教师形象的调查"。第三种是以提问作标题。如"学生为什么厌学？"这种标题尖锐、明确且富有吸引力，常用于揭示问题的调查报告。

（2）调查目的

这是调查报告的前言部分。调查研究报告的前言要开宗明义地说明研究的目的和意义。告诉读者为什么要选择这一研究课题，它有什么现实意义和理论意义。

（3）调查过程

说明了调查目的以后，还应报告调查研究的方法和过程。报告调查研究的过程是为了使读者对这项调查的全部活动有一个概括的了解，知道你用什么方法和手段收集和分析资料，从而对调查资料的来源是否可靠、分析方法是否科学、结论是否正确等问题，有一个判断的根据。这一部分内容主要包括：调查对象是什么；范围有多大；调查哪些项目；量度指标的设计等等。如果是抽样调查，还要说明抽样的种类和方法，发出多少调查表（或问卷），回收率如何等等。

（4）调查结果

这是调查研究报告的主体，也是调查研究报告的基本部分，它的任务是把调查成果如实地反映出来，换句话说，就是要报告调查研究的成果。反映调查研究的成果一般有两种方式：

纵式反映和横式反映（也有的是纵横交错式的反映）。

① 纵式反映是按事物的发展顺序，把调查所得的基本情况分成相互衔接的几个部分来写，逐步深入。如，调查"缺陷家庭和家庭教育不当与青少年犯罪的关系"这一问题时，就可以按照这一顺序来写：家庭与家庭教育情况——个人心理、性格和态度情况——交友情况——犯罪情况。这种方法一般只适用于对专门问题的调查研究，对比较复杂的多变项的调查研究则不宜用这种方式。

② 横式反映是把调查所得的基本情况按性质和种类的不同，分成若干问题或部分来写。如"初中生成绩分化原因的对比调查"，反映这一问题的调查成果，就可以分成这样几个问题来写：① 分化时间和速度的对比；② 学习目的和分化的对比；③ 独立完成作业情况和分化的对比；④ 家庭教育和分化的对比。

（5）结论

调查研究报告的结论部分是作者经过反复研究后形成的总体观点，它是整篇报告的归宿。结论必须指出哪些问题已经解决了，哪些问题尚需研究。有的报告可以不写结论，但应有总结或对结果展开讨论，提出若干建议。

在研究报告的结论部分，还可对研究成果进行解释。解释调查研究的成果包括两个方面的内容：一是说明它在理论上的贡献，二是说明它的实用价值。理论上的贡献主要是说明调查在理论上有哪些突破，即在某一具体问题上对原有理论观点的改变，或者是提出新的理论观点。而实用价值则是指报告所解释的新观点对实际的指导意义。

解释完成果以后就可以根据已有结论提出解决问题的方法，并向有关方面提出建议。

调查研究报告除了上述几个部分的内容之外,有的调查报告还配有附录。一般说来,如果不是发表在报刊上,没有篇幅限制,最好要有附录。附录的内容包括用于收集和分析资料的调查表(或问卷),部分原始资料,少数典型个案资料等。加附录的目的是让别人鉴定你收集和分析资料的方法是否科学,结论是否合理。

2. 调查研究报告的撰写应注意的问题

(1) 充分运用资料,善于提炼观点

撰写调查研究报告必须大量运用调查资料,让调查的事实"说话"。初学者常常会只顾表述自己的观点,而不顾材料,也没有科学的论证。这类调查报告空洞无物,观点和材料没有内在的逻辑联系,观点不是从调查事实得出,而是凭主观想象或套用现成的观点。这类报告不调查也能写出来。

强调调查报告要用调查事实"说话",绝不是对调查材料的罗列。初学者常常容易出现的另一种情况就是罗列大量材料,平铺直叙,没有论点。出现这种情况主要是作者对调查所得的资料缺乏分析,不善于从事实材料中提炼观点。

调查研究报告在运用材料进行"说话"时,可以把文字、数字和图表三种形式结合在一起使用。但也不要把没有经过统计处理的大量的原始数据原封不动地以表格形式写进研究报告。另外,图表设计要简洁、明了,确保图表的直观效应。

(2) 语言的表述要得体

调查研究报告的语言要准确、简练、朴实、生动。准确是指概念要明确,所陈述的事件真实、引用的数字或语句要正确,评价要恰如其分。简练是指行文要言简意赅,不拖泥带水,不作过多的描绘,不作烦琐的论证。朴实是要求行文通俗易懂,不哗众取宠,不随意使用夸张和奇特的比喻,不作抒情和渲染的描写,整个风格应以叙述和议论为主。生动主要是指行文要活泼,语言不呆板。

(三) 实验研究报告

实验研究报告是以书面的形式反映教育实验过程和结果的一种研究报告,它的显著特点是客观性。虽然调查研究报告和经验总结报告也都强调客观性,但却没有实验报告要求那么严格。实验报告所反映的结果,完全是通过实验操作过程所获得的,不允许有外加的成分,和调查报告一样,实验报告对问题的阐述和解释,对结论的表述,都要求准确、朴实、简明，而且不需过多的形容和富于情感的描述。

1. 实验研究报告的基本结构

实验研究报告与一般学术论文不同，它在格式上有较为严格的要求。按出现的顺序，一般必须包括标题、引言、方法、结果、讨论与分析、结论及参考文献等部分。

(1) 标题

实验报告的标题应是一种通报性的标题，让人一看就知道是哪一个方面的研究。比如"奖励与惩罚对学生学业成绩影响的研究""、"无提示条件下学生记忆策略与记忆成绩影响的实验研究"、"农村幼儿综合教育模式的研究"等等，而不要写成"运用奖励手段提高学习成绩"、"加强记忆策略提高记忆成绩"、"综合教育大有作为"等经验总结式的标题。

(2) 摘要

摘要应是研究报告中关键性内容的总结与概括，一般在 300 字以内，因此，摘要用词应十分简明准确，使读者能够了解研究报告的主要内容，如研究的目的和问题、研究方法、研究结论等。

在研究报告的开端，先出现研究摘要是很重要的。摘要可使读者用很短时间了解报告的内容，以决定是否取舍。另外，由于时间关系，人们在搜索信息时往往也不可能直接对许多论文和研究报告进行全文阅读，而是常常根据摘要来判断某篇报告是否符合自己的兴趣和需要。除此之外，摘要还有助于图书管理人员进行书刊索引和文摘工作，能将研究报告不失作者的原意介绍给读者。

(3) 前言

前言又称序言、引言、问题的提出。它包括下面几个方面：

① 问题的性质及重要性。作者在报告的一开始，就必须说明所研究的是什么性质的问题，该研究的意义和价值。如说明该课题是众人所关心的但迄今尚未解决的问题，以指出该项研究的重要性与研究价值；也可以说明该项研究是已有理论而待验证的问题，以说明该实验研究的学术价值；还可以说明该实验研究是教育实践中亟待解决的问题，以说明该项研究的现实意义。总之，要实事求是地阐述所进行的实验研究的理论价值或实践意义，以引起读者对该研究的重视。

② 文献评述。研究报告中的文献综述，是围绕研究目的，对研究问题或假设的有关文献资料的综合性论述。报告中撰写这部分内容，能使读者了解研究背景、问题的提出以及该项研究的理论和实践依据。在文

献评述中,还应介绍不同观点和不同方法的研究以及近期发表的最新研究,要指出以往的研究曾经采取过哪些方法,取得了什么成果或解决了什么问题,留下未解决的问题是什么。文献评述的撰写篇幅不宜长,不要堆积资料。

在文献综述中引用他人的研究成果时,应在文中适宜处括号内写明原作者的姓名及发表时间,或标明注释条号,使有兴趣的读者可在研究报告末尾的"参考资料目录"中找到相应的资料来源,如篇名、书刊名称、日期、册数、页数等。如果在报告中直接引用了别人的文字,则可用页末注(在本页下端与正文之间划一横线,在线下方注释)、段落后注(每段后边用"注"或"注 1"等标出)、文内注(用小号字体穿插在引文的后面)等方式处理。"文献评述"的末尾,有时可以自然延伸,进而简洁地阐述当前研究的目的,或研究的问题与假设。

③ 目的与假设。在介绍研究方法和步骤之前,应明确阐述研究的目的、假设,因为研究方法是为检验这些假设而选定的。目的和假设是一个问题的两个方面,一般是先有目的,而后再提出假设,但有时也可以提出假设后有目的,因为在教育研究中有些问题是早已有了假设,只是通过实验来验证假设而已。如非智力因素对学生学习成绩的影响问题,早就假设为学生的非智力因素与学生学习成绩有密切相关,实验仅仅是验证这种假设,像这种情况就可单纯以验证假设为目的。

④ 重要名词诠释。作者在说明研究问题的性质、意义、目的、假设之后,对于文章中出现的一些重要名词必须给予界定,有的还要写出操作定义。

(4) 研究方法与过程

实验报告的"研究方法与过程"部分,是评价一篇实验报告的很重要的一个内容。在某种意义上讲,研究方法的设计影响着该项实验的研究价值。有时,实验研究的结果不能按自己的愿望去验证假设,但只要研究方法设计得精密、运用恰当,该实验研究就自然具有价值。因为研究方法本身仍可提供给人们参考。"研究方法与过程"这部分内容的撰写,包括下面几个方面的内容:

① 研究对象。在实验研究报告中的"研究方法"部分,作者必须说明研究的对象是谁,他们是从什么样的群体中选取的,用什么样的方法选取的,有多少人,以及被试的年龄、性别、文化程度、经济地位、家庭情况等。如果实验是分组进行的,还应说明按什么方法分组。

② 研究工具。研究工具是指研究者用来收集资料的量表、问卷等测量工具。如果研究者所采用的研究工具是公开发表的标准化量表,研究者只须说明名称及版本;如果是自编的量表,则应详细描述,或附在文后让读者参考。

③ 研究步骤。实验研究报告在介绍实验研究的方法时,除了介绍研究对象和研究工具外,还应说明研究是怎样进行的,资料是通过什么方式搜集的。要对实验设计与实施程序作详细说明。诸如实验设计的类型,怎样处理实验变量,怎样控制无关因素,怎样观察记录等等。实验研究报告中,对研究方法的阐述,主要是强调该研究的客观性和科学性。

(5) 实验结果

实验结果是研究报告的重心,因此,必须详细地、清楚地叙述实验的结果,说明某部分资料与某项假设是否成立,研究问题与假设中的哪一部分有关联等。

为了形象直观地说明问题,实验研究报告常用图表的形式来说明问题。对实验结果所得到的数据资料进行比较分类以后,制成各种图表,使之说明问题。图表应一事一表,一事一图,以便说明问题。实验结果如果属于性质描述资料,也要进行加工整理,使描述更加概括、准确。

在运用图表来说明问题时,研究者应按其在文中出现的顺序为其排定数字顺序,如图 1、图 2、表 1、表 2 等。在排序时,图与表应分别排定,不能混排。

(6) 讨论

"讨论"是对实验中观察、记录和测定的结果(各种数据、现象和事实)进行理论的分析和解释。为实验报告的结论提供理论依据。

在"讨论"中,一方面要指出实验研究假设是否成立,另一方面对实验中出现的某些特殊现象(如结果无法证实某种假设时)要提出自己的见解,指出其可能的原因、该实验研究的不足之处及今后的研究设想。

(7) 结论

"结论"部分是对实验结果概括或归纳,从理论上和概念上说明结果的意义。"结论"部分的文字十分简明概括,常常把研究结果或研究发现归纳为某种原理、规律或规则。

(8) 结语

"结语"是对研究报告全文的总结,应简洁地重述研究目的、假设,主要的发现,指出假设是否被接受。"结语"与摘要十分相似,通常极短,有时与"结论"合并。

（9）参考资料目录

在研究报告的末尾，应一一列举文中引用的主要参考资料的来源，以致谢意，这样既可表示对他人劳动成果的尊重，又可向读者提供资料来源，反映该研究是在什么水平上进行的。参考资料的来源，按其内容出现的先后，应依次为作者姓名（如果是多个作者，常在第一作者后加"等"字）、文章篇名或书名、刊物名称或出版社名称、发表日期或出版年份、册数、页数等。如果参考的资料较多，应对参考资料进行排序，一般采用作者姓氏的第一个字母，按照英文 26 个字母的顺序排序。

报告中所列出的参考资料目录对于读者是十分有用的信息来源，研究报告的作者应像对待报告的正文一样，认真校阅参考资料的目录，以免出现错误，无法查找。

2. 实验研究报告的撰写应注意的问题

（1）坚持实事求是的科学态度

实验研究报告反映的是实验研究的过程和结果，而实验研究有着严格的研究设计，包括选择被试、自变量的操纵、无关变量的控制、研究的材料工具、实验程序、研究方法选择等等，因此，实验研究的结果应具有较强的科学性和较高的信度及效度。

为了准确地反映实验研究的过程和结果，使实验研究成果得以科学、正确的推广，研究工作者在撰写实验研究报告时对报告中所采用的材料要经过严格的检查核实，对材料的分析要实事求是，不能弄虚作假、故意夸大或拔高，要尽可能减少主观臆想的成分。

（2）运用定量和定性相结合的方法

目前，人们已开始重视数量的分析了，很多实验研究报告都运用了统计分析的方法，这是应该肯定的。但教育实验研究，有些实验结果是很难用数据进行定量描述的，因此，实验研究报告的撰写，最好能做到定量与定性相结合、数据和事例相结合、一般与典型相结合。

（3）实验的方法和结果要交代清楚

实验研究的价值是以方法的科学和结果的可靠为条件的。因此，实验研究报告的方法部分要讲得清楚，交代具体，条理分明，结果部分要形象引人，说服力强，有图有表有说明，图文并茂。

（四）学术论文

这里的学术论文，指的是对教育科学中的某个问题，通过种种途径和方法,进行科学的探索或思考而写成的以论述为主的文章。和研究报告相比,学术论文在反映科研成果时更具有理性的论述,它更强调内容的创新,强调学术价值和社会价值,而并不特别关注研究的具体方法和过程。

1. 学术论文的基本结构

学术论文的结构比较简单,一般由题目、署名、摘要、关键词、前言、正文、结论、注释(或参考文献)等几个部分组成(为取得学位而撰写的学位论文在结构上稍微要复杂点,在篇幅上可以洋洋万言甚至一二十万言)。上述各组成部分,又可归纳为三个方面:论文前列材料、论文主体、论文参考资料。实际上我们通常情况下所讲的论文,就是指论文的主体部分而言,因此,学术论文的撰写,主要是论文主体部分的撰写。

论文的前列材料大体上包括:题目、署名、摘要、关键词。论文题目起着点明题意的作用。题目要用简练明确的语句表述,要反映出研究的问题及研究的领域和对象,使人一目了然。摘要是题目的扩大,其意义在于使读者很快能了解全文的内容和结果。摘要应该简短、准确。一般字数占全文的 2% 左右为宜,在 150—200 字即可。关键词是指构成论文的起支柱作用的词,一般不超过 9 个词,其作用在于给读者以"画龙点睛"的作用。

论文主体部分的结构大体上包括:前言、正文、结论。

(1) 前言

前言是学术论文的序言,或导言或绪论。前言部分要简单扼要,开门见山,直截了当地阐明研究的目的和意义。对一些较长的学位论文,前言还可以增加历史回顾和背景材料、课题所涉及的问题的分析和研究范围、基本理论和原则、研究材料和资料等方面的内容。

(2) 正文

正文部分是全文的主体,必须对研究内容进行全面的阐述和论证。

一般的学术论文的论述方法有两种类型:一种是实践证明,即用实践的结果来检验、证实某种理论的可靠程度。比如,《勤于用脑可以延缓大脑的衰老》一文,为了说明"勤于用脑可以延缓大脑的衰老"这个论题,首先列举了关于大脑与用脑科学的研究成果,而后又列举了一些老年人实际生活的体验来说明"勤于用脑可以延缓大脑衰老"这一观点。另一种是逻辑证明,逻辑证明是用一个或几个真实判断来论证、确立另一个判断的真实性。

逻辑证明由论题、论据和论证三个部分组成。论题是需要证明的问题。论据,用来证明论题的一些判断。论证,是论题和论据之间的逻辑关

291

系和证明方式。

逻辑证明，按推理的形式不同，可以分为归纳证明和演绎证明。

归纳证明，是以个别和特殊的事实为依据，以归纳推理为论述方式，来证明论题的一种论证方法。在论述时所列举的论据，可以是事实，也可以是数字。运用归纳推理作为论证方法来证明论题时，最典型的一种方法是例证法，有人把它称为事实论证法。它是通过举一个或几个典型事例来说明观点的。

演绎证明，是以一般原理和原则为论据，以演绎推理为论述方式，来证明论题的一种论证方法。这种论证方法，是用已知的道理来推论和分析未知的问题，从而得出新的结论。运用演绎推理作为论证方式来证明论题时，常用的具体方法有引证法，它是通过引用经典著作、名人名言、已被证实的科学原理、定义等，来证明个别性观点。除引证法外，分析法也是运用演绎推理的形式进行论证的一种方法。所谓分析法是通过分析解剖、阐发事理、揭示论点与论据之间的内在的关系（如整体与部分、因果关系等），从而证明论点的正确，达到论证的目的。

作为人类逻辑推理的主要形式的归纳和演绎，虽然都是理论思维的逻辑推理形式，都有着重要的意义和作用，但它们并未穷尽一切推理形式和方法。在理论思维中，逻辑证明的方法除了归纳和演绎外，还有类比推理、关系推理等形式。论证的具体方法也是多样的，除了上述讲到的以外，还有类比法、反证法、对比法、递进法等等。在实际的论文撰写中，论证的方式常常不是一种论证方法的单一运用，而是几种方法彼此交融、相互补充、互相依赖、紧密联系地运用于人的理论思维过程，表现在学术论文的论述之中。

（3）结论

结论是论文的结尾部分。这部分应简要地归纳论证结果，形成明确的观点；也可以对研究成果加以概括，提出推广的建议；还可以提出今后要进一步解决的问题和方向。有些论文，并不专门写一段总结性文字，而是把论点分散到整篇文章的各个部分。

2. 学术论文观点的提取和梳理

（1）将材料进行汇总，使之系统化

材料汇总以后，就要进行分门别类、排列组合的工作，要按照材料的横向联系和纵向联系做一番整理，使之系统化。

（2）对材料进行分析，形成概念和命题

在材料系统化的基础上，就可以进行逻辑分析和统计分析了。逻辑分析的特点是用抽象思维的方法,揭示事物现象的本质和规律。比如,通过比较、归类与类推,对事物进行分析综合;统计分析是根据统计学的理论、方法,通过分析大量感性材料在数量上的表现形式,找出内在联系,从而揭示事物发展的规律。经过对占有材料的深入思考,去粗取精,由此及彼,形成概念和命题。

(3)对材料进行归纳和演绎,形成结论

归纳和演绎是教育研究中学用的两种既相互对立又相互联系的逻辑推理方法。前者是从个别到一般的思维过程,后者是从一般到个别的思维过程。当我们对材料进行了统计分析和逻辑分析以后,就可以运用这些方法作出推论,得出研究的结论了。

3. 学术论文的撰写应注意的问题

(1)论述要有理有据

撰写一般的学术论文,必须在充分掌握材料的基础上,对材料进行分析、综合、整理,经过概括、判断、推理的逻辑组织和逻辑证明,最后得出正确的观点。在这里,要避免两种毛病:一是有观点,没有材料,空洞无物;一是有材料,没有观点,读起来使人感到臃肿、膨胀,不得要领。

(2)论述方法要多样

撰写一般学术论文,在论述方法上,要善于运用各种逻辑方法,多维度、多方向、多层次地论述问题。在材料的运用上,有事例,也要有数据;有正面的,也要有反面的。一句话,各种方法要结合起来,交错运用,各方面资料尽可能结合使用,避免单一化。

第二节　教育研究成果的评价和推广

教育研究成果是具有一定理论价值和应用价值的创造性的科研成果。它必须同时满足以下 5 个条件:

(1)是通过教育科学研究后取得的;

(2)具有一定的学术价值和实践意义;

(3)有一定的创造性;

(4)有一定的表现形式;

(5)经过正式评审(实践考核、技术鉴定或学术评议),对上述 4 条能做出肯定的结论。

一、教育研究成果的评价

教育研究成果的评价是对教育研究成果作出价值判断的过程,具有重要的意义:① 评价教育研究成果,是使社会认识、承认教育研究成果的一种必要途径,也是推广教育研究成果的前提;② 评价教育研究成果是沟通教育研究信息的主要渠道;③ 正确评价教育研究成果,有利于进一步调动教育研究人员的积极性。

(一)教育研究成果的评价内容

对教育研究成果进行评价,必须完成"确认事实"和对"被确认事实的评价"这两项工作。

1. 对研究成果进行资格鉴定

所谓资格鉴定就是对被评价的对象是否属于教育研究成果进行鉴别。鉴定的指标一般有 4 个方面:

(1)在科学研究的基础上,揭示了新的教育规律、原则和特点等,提出了新的教育理论或方法、技术;

(2)发现教育过程中的新事实,提出新观点、新见解,或是对原有事实做出新的解释;

(3)提出教育工作中新的内容、途径和方法,或从实质上对原有的加以改进;

(4)通过教育实践,对原有的教育理论提供新的例证、补充和修改。

2. 对研究成果进行评价

教育研究成果所产生的影响和效益有大小之分,即有价值大小之分。因此,通过资格鉴定后的教育研究成果,还应给以价值判断,进行成果评价工作。对教育研究成果的评价一般从两个方面进行。

(1)理论价值。所谓理论价值,主要考虑研究成果在整个教育知识体系中所处的学术地位,诸如理论观点上的创新、研究方法和技术上的突破、某些学科领域空白的填补,以及成果对其他学科的借鉴、启迪意义等。

(2)应用价值。所谓应用价值,主要是指研究成果在现实教育过程中的推广价值、使用价值、适用范围和可行性大小。

(二)教育研究成果的评价标准

对教育研究成果的评价,要对其理论价值和应用价值进行综合评价。这里,既要考虑科研成果自身的科学性、理论性和应用性,又要考虑表达成果的论文及研究报告(或音像带、多媒体课件的制作)写作技巧的水平,即论文或研究报告的可读性。因此,对教育研究成果进行评价时,应坚持科学性、理论性、应用性和可读性。

1. 教育研究成果的科学性

研究成果的科学性主要是指取得该项成果的过程是否符合教育研究工作的一般要求。

(1) 选题是否科学、合理,符合实际;

(2) 课题研究的目标是否明确;

(3) 研究方法是否科学;

(4) 研究计划是否周密;

(5) 研究资料是否可靠、完整;

(6) 结论是否科学、合理。

2. 教育研究成果的理论性

研究成果的理论性主要是指整个研究过程,包括研究成果是否具有学术性。

(1) 理论观点的创新;

(2) 研究方法、技术上的突破;

(3) 对学科领域空白的填补;

(4) 对其他学科的借鉴和启迪。

3. 教育研究成果的实践性

研究成果的实践性是指研究成果能否在实践中推广和运用,具有多大的应价值。

(1) 研究成果推广、使用的价值;

(2) 研究成果的可操作性;

(3) 研究成果运用的范围。

4. 教育研究成果的可读性

研究成果的可读性主要是指研究成果在表达上的技巧性。

(1) 表达准确、简明、形象、生动;

(2) 论述深入浅出;

(3) 主题明确、重点突出;

(4) 结构严谨、层次分明;

(5) 段落清楚、照应周全、开头得当、结尾简洁、前后呼应、浑然一体。

在具体进行评价时,可参考《教育研究成果评价表》(见表 14-1),逐步进行评价。

表 14-1

课题名称			成果名称		编号			
课题负责人及所在单位			成果形式		出版情况			
评价项目	权重		评价要素		评价等级			
					A	B	C	D
分项评价	科学性（客观性）	0.3	1. 选题符合客观实际,研究的指导思想明确； 2. 研究方案周密； 3. 研究方法科学； 4. 研究资料可靠、完整； 5. 结论可靠、合理、科学。		√ 28.5	24	19.5	15
	理论性（学术性）	0.25	1. 理论观点上的创新； 2. 研究方法或技术上的突破； 3. 对学科领域空白的填补； 4. 对其他学科的借鉴和启迪。		23.75	√ 20	16.25	12.5
	实践性（应用性）	0.25	1. 研究成果推广、使用的价值； 2. 研究成果操作的可行性； 3. 研究成果适用范围的大小；		23.75	20	√ 16.25	12.5
	可读性（技巧性）	0.20	1. 准确、简明、形象、生动、深入浅出,通俗易懂； 2. 主题明确,重点突出；结构严谨,层次分明；段落清楚,照应周全,开头得当,结尾简洁。		19	16	13	√ 10
综合评价								
评价人：			评价时间：		年 月 日			

在表 14-1 中,科学性、理论性、实践性、可读性四个方面都分别提出了评价要素,若能很好地达到评价要素规定的标准,即可评为 A 级;若较好地达到评价要素规定的标准,只有某些不足可评为 B 级;若一般地达到评价要素规定的标准,并存在一些明显的缺点,可评为 C 级;基本上没有达到标准,存在着严重的缺点和错误,应评为 D 级。

评价人要认真阅读所评价的研究成果,根据研究成果的内容,对照评价项目的要求与等级标准,逐项评定等级,并在评价量表的相应空格中画"√"号。

该量表采用等级赋值的办法计算得分。A 级赋值 95 分,B 级赋值 80 分,C 级赋值 65 分,D 级赋值 50 分。根据量表中规定的权重,可分别计算出各评价项目的分项得分,其计算公式为:

$$分项得分＝等级赋值×权重$$

例如"科学性(客观性)"一项的 A 级赋值是 95 分,权重为 0.30,故该项的得分为:

$$95×0.30＝28.5$$

如果单人评价,各分项评价得分的总和便为综合评价值。以表14-1为例,我们只要将表中评价等级中画"√"号的数相加,便得到了综合价值:

$$28.5＋20＋16.5＋10＝74.75(分)$$

如果是多人评价,则只要将每个评价者所给的综合评价分相加,再除以参加评价的人数,所得的平均值便为该研究成果的综合评价得分。

(三)教育研究成果的评价方法和操作程序

根据教育研究成果的性质不同,我们可以采取不同的评价方法。

1. 自我评价和他人评价

自我评价是成果获得者根据教育研究成果的评价标准进行评价。自我评价是他人评价的基础。他人评价是成果获得者将研究成果送给同行专家进行评价。凡是接受国家哲学社会科学基金资助的课题和全国教育科学规划重点研究课题,均应在研究工作完成后对成果进行鉴定。

2. 鉴定的方式和程序

对教育研究成果的鉴定,主要是由专家组成鉴定组进行评议。评议分为会议评议和通讯评议。鉴定组成员一般为 5～9 人。专家人选由课题负责人与教育科学规划领导小组办公室共同商定,而后由教育规划领导小组办公室向诸位专家发出邀请信,原则上每个鉴定组应包括3名以上(含3名)相关的学科规划组成员。

教育研究成果的鉴定,应遵循一定的程序。

(1)课题完成后,课题负责人及所在单位应及时向教育科学规划领导小组办公室提出申请验收报告,并填写成果验收申请表。由地方教育科学规划办公室立项的研究课题,课题负责人应向课题审批单位提出申请验收报告。

(2)课题组必须向鉴定组每位专家提供课题申请书、成果主件、附件及研究工作总结报告(报告中应含成果自我评价及研究经费的使用情况)等材料。如果采取会议评议,上述材料应在会议前一个月提交鉴定组专家审读。

(3)鉴定组专家本着科学的精神,坚持实事求是的原则,对照课题组申请书预期达到的目标,对成果提出客观、公正、全面的评审意见,最后由鉴定组长形成鉴定组集体意见。

(4)鉴定完成后,课题负责人应将完整的成果两套、研究工作总结报告一份及研究经费决算(课题资助经费总决算表)、成果鉴定书(原件)一并送交规划办公室验收存档。

(5)鉴定所需费用由课题组从研究经费中开支。没有研究经费的项目,费用自筹。

二、教育研究成果的推广

一项教育研究结束,写出成果报告,并通过了成果鉴定,是否意味着这项研究活动的结束?当然不是。

(一)教育研究成果推广的意义

长期以来,我国的教育工作者以及专门的教育研究工作者,对教育研究成果的推广工作重视不够,教育行政部门对教育研究成果的推广工作则缺乏具体的措施,致使我国的教育研究工作形成了"写出报告,通过鉴定,研究结束"的现状,至于成果今后的情况便无人问津。因此,从总体上来看,教育研究成果的推广工作是教育研究中的一个薄弱环节,需要引起教育工作者及教育行政主管部门的重视。

1. 普及教育科学理论,拓展教育工作者的知识面

教育研究就是要研究人类知识与价值观念传递过程中的教育现象,

探讨教育的本质,揭示教育的客观规律和特点,因此,推广教育研究成果,能够使更多的人享受到科学成果,了解教育科学理论,丰富教育科学的知识。比如刘静和进行的小学数学教学实验就为小学数学教育教学的改革提供了可靠的科学理论依据,如果能把这一研究成果推广开来,就会有更多的人了解这项研究所提出的关于小学数学教育的一些新理论,并且努力去实践这些理论。

2. 指导教育工作实践,解决教育教学中的实际问题

在教育研究中,应用研究就是为解决教育实际中存在的问题而进行的研究。比如,上海幼师王默君、陈善娟关于"4 岁儿童识字尝试性研究"的实验[①],这项研究就是为了解决很多家长、幼儿园都关注的识字问题。幼儿时期识字好不好? 用什么方法教识字? 对幼儿识字的要求是什么? 这是研究者试图想通过实验来证明的。假如这项研究成果能够推广开来,很多幼儿园和家长都会从中受到启发。

3. 丰富教育研究成果,促进教育科学发展

就科学本身来说,它的发展进步要靠本学科的科学研究成果的积累和创新。教育科学的发展也必然要靠大量的、科学的、逻辑的、实证的教育科学研究来推进它的发展。我国的教育科学还比较幼稚,教育研究工作,特别是理论研究还远远落后于实际的需要,而已经取得了一定成果的教育研究,其中相当一部分的研究又并未引起人们足够的重视,这些成果并没有很好地推广运用于教育实践。因此,发展教育科学就必须高度重视教育研究以及研究成果的推广和普及工作。

（二）教育研究成果推广的条件

教育研究成果的推广,受到各种因素的制约。教育行政主管部门、教育研究工作者必须加大对教育研究成果推广工作的投入,积极创造条件,做好教育研究成果的推广工作。

1. 领导重视,组织保证

教育研究成果的推广工作,需要各级领导的关心和支持,需要有专门的人员和组织并制定切实可行的措施来抓好这项工作,否则就容易流于形式。在这方面,上海市采取的做法是:由市教委基教办牵头,成立了专门的教育研究成果推广领导小组,每年向全市发布一批经过专家论证、有推广价值的成果,并开设了 3 年一次的推广科研成果评奖活动,这对推动

---

① 见《心理发展与教育》1987 年第 4 期。

教育研究成果的实际应用起到了一定的作用。

2. 要有一定数量的活动经费

开展教育研究需要研究经费，科研成果的推广也需要活动经费。为了推广一项研究成果，有时要开办学习班，有时要组织培训，有时还要增加一些设备或器材，都需要人力和物力上的投入。没有活动经费就很难保证成果推广工作的顺利进行。至于成果推广工作的活动经费来源，可以通过多种渠道进行筹措，比如采取一定数量的行政拨款、向社会和企业寻求赞助，也可由各参与单位分别负担一部分，共同承担活动的经费。

3. 广大教育工作者及社会各界的理解、支持与合作

广大教育工作者是教育研究成果推广工作的直接参与者和受益者，没有他们的理解、支持与合作，任何一项教育研究活动都不可能顺利地进行，也不可能达到预期的研究结果，更不可能在更大范围内取得成功。由于教育是一种社会活动，就使研究教育与人发展规律的教育研究工作以及教育研究成果的推广工作必定要受到社会各界的关注和影响。比如，我们要研究如何减轻中小学生的学业负担问题，并把这项研究的成果推广开来，没有家长的理解、支持与合作，没有社会各界的配合，我们的研究成果就不可能真正地推广开来。因此，广大教育工作者及社会各界的理解、支持与合作，是教育研究成果得以推广的重要条件。

（三）教育研究成果推广的基本形式

教育研究成果的推广可以采取书面发表的形式，也可以采取开会交流的形式。

1. 书面发表

一项研究结束，形成研究报告，通过专家鉴定，然后在一定的刊物上发表。这种通过刊物把研究成果向社会公布，以扩大它的社会影响的做法，是目前教育研究成果推广中较常见的形式之一。

2. 会议交流

教育研究成果的推广除了通过刊物发表研究报告等成果形式外，还可在各种报告会、研讨会上宣读自己的研究成果——各种形式的研究报告。至于报告会或研讨会，有时是由教育行政部门组织召开的，有时是由学术团体召开的，但无论谁召开，都必须对该项研究成果的推广工作制定出推广方案、提出推广意见，以确保成果的推广。

除了上述两种成果推广的基本形式外，我们还可以通过举办培训班、成果展览来推广研究成果。

【附　案例一】

"韵语识字尽早阅读循序作文"阶段性实验报告

实验背景

　　面对扑面而来的知识经济时代,不仅需要一代代善于汲取和处理信息的创造型人才,而且,提高整个中华民族的文化素质将是长期的战略任务,这个任务最基本的标志是"识字、阅读,学会学习"。一个人口如此众多的发展中国家,"人人养成阅读习惯、掌握阅读方法、形成阅读能力"比以往任何时候都显得迫切。在为此而争取早日实现普及义务教育的世纪大战中,对于基础教育的所有方面,实现"尽早阅读"是最重要的。

　　人才竞争的现实迫使我们必须具有"人才培养倒计时"的紧迫感和使命感。为此,必须树立"在最佳期实施最优质教育"的观念。一方面,由于课程、教材设置不当,方法落后,错过了儿童阅读能力培养的最佳期,始终没有解决"尽早阅读",以致影响了整个中小学语文教育质量长期徘徊在较低效能的水平上不能自拔。另一方面,钱学森先生针对人才创造才能成长的最佳期提出"大成智慧学"的构想,主张探索"21 世纪中叶每个 18岁的中国人都要达到硕士水平"之路,倒计时推算下来,在培养阅读能力的最佳期 6~7 岁实现"尽早阅读"就成为关键。

　　落实素质教育的核心是解决受教育者主体的生动活泼主动地发展,非如此,"素质"是不会获得健康生长的。因此,为受教育者提供尽可能充分发展的自我教育的时间和空间,标志着教育者实施素质教育的深度和诚意。在信息社会里,教育者的责任首先是在仅有的有效教育时间内让受教育者掌握尽可能多的知识,不仅要讲究在最佳期传授最优效的内容,而且要选择速度快、效能高的方法。只此一个途径,别无出路,被剥夺时空自主权则无所谓主体地位和素质教育。

实验目的

　　以"科学、高效"为宗旨,在尽可能短的时间内,用尽可能少的代价和尽可能简捷的方法掌握 2 500 个最常用汉字,实现"尽早阅读",尽可能充分地提高小学生语文素质。

301

实验假设

根据儿童心理特点和认知规律,以及汉字的文字规律,运用汉语韵文的传统手法,借鉴现有各种识字方法的有益经验,把小学语文教学大纲中规定的 2 500 个最常用字,先组成最常用的词,再用这些常用词根据文道统一的原则,围绕一个个中心意思和一定的故事情节,编成句式整齐、合辙押韵、通俗有趣、短小精悍、激发童趣、含大密度生字的韵文,抓住儿童识字和阅读的"关键期"、"最佳期",用一年左右的教学时间突破"识字关"。同时,按照小学语文教学大纲系统编制"阅读训练序列"和"作文训练序列",设计阅读与作文同步发展的"全语文"教材,达到科学、高效的小学语文素质教育的新水平。

实验设计

1. 采用多类型样本、多层次后测对比;以小学 1～5(6) 年级为实验全程(已毕业两轮),本实验报告为低年级阶段性验收综合报告。

2. 无关因子的控制以常态为准。

(1) 不计办学条件的类型和水平;

(2) 按规定的授课时数不增不减;

(3) 基本不留笔答课外作业;

(4) 除期末考试外不做其他测验;

(5) 排除语文学科其他实验的干扰,其他学科实验、教育实验不计。

3. 实验因子的操作限定为专用教材教法。

(1) 本实验采用由教育科学出版社正式出版的《新世纪素质教育课程实验教材·语文》。该教材设计是以素质教育目标为出发点与归宿,小学低年级以识字为重点但不以识字为目的,核心是实现"尽早阅读",全面提高语文素质。因此,小学低年级四册教材的第三册以识最常用 2 500 字为基础,从第三册后半部开始即进行巩固提高,全面进入阅读作文单元教学。

识字教材的编写全部采用韵文,编写课文主张"文从字",提供给学生使用则遵循"字从文",即在阅读中识字;读一篇韵文识一批字,识一批字读一批文,读一批文完成一种类型的作文训练。名为"识字"教材,实为"全语文"教材。

识字教材按基本字、高频字、次高频字顺序编排;为了避免分散注意力,一般不加插图。为了便于记忆,韵文尽量采取每篇4~6句,每句5~7字,内容强调贴近儿童生活,通俗有趣。为加快识字速度,每篇生字率不低于60%。

识字教材综合发挥汉字音形义关联紧密的特点,第一单元先学基本字而后再学拼音,这样,既满足了儿童迫切识字的需要,又强化了汉字字形结构和以普通话标准音"正音"的意识,同时,突出了拼音的工具性,使儿童形成正确的汉字概念。

全套教材自始至终是依据"阅读训练序列"和"作文训练序列"编写的读写单元序列教材。此外,配有教学参考资料、课堂教学实录和 VCD 光盘、教具、学具等。

(2) 采用韵语教学的基本模式和方法。

韵语识字教学遵循儿童整体认知规律,采用"整体输入"的方法,建立便于记忆、联想和理解的字义组块。如《家乡变新样》一课,"以往咱村离城远,要看戏剧非常难。如今有了电视机,精彩节目随便看"。一共 28 个字,其中生字 26 个,由于这 26 个生字贯穿在韵文当中,以正音输入朗朗上口,有内容有情节,形象易记;教学过程强调每读一遍韵文变换一种方式,形成新异性刺激系列,达到"快捷、深刻地输入"的目的。

韵语教学强调"非一次性领会"规律的运用,采取以认读为主、认字为主,不要求不适当地书写同步到位,理解是在大量阅读和作文训练中逐步巩固完成的。强调遵循儿童生理、心理规律,充分运用"关键期"、"最佳期",不失时机地施以教育引导和训练。

韵语识字教学的同时传授"奇特联想"、"定位联想"等快速记忆方法、阅读方法、写作方法和工具书使用方法等。

(3) 提倡开放式阅读和自立式作文

韵语教学只是把识字作为语文素质教育的基础,又强调快速高效,因此,从入学第二单元(拼音教学)之后,便开始引导学生大量阅读,又由于先学高频字,所以,生字复现率高,有利于记忆、理解。阅读采取课外为主,独立选材为主,激发阅读兴趣,注意引导;阅读强调"放声读",用以训练"开口"、"正音"、"善言"和"规范言语"。

作文教学从一年级第一单元就开始从"说一句表达中心意思的完整的话"进行训练,虽然依据"序列"进行,但绝对避免八股式文法,主张由学生"放胆写"内心的感受与理解,进行个性化选择。

实验效果

1. 在实验规定的期限内,完成了预期识字任务,为实现"尽早阅读"创造了充分条件。这里选取教学效果很一般的辽宁省沈阳市122中附小为例(见表1),证明提高效率2～3倍以上。

表1　识字效果检测

	人数	教材安排识字量	学生平均识字量	最高识字量	最低识字量	平均默写量
实验班一年级(年末)(对比班)	52(60)	2 059个(440个)	1 988个(438个)	2 324个(512个)	1 007个(419个)	972个(427个)
实验班二年级(期中)(对比班)	59(55)	2 517个(752个)	2 140个(738个)	2 847个(763个)	1 200个(682个)	1 724个(732个)

实验效果较好的学校可以达到1/3学生全部掌握,优秀水平占98.2%;条件很差的陕西省延安市希望小学也有85%优秀,最低识字量1人,识字1 038个。

2. 实现"尽早阅读",显示了"科学、高效"识字的必要性、可行性和优越性。这里以浙江省宁波市鄞县邱隘镇中心小学的检测为例(见表2)。

表2　阅读发展水平检测

	人数	阅读量(万字)			读速(字/分)				
		最高	最低	人均	最快	最慢	$\overline{X}$	S	Z
实验班二年级(对比班)	108(114)	200(80)	20(3)	106(30)	320(186)	76(52)	190(104)	43.86(26.29)	17.59
备注	统计日期截止至5月4日				用"四省市"语文第八册课文 $P<0.01$				

不仅如此,各实验校分别对学生阅读书目进行了分类调查,反映了实验班广泛的阅读兴趣,而对比班55.4%集中在"习题解"和"学科辅导"方面,差异十分明显。

表3　课外阅读类型统计

	科技		神、童话		幽默		探险		历史		武侠		智力开发		习题解		学科辅导	
	本	%	本	%	本	%	本	%	本	%	本	%	本	%	本	%	本	%
实验班（52）	103	11	120	12.8	80	8.5	14	1.5	59	6.3	294	31.4	47	5	46	5		
对比班（51）	53	7.9	53	7.9	61	9.2	0	0	37	5.6	26	3.9	100	15	177	26.4	195	29

实验班学生由于实验"尽早阅读"，因而改善了学生学习兴趣和习惯，将产生长效作用。

3. 实现"识字、阅读、作文"三位一体同步发展、综合提高语文素质，下面的一组检测统计从不同角度证明了这一点。以辽宁省沈阳市明廉路小学作文为例测查统计（见表4）。

表4　作文测查统计

班次	人数	看图说、写话	写状物	写事	日记
实验班（二年）	47	25篇	10篇	52篇	160篇
对比班（二年）	50	16篇			5篇

浙江省宁波市鄞县邱隘镇中心小学的统计（见表5）。

表5　二年级学生写作能力对比分析

项目 班级	看图写话							命题作文
	人数	优	良	中	差	最长	最短	平均	
对照班	114	25	45	31	13	241	65	154	不会写
百分比	100	21.9	39.5	27.2	11.4				
实验班	108	57	43	7	1	407	131	240	能写250字左右的书面短文
百分比	100	52.8	39.8	6.5	0.93				

4. 韵语教学促进了小学生素质的全面提高，使学生思维能力得到充分培养。

实验分析

1. 对语文教学改革的贡献

"韵语识字、尽早阅读、循序作文"小学语文课程改革实验,是国家教委"九五"课题"新世纪素质教育目标课程化理论的实验研究"的重要组成部分,简称"韵语教学实验"。该实验之所以能够取得明显的功效,除了具有韵语识字的一般性特点,如:① 文字学特点:汉字同音字多(在韵母仅有 36 个的情况下,音节也只有 421 个,变调共 1 332 个,而汉字总数近 5 万、常用字 5 千),因而易于用韵律行文;② 教学法优势:韵文节奏感强、句式整齐利于朗朗上口,便于联想;③ 心理学长处:韵文音乐感强取悦于人,容易激发学习兴趣,尤其适宜调动儿童的言语表现欲等长处以外,韵语教学实验具备自己的下列优势:

(1)"重语文"。不以识字为目的,而以"尽早阅读"为核心,以"循序作文"为综合发展目标,并以此作为韵语识字的设计宗旨,因而决定了它具有较高的立意原则,自始至终贯穿识字与阅读、作文的协调发展。

(2)重语境。充分利用了母语环境,采用贴近儿童生活的语言和生活情节,充分运用母语环境已有的语音、语义的习得基础,适应儿童迫切掌握字形的心理需要。

(3)重建序。按汉字频率规律依字序编文,高频常用字先学,高频音先学,高频偏旁部首先学。高频则复现机会多,易于在实践中巩固。

(4)重内化。韵文采用精短句式,给儿童以较大的思考空间,有利于发挥联想,从而充分利用无意想象和无意记忆的作用强化记忆。

此外,还有诸如教学方法简易等优势。在这种优势下,学生不仅实现快速识字,而且实现了"尽早阅读",从而使小学低年级数学应用题可以自行阅读理解(过去一律是由教师讲读的),根除了小学数学早期分化的主要原因。同时使一年级学生就可以写出 200～300 字的通顺短文,这种效能是传统教材、教法无法相比的。

2. 对素质教育评价的意义

实验证明,真正的素质教育不仅经得住知识与技能培养的检验,而且要求教育效果必须切实地体现在深层次的内在素质的积淀方面。因此,本实验的检测至少分四个层次进行。即:

外显的:① 知识、技能本身;② 知识、技能迁移;

内隐的:③ 智力、能力提高;④ 思维、心理积淀。

可见,素质教育评价的关键在于对传统的评价内容的修正。韵语教学评价并未停留在识字率、识字质量本身的检测,也没有仅仅拓展到阅读和写作水平的检测,而且深入到思维与心理品质的测试,并且认为非如此不足以为保证素质教育的落实。这是评价导向素质教育的充分必要条件。

3. 对教育实验理论的实证

韵语教学实验在实验方法上也给我们以启迪。大量的教育教学实验在很大程度上都只能称之为"前实验",是在相当长时间内检验实验假设的实验因子及其完备性,这是由教育实验因素复杂性决定的,必须经历一个"确认实验关系"的过程,只有在确认实验假设基本关系和确认实验因子的完备性之后,才可能进入真实验。这个道理在课程教材改革实验中体现得最为明显,韵语教学实验是在 4 年注音识字、3 年集中识字实验的基础上,产生实验假设,而后又经历了 8 年创造韵语教学的探索过程,在这个过程中,不断地充实理论、修订教材、完善体系,最终"成型",只有在"成型"后才应该(也具备)作规范操作的真实验。以往的大量教育实验缺乏上述"确认"过程,或误认为"确认"过程就是实验过程是不妥的。这也正是教育实验理论界一直争议教育实验是准实验的根本原因。

4. 对"科研论教"的诠释

韵语教学不是识字方法,是以"快速高效"为特征的语文教学体系,但是,小学低年级又以识字教学的优势最为突出。这是课题组于 1993 年在全国范围内全面调查、研讨的基础上,按照"原理科学、体系完整、快速高效、操作简捷"的四条原则,对现有 20 种识字方法比较、筛选的结果,是经过实地考察、测试确认了之后,于 1995 年才正式予以修订、完善、规范,逐步向全国推广实验的。简言之,该实验集识字效率最高、语文素质依序同步协调发展、易于普及推广的优势于一身,是科学可靠的。我们说"兴教"要靠经济条件和人才因素,所以仅靠科研"兴教"是"兴"不起来的。科研可以治理教育,治教依靠严肃的科学程序操作,本实验提供了"科研治教"的典型范例。[①]

---

① 本文选自《教育研究》1999 年第 1 期,作者:"小学识字教学科学化"课题组。由戴汝潜执笔。

【附　案例二】

九年义务教育小学教材在贫困地区使用情况的调查研究报告

一、引言

自 1986 年通过并开始实施《中华人民共和国义务教育法》以来,课程与教材改革提到我国教育改革的重要议事日程。1986 年原国家教委对基础教育课程进行重大改革,决定在统一要求的前提下实行教材多样化;并于 1992 年相继制定了《义务教育全日制小学、初级中学课程计划》和各科教学大纲。经过中央和有关省市的努力,全国编出了八套半实施九年义务教育新教学大纲的教材,并于 1993 年秋季开始在全国各地使用。在上述教材中,人民教育出版社编写的两套教材("六、三"学制和"五、四"学制)(以下简称"人教版")面向中国大多数地区,使用最为广泛,影响最大。我国的贫困地区基本上都是使用人民教育出版社编的教材。

新教材迄今已使用 4 年,就小学而言,一、二、三、四年级的教材皆已使用过至少一轮,1997 年秋季开始使用五年级新教材,到 1998 年秋季五年制小学新教材就全部使用过了。新教材使用下来效果如何,教师们有何看法,学生学习上有什么问题等,却还没有实地的调查与了解。尤其是面向中国大多数地区的"人教版"教材在贫困地区的使用情况如何,教师的水平和学生的接受能力能否适应,是很值得了解和分析的。这方面的信息对今后教材的修改、对推进义务教育尤其是贫困地区义务教育的实施有着重要的意义。

受联合国儿童基金会委托,上海市教科院智力开发研究所与人民教育出版社组成了"九年义务教育小学教材评价"项目研究组,对"人教版"小学语文、数学教材(包括课本或教科书、教师用书、学生学习用书以及有关辅助资料和教具学具等,其中以课本为主)在中国贫困地区的使用情况进行了多视角的调查研究。

二、研究的目的、内容与方法

本项研究的目的在于评价"人教版"小学语文和数学教材(鉴于人教版小学五年级教材 1997 年秋季才正式开始使用,研究限于一年级至四年级教材)在农村的适应性,重点考察小学教材是否切合农村贫困地区、少数民族地区儿童的兴趣、需要和接受能力,是否适合这些地区小学教师的能力与业务水平,以及小学教材的内容是否考虑到这些地区教师和学生的生活实际与所处的环境。针对问卷调查和实地调研所发现的问题,提出面向贫困地区教材建设的对策建议。

研究的主要内容是:小学语文、数学教材的重点、难点的分布是否合理,内容的坡度和相互衔接是否适当,是否适合农村儿童的生理、心理发展特点以及接受能力;教材内容的选择是否考虑到农村儿童的生活、教育环境与实际需要;教材的陈述或表达是否注意了农村不同年龄阶段儿童的语言特点,以及有关辅助材料的适应性;语文和数学教材的要求是否适合教师的能力与业务水平;语文和数学教材在进度上的配合。

考虑到地区分布和民族的分布,我们选取了西南地区的贵州省和重庆市以及西北地区的青海省和甘肃省的 7 个项目县,在每一个样本县选择 2 个乡(镇)进行实地调研,总计 14 个实地调研乡(镇)。每个实地调研乡(镇)重点考察 1 所小学,总计 14 所学校;另外还走访了 10 余所小学。

研究采用了文献查阅、问卷调查、访谈、课堂观察以及试卷分析与现场测试等多种方法与手段。

三、研究的结果与发现

(一)贫困地区教师对九年义务教育小学语文、数学教学大纲的了解

问卷征询结果显示,小学教师对新的教学大纲似乎有所了解,绝大部分教师都对小学新教材是否符合义务教育教学大纲的要求发表了自己的看法。然而,我们在实地调研的学校中发现,大多数教师对新教学大纲的了解十分不够,西北地区调研学校尤为突出。大多数教师并没有真正理解大纲的具体要求,对大纲中的几级教学要求(如小学数学中知识教学的"知道"、"理解"、"掌握"、"应用"和技能教学的"会"、"比较熟练"、"熟练"这些有层次的要求)把握不准、区分不了,往往在教学中定位于教学要求的最高层次(如"应用"、"熟练"),把一些较为弹性的要求(如"有条件的"、"初步"等)视为所有学生必须达到的要求,使本已偏重的负担更加沉重;还有的教师把老的教学大纲当作新教学大纲看,根本不知道有新的教学大纲,因而在教学中往往根据老大纲的要求来处理教材、教法;一些学校的教师不仅没有见过新的教学大纲而且连老的教学大纲也不了解,难以把握教学的要求。

对新教学大纲要求的不了解或了解不多导致教师在把握教材的重点、难点以及选择适当的教法上出现严重偏差,人为地提高了教学的要求和难度,影响到教师的教和学生的学。当前迫切需要加强教师对新大纲的学习,使教师真正领会和把握大纲的具体要求,贫困地区教师培训尤其是新教材使用培训有必要把新大纲的学习作为重要内容。

(二)贫困地区教师对新教材特点的了解及其评价

教过新教材与旧教材的教师对新教材给予了较高的评价,从新旧教材的对比中对新教材的特点以及编者的意图有了一定的了解。无论是教师问卷还是教师座谈,大多数教师都认为新教材比旧教材好,认为新教材编排合理,知识面广,降低了难度,提高了对学生动手动脑的要求,注重了学生能力的培养;新教材大量的插图增强了课本的趣味性、易引起学生的学习兴趣;新教材体现了时代的精神,注重教材的思想性。

当然,我们也发现部分教师对新教材的特点不了解,座谈中还是有相当一部分数学教师认为:"旧教材比新教材思路清楚,一个一个内容地讲,单元之间衔接得好;而新教材在知识点的衔接上时断时续、思路不清,刚讲完加法又开始讲几何,教师和学生都看不懂。"

教师往往通过新旧教材的对比了解新教材的特点,对新教材的编辑意图也有一定的了解,但并非所有教师都有上述认识。在教学中切实贯彻新教材的意图,体现新教材的特点是贫困地区教师面临的重大挑战。

(三)新教材是否适合贫困地区农村儿童的学习基础和接受能力

在我们的访问和座谈中,发现农村贫困地区儿童的学习基础和学习能力还存在相当大的问题。

1. 在贫困地区,学前教育极为缺乏,除县城所在地小学的部分学生受过一定程度学前教育外,绝大部分小学生没有接受过学前教育,这使得教师难以完成第一册的教学任务,并进而影响到以后的教学。语文教师问卷征询结果表明,在规定教学时间内能完成和基本能完成教学任务的教师还不到60%(第五册例外)。

2. 贫困地区学生的家庭学习环境严重不利。在贫困地区,除了城关镇和文化经济比较发达的乡镇政府所在地外,大多数家长对自己孩子的学习成绩漠不关心,一些家长甚至不清楚自己孩子读几年级,家长普遍没有能力辅导孩子的学习,贫困的处境使家中有课外阅读书籍或材料成为一种不可企及的幻想。

3. 贫困地区尤其是少数民族地区儿童语言基础差,大部分学生在入学前从没有讲过普通话也听不懂普通话,只是在上学时才开始说普通话。在少数民族地区,一年级基本上还是用民族语言教汉文课本,到二年级才转为以普通话为主,不少少数民族地区的教师反映当地的学生要到小学毕业时才能看懂课本。学生往往是在上课时讲不大标准的普通话,下课后和回家后则讲方言或民族语言,这种不利的语言环境成为农村贫困地区学生语言能力发展的严重障碍。我们的语言测试结果也表明,少数民族聚居地小学的五年级学生50%以上(有的甚至将近80%)汉语拼音还达不到要求。新的教材尤其是低年级教材没有充分考虑到这些地区学生的语言基础和语言能力,学生和教师在教学中感到困难不少。

4. 地理偏僻、信息闭塞、与外界交往少,导致贫困地区学生视野狭窄,想象、理解、分析能力差,学生的认知发展水平相对落后于其他地区的同龄儿童。语文教师问卷征询结果表明,46.9%的低年级语文教师和63%的中高年级语文教师认为学生不容易读懂课文。

5. 农村儿童主要还处于感性认识阶段,他们对一些童话、寓言、有趣味的故事比较感兴趣,不少语文教师感到课本中这方面的内容偏少,比较严肃的、思想性强的内容偏多,一定程度上超出了农村贫困地区学生的接受能力,学生的兴趣也不大,中高年级课文后面的思考题也不同程度地超出学生的接受能力。

学前教育缺乏、汉语语言基础及学习环境不利、学生知识面狭窄、学习能力不强等是农村贫困地区儿童中比较普遍存在的问题,对这种短期内不大可能有较大变化的实际,"人教版"教材有必要予以足够的重视。

(四) 新教材内容与贫困地区农村儿童生活环境的相关性

整体而言,教师们认为新教材还是比较贴近农村儿童的生活环境。教师们看法较多的是语文教材的一部分内容:课本中出现的一些城市生活内容学生很难理解,如"公园一角"、红绿灯、动物园等;与学生所处地理位置、地理状况无关的内容,如"大海"、"海滨小城"等;一些没有见过的现代化的东西如电话、电脑、电梯等。教师们认为上述内容由于学生没有感性的认识和体验,往往难以理解和想象。

教师问卷征询统计结果显示,50%左右的教师认为学生对自己不熟悉的课文内容不感兴趣;通过课堂讲解,比较难以让学生掌握的也主要是学生不熟悉的事物。但是学生们不熟悉的内容课本中应不应该有,教师们有两种不同的看法。一种看法认为由于学生整体基础差、接受能力差,学生不熟悉的内容只会增加学生和教师的负担,小学阶段主要是培养学生听说读写的基本能力,用学生熟悉的内容比学生不熟悉的内容更能达到这一目的。另一种意见则认为,农村学生本来就已经处于不利的地位,完全用学生熟悉的内容不利于开阔学生的眼界,学生不熟悉的内容虽然难教、难学,但着眼于学生的未来,这部分内容应保持一定的比例。

学生从课本中学到的知识能否在日常生活中得到应用,这也是教材相关性的重要衡量指标。教师问卷征询结果显示,认为"学生在日常生活中能经常用上"的教师不到15％,认为"基本能用上"的教师在70％左右,还有近15％的教师认为"用不上"。教研员问卷征询的结果表明,学生在数学课本中学到的知识与学生日常生活的相关性似乎高于语文课本中学到的知识。

"人教版"小学语文课本加强了贴近儿童生活的内容,但由于面对的是全国大多数地区的学生,在地理环境、风俗习惯、文化经济水平等方面差异比较大的地区,课本必然不同程度地脱离儿童的生活实际,也不可能编出完全切合儿童生活环境与生活实际的教材。问题在于:对那些仍然在为普初、普六或普五目标努力的贫困地区,课本内容是否尽可能结合或体现这些地区儿童的生活实际,似乎影响着基本教育目标的实现或基本质量标准的达成。

(五)贫困地区农村小学教师的业务水平和能力是否胜任新教材的教学

参加座谈的县乡教研员认为乡中心小学和交通便利的学校的教师基本上能胜任新教材的教学,但村小及以下学校的教师只有20％左右能适应新教材。新教材是就高、就低还是在农村搞多种版本,还值得研究。

教师不胜任主要在于教师知识水平、处理教材教法的能力和课堂教学的能力低,教学观念陈旧,知识面狭窄。新教材的一大特点是着眼于学生能力的培养、体现学生学习的主动性,对教师的备课、教学提出了更高的要求。教师问卷征询的结果发现,50％以上的教师感到使用新教材吃力。我们在实地调研的乡中心小学的课堂教学观察中也发现,绝大多数教师都是采用教师为中心的注入式教学法,师生互动成为单向式;虽然也有教师的提问与学生的回答,但学生回答中存在的问题在哪里、错误的原因是什么,教师极少关注;教师的课堂教学中也体现出教师在备课中对学生的考虑较少。新教材的使用没有伴随着教学观念的更新、教学方法的改进,使新教材的使用效果打了大大的折扣。试卷分析的结果表明,学生在阅读、作文、解应用题等注重能力的方面表现很差,这也许也折射出教师教法、教学能力离要求还有较大距离。

教师基本待遇的保证是教师安心于教的前提。遗憾的是在我们所调查的县,教师的工资普遍拖欠,严重影响到教师的正常生活。迫于生计,教师往往要花不少的时间和精力去种地或干别的活来解决生活上的困难,再加上不少教师是包班教学,还有动员失学儿童上学等任务,教师的负担非常沉重,很难有时间和精力去认真备课、搞教研,至于研究教材就更谈不上了,严重影响到教师教育教学能力与水平的提高。

教师在使用新教材之前接受有关培训对教师的有效教学是不可或缺的,受过新教材培训的教师95%以上认为培训对教学有促进作用。但是,现状是新教材使用之前的培训严重不足,教师问卷统计结果表明,50%左右的教师在使用新教材之前没有受过有关培训,在我们实地观察的课堂教学中也发现85%以上的教师没有受过新教材方面的培训,对新教材如何把握、如何处理、如何教完全靠自己去摸索,结果是"穿新鞋,走老路",依旧用老的教学方法教新的教材。缺乏新教材使用方面的培训,是导致教师不胜任新教材教学的重要原因之一。而且,我们在座谈中了解到,现有教材培训主要是教法方面的,极少涉及新教材的编写意图,难以使教师对小学阶段教材有一个整体把握;在培训的质量和效果上,省一级培训还可以,而县乡两级培训的质量往往难以保证。提供教材培训的机会与改进培训的质量看来是提高新教材使用效果所不可或缺的。

贫困地区教师的教学能力和水平不尽如人意,在交通不便、地处偏远、与外界交流甚少的地方,教师的能力与水平同新大纲、新教材的要求还存在相当大的距离,由于资金短缺、师资来源少以至代课教师和社请教师还为数不少等多方面的原因,作为一个整体,这些地方的教师的能力与水平在短时间内不大可能有较大的提高,教材有必要考虑到这类地区教师的实际情况。

(六) 新教材的衔接以及重点难点的分布与表现

教师们对新教材的坡度以及教材的衔接基本上是认可的,反映最多的是教材重点难点方面的问题;教师们和教研员普遍认为,新教材对贫困农村地区的学生来说是偏难的,语文的难度高于数学。

1. 教材衔接的问题

语文教师认为中高年级基础训练部分的作文与课文的教学不配套;涉及到季节的一些课文内容或多或少与当地的季节脱节,不利于教师的教学,不利于学生观察和理解。数学教师则认为第一册数学课本坡度较

313

大,各年级教材的上下册衔接不够紧密。

2. 重点难点的分布

语文教材中教师们意见比较多的主要是汉语拼音、归类识字。由于贫困地区儿童的语言基础差,汉语拼音的教学十分困难,在规定的教学时间内根本完不成教学任务,往往要 8 至 10 周的时间才能完成,绝大多数的教师都希望这部分的教学时间能延长,内容能更加分散一些。问卷征询统计结果表明,近 1/3 的教师认为低年级的识字量太多,归类识字太集中,而且部分内容单一、枯燥,不易引起学生的学习兴趣,学生往往掌握不了,甚至汉族积聚地的甘肃漳县某乡中心小学的教师认为归类识字二年级学生也只能掌握 50%;学生在掌握字的音、形上本来就困难,理解字的"义"更加困难。减少低年级的识字量成为语文教师的共同呼声。数学教材中教师们反映较多的是应用题。他们认为由于学生的语文水平、词汇量十分有限,一年级就出现文字题太难,应该推后到二年级出现;中高年级数学课本中应用题太集中,增加了教与学的难度,应适当分散。

关于课本中作业或习题的量与难度,认为偏多和偏难的教研员分别占 30.8% 和 28.2%,教师们的看法则因年级、学科的不同而呈现差异。在问卷征询中,数学教师认为习题量偏多和太多的比例大大超过语文教师,中高年级教师认为习题量或作业量偏多和太多的比例超过低年级教师,三年级、四年级数学教师认为偏多和太多的比例最高(达 50.5%);在作业或习题难度上,认为偏难和太难的数学教师比例明显超过语文教师,认为偏难和太难的中高年级教师比例低于低年级教师,三、四年级语文教师认为偏难和太难的比例最低(不到 6%)。数学教师还普遍指出,新数学教材中同类型的习题数量太多,学生根本做不完,而且题目类型太单一、欠灵活,呼吁增加形式多样的习题,适当减少同类型习题的数量。

3. 难点的主要表现

语文课本中的难点:汉语拼音,受方言或少数民族语言的影响,汉语拼音和汉字的读音是教学中的难点,在少数民族地区尤为突出,拼音中的翘舌音、前鼻韵母与后鼻韵母有区别、声调、直呼音节是其中更难的内容;看图说话、写话、作文,学生往往抓不住重点,受制于视野、想象能力,想象不出图画所表达的意境,往往感到无事可写、无话可说,碰到不熟悉或未见过的内容或作文题目更是如此;课文分段、分析段与段的关系、归纳段意,概括课文的中心思想,试卷分析表明这部分内容是学生掌握较差的,也是教师教学中处理不好的部分;句子与字词义的理解,如何结合短文、课文理解字词以及句子的含义是教师和学生面临的一大难题;中高年级课文后的思考与练习,尤其是"默(阅)读课文,回答问题",教师们普遍认为偏难,教师用书中也缺乏这方面的指导或建议。

数学课本中的难点:文字题与应用题,几乎所有的教师都认为应用题是一个十分突出的难点,尤其是补充条件、提问题和两步以上计算的应用题(如"比……的几倍多……,比……的几倍少……"),不理解应用题的语义结构、对表示数量关系的术语或概念不能确切理解,学生往往一见"多"就用加法,一见"少"就用减法,解题思路很成问题;四则混合运算,学生难以掌握四则运算的循序,涉及小数的四则运算更为突出;计量单位换算,尤其是非十进制单位(如时间单位)的换算;多位数的读写,万级与亿级数的读写是三、四年级的一个难点,这些数字对农村小学生来说太大了;组合图形与空间观念,农村学生很难掌握组合图形,空间观念难以建立;选做题与思考题,练习中的选做题和思考题难度大,有的甚至教师也不会,据教师们反映,城关镇中心小学的学生80%到90%无法独立完成,在教师的指导下也只有1/3左右学生会做这类题目。

新教材整体来说体现了渐进、螺旋式上升的原则,相对旧教材而言,难度有所降低、重点有所分散,但对贫困地区的教师和学生来说,新教材的分量依然偏重、难度偏大,虽然学校在语文和数学上普遍超课时安排,学生还是难以达到要求。看来对贫困地区的小学,似乎应适当减少教材的分量(尤其是低年级教材);在普遍感到困难的教材内容上似应进一步减小坡度,更为分散;教师似宜从更为浅显易懂的形式、更为生动活泼易于为学生接受的内容等方面来突破难点。

(七) 与教科书配套的资料及有关教具的使用情况

无论是教师问卷还是教师访谈,教师们都认为与教科书配套的必要资料和用具对教与学有很大的影响。然而与人教版教科书配套的资料和用品在贫困农村地区的可获得性很成问题,除了教师用书外,其他配套资料和教具学具极为缺乏,这成为一些内容教师难教、学生难学的主要原因。

(1)教师用书是贫困地区教师备课的重要的甚至是唯一的参考资料,对教师理解教材、把握教学的重点难点帮助很大,是不可或缺的。目前所用的教师用书对教科书中具体内容的帮助较大,但对教师教学能力和教学水平的提高帮助不大。教师们希望教师用书提供给教师参考的材料再多一些,能提供多种教法建议供其选择采用、加强作文教学指导,就一些难的内容如语文课文后的思考与练习提供更明确、具体的指导建议。

(2)贫困地区大多数学校使用的是黑白版课本,其中的插图效果明显不如彩色版课本。使用黑白版课本的教师指出,如果有与课本内容相配套的彩色教学挂图,就可以消除黑白版教材的不利之处。在我们实地调研的学校,根本没有这类辅助教学的挂图,教师们也不知道有没有这类教学挂图以及哪里可以购买到。当然,公用经费的严重短缺也使教师们感到拥有教学挂图也许是一个难以实现的希望。

(3)新的教材尤其是数学教材十分重视学生的动手、操作,这需要有相应的教具和学具。受制于经济上的贫困,贫困地区学校必要的教具与学具严重缺乏。短缺的教具、学具单靠自制是难以解决的,而且在自制教具、学具上也缺乏指导和培训。

(4)除教师用书外,人民教育出版社编辑出版的与教科书有关的配套资料在贫困地区学校非常缺乏,在那里更多的是地方出版社印刷的资料,如《天天练》、《基础训练》、《教案集》等。一方面教师们普遍感到新教材对教师要求更高、完成教学任务困难,要加班加点;另一方面却又让学生做更多课本以外的习题,超出大纲要求的习题也要求于学生。这种情形产生的缘由在于当地教育部门的应试导向,使得新教材的意图难以得到贯彻。

鉴于贫困地区教师、学生的基础以及所处的环境,配套的资料和教学辅助设备对突破难点、提高教学成效极为重要,但由于信息闭塞、资金短缺,它们往往又是难以获取的。这就给教师也许是唯一可获取和依靠的教师用书提出了挑战:教师用书不仅要在教材的处理、教法的选择上提供更详细具体的建议,而且要在教学形式(如表演、活动、游戏等)、教具学具的制作和使用上以及地方可以利用的教学资源上提供指导。

(八)贫困地区农村小学生达到九年义务教育小学教学大纲要求的程度

(1)问卷征询中,41%的教研员认为贫困地区学生难以达到教学大纲规定的要求。从教师问卷征询的结果看,相对农村贫困地区的学生和教师的实际,语文教学大纲的要求整体上是偏高的。"汉语拼音"中的"认识隔音符号","识字、写字"中的"结合词语理解词义"、"学过的词语大部分会运用"、"辨析近义词、反义词","听话、说话"中的"当众说话"、"看图说话"、"用完整语句回答问题"、"边听边思考","阅读"中的"结合句子或上下文理解词语"、"分析自然段和归纳主要内容"、"理解课文内容"、"理解含义深刻、结构复杂的句子","作文"中的"观察图画和事物并写出内容具体的片段"、"使用标点符号"、"写复杂的句子"等要求,与农村贫困地区的实际还有较大的距离,这些要求看来有必要适当降低,教材也有必要作出相应的变化。

(2)试卷分析可以看出学生学业的实际表现。我们从调研乡镇中心小学抽取了 1996/1997 学年末一年级至四年级的语文、数学试卷(整班抽取)进行分析,主要从各地试卷各项测试内容的及格率来了解学生的学业表现和学生学习上的薄弱环节;我们对实地调研学校学生的现场测试也反映出学生学业上所达到的程度。

语文科目学业成绩:在"汉语拼音"方面,学生的成绩依汉族地区、汉族和少数民族混居地区、少数民族聚居地区而呈下降趋势,县城或县城附近小学学生的成绩优于其他地区的学生;一年级学生在汉语拼音学习上的表现不尽如人意,三年级学生汉语拼音成绩普遍滑坡,学生未及格的比例明显高于二、四年级;从试卷中学生答题的情况来看,学生在汉语拼音上存在的主要问题是学生拼读能力差、不能区分同音字和多音字、不能区分前鼻音和后鼻音以及平翘舌音。

在"词汇(字词句)"方面,多音字组词、词义的理解、造句或补充完整句子、句意的理解和句字关系的判断等是学生表现普遍比较差的方面;三年级学生的表现普遍比较差。

在"阅读"方面,学生的阅读理解方面的表现呈现年级差异,三年级学生的成绩在四个年级中几乎都是最差的;二年级的表现似乎最好,学生未及格的比例大多在 10% 以下;从学生答题的情况来看,学生在阅读方面存在的主要问题是读不懂短文内容、不会分段和概括段意、难以结合上下文理解词句、弄不清短文叙述的顺序、把握不住短文的中心思想。

在"作文"方面,教师的批分很不严格,但即便这样,学生在作文上未达及格要求的比例还是比较高(在 25% 到 65% 之间);从学生答题的情况来看,学生在作文上存在的主要问题是内容简单、主题不突出、语句不通、不会正确使用标点符号、错别字多、用词不当等。

我们用四年级试卷测试刚进入五年级学习学生的结果表明:在看拼音写词句上,五年级学生的表现依然是很不尽如人意;在理解字义上,少数民族学生表现最差;阅读理解是贫困地区学生很薄弱的环节,学生未达到基本要求的比例太高。

数学科目学业成绩：从我们实地调研学校抽取的数学试卷看，试题内容大致可以分成计算题(包括口算和列竖式计算等)、根据文字或看图列式计算、应用题、几何初步知识、文字填空、选择、判断题，以及解方程和列方程求解等。试卷分析的结果表明，一、二年级学生计算题的及格率普遍高于其他各项的及格率，大多数学生已经掌握了基本的计算技能；"按文列式计算"的及格率大大低于计算题，其问题主要在于学生不理解题义，不理解数学术语等；除个别学校外，"应用题"的及格率普遍低，学生在把文字语言转化为数学符号语言上有比较大的困难，其问题主要在于学生对应用题的语义结构不理解、对数学中表示数量关系的术语或概念不能确切理解。

三、四年级学生与一、二年级学生相比，计算题的成绩大面积滑坡，在一些少数民族学校尤为突出，多位数乘法、被除数和除数末尾有零的除法学生出错的比例较高，小数点移错位、不通分加减等也比较普遍；大部分学校列式计算的及格率依然低于计算题，学生对语义和术语的理解仍有困难；应用题仍是学生表现较差的部分，及格率普遍很低，学生的解题中反映出数量关系不清楚、思路混乱，根据线段图来编写应用题以及用线段图表示数量关系对学生来说尤为困难；几何初步知识的及格率在大多数学校都很低，学生在求面积的公式与计算、面积的单位、求角的度数、画垂直线和平行线等内容上存在有不同程度的困难。

我们的现场测试内容包括数与计算、量与计量、几何初步知识、统计初步知识以及应用题几个方面，测试结果表明，实地调研学校学生的成绩与原国家教委基础教育司等单位 1993 年同样试卷测试获得的全国平均水平存在较大的差距。在"数与计算"上调研学校的平均正确率比全国平均水平低 $8\%\sim10\%$；在"量与计量"上，平均正确率比全国平均水平低 $20\%\sim25\%$；"几何初步知识"上的差距达 $7\%\sim20\%$；在"统计初步知识"上，平均正确率比全国平均水平低 $6\%\sim15\%$；"应用题"上的平均正确率低于全国平均水平 $12\%\sim24\%$。

问卷征询与试卷分析的结果表明，贫困地区学生在知识方面的表现尚可，但在能力方面的表现普遍比较差，离大纲的要求还有比较大的距离，小学三年级成绩的普遍滑坡十分突出，统一的大纲要求在贫困地区的适应性值得研究，三年级教材与前后年级教材的衔接问题似应引起教材编写者的重视。

四、问题与建议

（一）九年义务教育教学大纲适应性与面向教育决策部门的建议

整体而言，在贫困地区尤其是少数民族贫困地区，人教版教材还是偏重、偏深、偏难，在贫困地区的村小和教学点只有近 20％ 的教师胜任新教材的教学；听课、访谈与试卷分析的结果也都表明，无论是教师还是学生，离大纲的要求还有较大的距离，而这种差距在一段时间内是难以消除的。由于人教版新教材是根据大纲的要求来编制的，新教材反映出来的问题在很大程度上也折射出大纲要求存在的问题。鉴于贫困地区的教育现实、发展的可能性，追求统一的标准和要求是不现实的和不合理的，其结果很可能是不仅达不到统一的标准和要求，而且连一些最基本的标准和要求也会难以达成，进而会影响到这些地区九年义务教育的进程。看来有必要改变目前"一纲"的现状，以"多纲"的要求来适应我国发展很不平衡的国情，建议教育决策部门对此予以重视。有了"多纲"，才有可能编出真正意义上的"多本"。至于"多纲"中以怎样的"多"为宜，还有待进一步的调查和研究；但有一点要注意，"多纲"必须基于最低或最起码的标准和要求之上，我国小学最起码的标准和要求是什么，同样也待研究。

就贫困地区而言，发展也存在不平衡，就我们所调查的地方来看，贫困地区县城所在地和社会经济文化相对比较发达的乡镇政府所在地，现有的教学大纲基本上还是适应的；但在大量的村小、教学点以及少数民族聚居地，现有的教学大纲要求明显偏高，对这类地区大纲的要求应降低，似应编制针对这类地区的大纲。同时也应考虑到发展的可能性，重新编制的大纲与贫困地区的教育实际之间应保持合理的张力。

（二）教材有待改进的问题与面向教材编者和出版部门的建议

如果目前"一纲多本"的教材编制格局将在较长一段时间内存在，而贫困地区本身又没有人力和物力来编写切合当地实际的教材，依然会采用具有权威性的人教版教材，教材编写人员和出版部门就不得不考虑贫困地区所特有的教育实际。

（1）整体而言，无论是六年制小学教材还是五年制小学教材，人教版新教材在贫困地区是偏重、偏深和偏难的（即使是乡中心小学也是如此），教材在修订中似应适当降低难度和减少分量以切合贫困地区教师和学生的可接受性；在只有近 20％ 的教师胜任新教材教学的贫困地区村小与教学点，看来有必要专门编写一套难度更低、分量更轻、更贴近农村生活实

319

际的教材。

（2）对处于小学阶段的学生，尤其是认知发展水平相对落后于发达地区或城市儿童的贫困地区的小学生，课本是否生动有趣是适应性的一个重要衡量指标。但课本的趣味性不仅在于插图的配备，也在于内容的选材。语文课本内容的选择在兼顾思想性的同时，似应更多考虑适合儿童认知特点的生动、活泼的内容（如儿童喜闻乐见的童话、寓言等）。

（3）语文课本中不熟悉的内容、难度较大的内容、情节较多的内容往往是贫困地区学生难以理解和想象的，对这些部分的内容宜增加插图以增进学生的直观了解，同时在教师用书中加强教学的指导。

（4）汉语拼音与识字量是贫困地区低年级语文教学中十分棘手的问题，一些少数民族（如撒拉族）的语音系统和汉语语音系统有较大的区别，汉语拼音很难过关；由于语言的发展与思维能力的发展有着密切的关系，语言发展的滞后会阻碍思维的发展，并进一步影响到以后的学习。如何使贫困地区尤其是少数民族聚居地学生比较顺利地渡过汉语语言关值得进一步研究，同样值得教材编写者重视。鉴于农村贫困地区学生不利的语言环境、学生十分薄弱的汉语和普通话基础以及中高年级拼音返生率高，中高年级语文课本也很有必要像低年级课本一样全文注音，数学课本中的生字、难字最好也注上汉语拼音。

（5）小学尤其是低年级语文课本和数学课本的编者应加强联系与配合，尽量使语文和数学同步，把数学课本中常用的字词尽早有意识地纳入语文课本之中，以克服数学教学中因学生语文水平导致的困难。

（6）课本中练习题、思考题似乎存在题型较单一、题目不精以及部分题偏难偏深的问题，这也是不少地方学校使用其他习题集的一个原因。建议教材进一步修订时，增加多种变式的习题，适当减少学生容易理解的题目，加重体现教材重点难点的习题比例。

（7）贫困地区三年级学生学业成绩普遍滑坡的现象反映出小学三年级教材存在不够衔接、偏难和坡度不够平缓的问题，希望教材编写者重视，如何由低年级顺利过渡到中高年级，教材编写上似乎有文章可做。

（8）目前的教师用书并不能很好地满足教师们的需要，教师用书的编写似应更加充实。教师用书首先应保证与课本一致，除了具体内容方面的教学指导外，教师用书似应着眼于教师教学能力和教学水平的提高，在教法的选择、教学形式的设计（如表演、活动、游戏等）、难点的突破、可利用的教学资源等方面提供多种多样的指导建议。同时考虑到贫困地区信息相对闭塞、资金又十分短缺的实情,教师用书一方面可以介绍教科书的配套资料与用具及其可获取的途径;另一方面似应更多地考虑到在缺乏这些资料和用具的情况下教师如何教学的建议。另外,关于教材编写的意图、教材编者的想法和希望等,这些教师往往很难但又很想了解的方面,也可以写进教师用书中,以利于教材编写者与教材使用者的沟通。

(9)贫困地区学校教师难以见到教学大纲,对大纲的具体要求不了解,往往导致教师处理教材、教法上的不当。建议人民教育出版社与教育部有关部门协商,争取把教育部制定的九年义务教育小学语文和数学的教学大纲,尤其是各年级的具体要求编入教师用书。

(10)绝大多数教师和教研员都认为新教材的价格对贫困农村地区来说偏高或太高,如何适当降低课本价格以减轻学生家庭的负担同时又不影响课本的印刷质量,似乎值得出版部门研究和考虑。

(11)新教材有彩色版和黑白版,黑白版课本的效果明显不如彩色板,而且给教师和学生的教与学带来不少困难,希望出版部门改进黑白版教材的印刷质量。

(三)地方教育实践中有待注意的问题以及面向地方教育部门的建议

教材建设是一个系统工程,教材适应性不仅仅是教材编写者要考虑的问题,地方教育部门也应认真考虑和密切配合。

1. 教师培训是提高新教材教学效果与质量的重要途径

地方教育部门所组织的培训的主要问题是,一次性培训多、滚动性培训少,一般是在该地区第一次使用某年级新教材之前进行一次培训,而以后第一次使用该教材的教师就无从接受培训了;而且所谓的教材培训极少涉及到教材编写意图等方面的培训,教师往往对小学阶段教材没有一个整体上的把握。建议教育部门尤其是县级教育部门建立经常化的培训制度,而且要加强对教师教学、学生学习情况的了解,组织有针对性的教师培训,使教师们在不断的培训中提高其处理教材、教法的能力,提高其教学水平,对村小和教学点那些处境更为不利的教师尤其要加强这方面的培训。同时,我们建议人民教育出版社小学教材编写者加强对贫困地区省地(市)教研员的培训,通过这些受过教材编写者直接培训的教研员去培训基层学校的教师(因为据我们了解,县乡级的培训效果和质量没有保证),提高教师在教材使用方面培训的针对性和效果。另外,教材培训应和大纲的学习密切结合起来,以使教师对大纲的要求有比较透彻的理解和把握。

2. 我们在实地调研中发现,不少县一级教研室的教研员的素质存在问题,很难履行教研的职责

由于县一级教师培训以及全县的教育教学改革主要是由县教研室负责的,县教育部门有必要加强教研室的建设,提高教研员的素质,使他们真正成为全县新教育思想和观念的传播者、教师培训的领导者和培训者、教育教学改革和实验的开拓者和指导者。

3. 在我们实地调研的地方,应试倾向依然严重

超纲的考试要求、额外的习题集、统一的考试与评比,加重了教师和学生本来就已很重的负担,其结果往往是以牺牲音乐、美术、自然、劳技等科目的教学为代价来确保语文、数学的教学。我们还发现,绝大多数学校所用的试卷都是在外面某地试卷制作中心购买的,这些试卷内容较大程度上没有紧扣大纲的要求、没有紧扣教材,这也是为什么贫困地区学校学生成绩不尽如人意的一个原因;而且学校任课教师往往没有分析学生考试中表现出的问题及其原因的机会,教师因而也难以针对学生考试中存在的问题改进教学。所有这些做法都人为地提高了对教师和学生的要求,加重了本来就已沉重的负担,加深了教师和学生的挫折感,有悖于素质教育的理念,不利于学生的全面发展和基本能力的养成。我们建议地方教育部门严格遵循教学大纲的要求,加强经常性的教学督导,引导学校教师把时间和精力放在研究教材、教法上;同时呼吁地方教育部门把命题的权力还给最了解学生的学校和教师,克服用外地编制、印刷的超纲的试卷测试本地学生的做法。①

【巩固与思考】

1. 教育研究成果有哪些形式?
2. 你认为影响教育研究成果质量的因素有哪些?
3. 教育研究成果的鉴定应遵循哪些程序?

【应用与实践】

请你以第七章"调查研究"的实践题为内容,写一份调查研究报告。

---

① 本文选自《教育研究》1999年第2期,作者:"课题组",由唐晓杰执笔。

参考文献

［1］李秉德等. 教育科学研究方法. 北京：人民教育出版社,1997

［2］李方. 现代教育科学研究方法. 广州：广东高等教育出版社,1997

［3］杨丽珠. 教育科学研究方法. 大连：辽宁师范大学出版社,1997

［4］袁振国译. 教育研究方法导论. 北京：教育科学出版社,1997

［5］王坚红. 学前儿童发展与教育科学研究方法. 北京：人民教育出版社,1995

［6］许俊良,李训廷. 教育研究方法入门. 长春：东北师范大学出版社,1993

［7］裴娣娜. 教育研究方法导论. 合肥：安徽教育出版社,1997

［8］王汉澜. 教育测量学. 开封：河南大学出版社,1991

［9］曹日昌. 普通心理学. 北京：人民教育出版社,1963

［10］张厚粲. 心理与教育统计学. 北京：北京师范大学出版社,1988

［11］袁淑君,孟庆茂. 数据统计分析—SPSS/PC＋原理及其应用. 北京：北京师范大学出版社,1995

［12］中国大百科全书·教育卷. 北京：中国大百科全书出版社,1985

［13］恽昭世. 走向未来的学校——中小学校教育模式探讨. 北京：人民教育出版社,1993

［14］叶澜. 教育研究及其方法. 北京：中国科学技术出版社,1990

［15］冯忠良,结构—定向教学的理论与实践. 北京：北京师范大学出版社,1992

［16］华国栋. 教育科研方法. 南京：南京大学出版社,2000

［17］［美］国家研究理事会. 教育的科学研究. 教育科学出版社,2006

［18］钟启泉编著. 差生心理与教育. 上海教育出版社,1994

［19］陈向明. 质的研究方法与社会科学研究. 教育科学出版社,2000.1

［20］刘良华. 校本教学研究. 四川教育出版社,2003

［21］Berk L. (1980). Education in Lives：Biographic Narrative in the Study of Educational Outcomes. *Journal of Curriculum Theorizing*, 2(2)

［22］Eisner E W. (1988). The Primary of Experience and the Politic of Method. *Education Researcher*, 17(5)

［23］冯晨昱,和学新：教育叙事研究的研究,学科教育 2004

［24］王金红. 案例研究法及其相关学术规范. 同济大学学报(社会科学版),2007(6)

［25］李长吉,金丹萍. 个案研究法研究述评. 常州工学院学报(社科版),2011(12)

［26］杨茂庆,孙杰远. 聚集于教育研究能力的教师教育模式探析. 教育研究,2012.12

［27］唐国军. 案例研究方法及其在国内教育研究中的应用述评. 教育学术月刊,2011(12)

图书在版编目(CIP)数据

教育研究方法 / 华国栋主编. — 2 版. — 南京：
南京大学出版社,2013.7(2024.7 重印)
(高等学校小学教育专业教材)
ISBN 978-7-305-11780-0

Ⅰ.①教… Ⅱ.①华… Ⅲ.①小学教育－教育研究－
师范大学－教材 Ⅳ.①G622.0

中国版本图书馆 CIP 数据核字(2013)第 156401 号

出版发行	南京大学出版社		
社　　址	南京市汉口路 22 号	邮　　编	210093

丛 书 名　高等学校小学教育专业教材
书　　名　**教育研究方法(第二版)**
　　　　　JIAOYU YANJIU FANGFA (DIERBAN)
主　　编　华国栋
责任编辑　胡　豪　　　　　　编辑热线 025-83594071
照　　排　南京开卷文化传媒有限公司
印　　刷　丹阳市兴华印刷厂
开　　本　787 mm×960 mm　1/16　印张 21　字数 345 千
版　　次　2013 年 7 月第 2 版　　2024 年 7 月第 11 次印刷
ISBN　978-7-305-11780-0
定　　价　45.00 元

网　　址:http://www.njupco.com
官方微博:http://weibo.com/njupco
官方微信:njupress
销售咨询:(025)83594756